"十四五"职业教育国家规划教材

U0663141

财经
应用文写作

（第2版）

主　编◎张　莉　杨晓燕　胡　懿

副主编◎王海燕　殷　静　李贞琤

电子工业出版社.

Publishing House of Electronics Industry

北京·BEIJING

内 容 简 介

本书突破以学科体系为主的传统教学模式，构建体现高等职业院校专业职业岗位能力的项目任务式教材体系，根据新颁布的《党政机关公文处理工作条例》和《党政机关公文格式》（GB/T 9704—2012）及学生的职业发展路径，按照"校园文通—办公达人—职场精英—行业专才"的顺序安排教学内容。全书共30个任务，每个任务下包含了任务导入、任务要求、知识准备、任务实施，从写作格式、写作内容、写作思路、写作方法等方面教会读者写作应用文。

本书在兼顾不同工作岗位所涉及应用文种类的同时，着重突出了财会岗位的专业特色，在内容选择上兼具普遍性和专业性，在形式上突出设计性和实用性，在编排上凸显人文素养和工匠精神的培育。

本书既可供高等职业院校和高等专业学校的学生使用，也可以供各类成人高等院校相关专业教学选用，还可以作为办公室人员的自学教材和培训用书。

图书在版编目（CIP）数据

财经应用文写作 / 张莉，杨晓燕，胡懿主编. —2版. —北京：电子工业出版社，2023.10

ISBN 978-7-121-46551-2

Ⅰ. ①财… Ⅱ. ①张… ②杨… ③胡… Ⅲ. ①经济—应用文—写作—高等职业教育—教材 Ⅳ. ①F

中国国家版本馆 CIP 数据核字（2023）第 195391 号

责任编辑：游 陆　　特约编辑：徐 震
印　　刷：三河市良远印务有限公司
装　　订：三河市良远印务有限公司
出版发行：电子工业出版社
　　　　　北京市海淀区万寿路 173 信箱　邮编　100036
开　　本：787×1 092　1/16　印张：16.5　字数：422.4 千字
版　　次：2019 年 11 月第 1 版
　　　　　2023 年 10 月第 2 版
印　　次：2025 年 3 月第 8 次印刷
定　　价：55.00 元

凡所购买电子工业出版社图书有缺损问题，请向购买书店调换。若书店售缺，请与本社发行部联系，联系及邮购电话：（010）88254888，88258888。

质量投诉请发邮件至 zlts@phei.com.cn，盗版侵权举报请发邮件至 dbqq@phei.com.cn。

本书咨询服务热线：（010）88254489，youl@phei.com.cn。

党的二十大报告指出："统筹职业教育、高等教育、继续教育协同创新，推进职普融通、产教融合、科教融汇，优化职业教育类型定位。"这是以习近平同志为核心的党中央全面部署"实施科教兴国战略，强化现代化建设人才支撑"的重点举措。以中国式现代化全面推进中华民族伟大复兴，使得职业教育的发展方向更加明确，那就是要为"中国制造"向"中国创造"转型、实现国家工业化迭代升级提供源源不断的人才支撑。

高质量发展是全面建设社会主义现代化国家的首要任务，在这当中，信息就是生产力。应用文正是传递信息、组织生产、推广成果、发展科学，以及人们在社会交往、思想交流过程中使用的重要工具。人们在现实社会里，无论从事何种工作，都离不开应用文。应用文的写作水平不仅是衡量个人能力的标准之一，也在相当大的程度上反映了管理部门或者单位处理日常业务工作的质量和效能。就高等职业院校和高等专业学校的学生而言，具备较强的应用文写作能力是适应职业发展的需要，也是提升自身职场竞争力的需要。基于此，我们在多年教学实践和应用文写作案例编写的基础上，结合 2019 年《财经应用文写作》的使用反馈，深入贯彻党的二十大精神，探索性地编写了这本教材 ——《财经应用文写作》（第 2 版）。

财经应用文有狭义和广义两种理解。狭义的财经应用文，专指各类只为财经工作所用的财经专业文书，是专门用于经济活动的经济应用文体的统称；广义的财经应用文则是人们在财经工作中所使用的各类反映经济活动内容的文书的统称，既包括财经专业文书，也包括一些同时在其他社会领域或部门广泛应用的文书。本教材所讲述的财经写作，是指广义的财经应用文的写作。

本书的主要特点如下。

（1）突破了以学科体系为主的传统教材模式，构建体现职业岗位能力的项目任务式的教材体系。根据"学校生活—初入职场—职场晋升"的职业发展路径，由浅入深地安排教学内容，结构合理、体系完整，既符合职业院校学生的知识与能力水平，又体现了较强的发展前瞻性，具有较强的教学实践价值。

（2）体例新颖、选文典型，具有可读性和可操作性。教材整体结构采用 "任务导入—任务要求—知识准备—范文赏析—任务实施"五个环节，以案例引领，实现了课程知识框架与人才培养模式之间的高度匹配，校内学习和行业工作的高度一致，先理论后实践，由格式到内容，由思路到方法，促进应用文写作教学过程的实践性、开放性和职业性。

（3）紧密对接《党政机关公文处理工作条例》和《党政机关公文格式》（GB/T 9704—

2012），确保教材内容的新颖性和科学性。2012 年 4 月 16 日，中共中央办公厅、国务院办公厅颁布了《党政机关公文处理工作条例》。2012 年 6 月 29 日，中华人民共和国质量监督检验检疫总局、中国国家标准化管理委员会发布了《党政机关公文格式》（GB/T 9704－2012），两个文件均于 2012 年 7 月 1 日起实施。本书中涉及的公务文书部分是按照新的条例和国家标准的规定编写的，确保了教材内容与时俱进。

本书结合新时代背景，阐述了财经应用文文书的写作特点、要求、思路，并提供了大量的符合习近平新时代中国特色社会主义思想的、与时代经济发展紧密相连的文案范本，逐篇分析写作规律、精要诀窍，同时总结了各种文种的写作模板，以便帮助读者了解财经应用文写作的内涵，全面掌握财经应用文写作的方法和模式，快速提高撰写能力。

本书建议教学课时为 72 学时（18 周×4 课时/周），课时分配见下表。实际教学时可以视教学时间和教学对象进行调整。

课时分配建议

教学内容	讲授	实践	合计
项目一　应用文的滥觞	3	1	4
项目二　校园文通	9	5	14
项目三　办公达人	10	5	15
项目四　职场精英	14	5	19
项目五　行业专才	14	5	19
附录		1	1
合　计	50	22	72

本书由张莉、杨晓燕、胡懿担任主编，王海燕、殷静、李贞玲担任副主编，张莉、胡懿修改定稿，中国银行无锡分行行长蔡悦中审定项目任务。本书在编写过程中得到了无锡城市职业技术学院郁宝荣、瞿立新、林俊、陈霞、陶红、华秋红、蔡小玲、殷娴、袁莺、陈玉英和无锡市教育科学研究院奚军、无锡市教师发展学院杨汉东等同志的鼎力支持和热情帮助，在此一并表示感谢。

本书在编写过程中参考了一些相关资料，引用了一些研究成果，在此一并表示谢忱。由于编写时间仓促、编者水平有限，不足之处在所难免，敬请广大教师和读者多提宝贵意见，以期日臻完善。

编　者
2023 年 9 月

CONTENTS ●●●●●●●● 目 录

应用文的滥觞

项目引领

> 古月，上次让你写的报告写好了没有？要抓紧。另外，明天要交工作方案，别忘了。

> 一会儿要写这个，一会儿要写那个！唉！我该怎么办啊？

　　随着社会的飞速进步，社会交流与协作体系越来越庞杂，在职场中的上情下达、同事交流、客户沟通，越来越多地由传统的口头交流转向书面交流，应用文写作能力不仅成了做好工作的基本要求，也成为职场人士综合素养的组成部分，更是担任领导职务的必备能力。应用文写作能力的提高不可能一蹴而就，而是一个不断学习总结、逐步提高的过程。我们只有平时用心学习，把握写作的结构、理清写作的思路，把应用文写作理论和工作实践相结合，才能使写作能力得到逐步提高。

项目目标

　　1. 了解应用文的性质、分类、历史、特点和功能，认知应用文的重要性，培养应用文写作的兴趣。

2．认知应用文写作背后的管理思维，学会用思维管理写作。

3．掌握应用文写作中主旨、材料、结构和语言的要求。

4．掌握应用文的基本样式，学习应用文写作的表达方式。

任务一　初识应用文

任务导入

　　秋风送爽，丹桂飘香，古月同学开始了在江南学院的学习生活。开学后不久，辅导员李老师组织了一次活动，带领同学们参观学校、了解本专业发展谱系，并请优秀毕业生返校介绍社会对本专业人才的需求。活动结束后，李老师布置了一项任务，要求每个同学写一份个人的职业发展规划。古月在活动过程中深受教育和启发，对个人前途充满了期待。对于个人未来的职业发展，她做了很多美好的设想，写下了一篇心潮澎湃的文章。可没过多久，李老师就把她的文章退了回来，让她重写。古月很不解，就找李老师了解情况。李老师告诉她，她的文章通篇都是在表达决心和抒发感情，是一篇合格的散文，却不是一篇合格的规划。李老师建议古月去学一学应用文的基本规范，再来写这篇职业发展规划。那么，应用文究竟是什么？它有什么样的写作要求呢？

任务要求

　　◎　情感目标：认知应用文的重要性，培养自己对应用文写作的兴趣。

　　◎　技能目标：掌握应用文的基本样式。

　　◎　知识目标：了解应用文的性质、特点和功能。

知识准备

一、应用文的性质、定义与分类

（一）应用文的性质

关于"应用文"的性质，学界并无统一、严格的定义，尚需辨析。

《辞海》中指出，应用文是指日常生活或工作中经常应用的文体，例如公文、契约、条据等。《现代汉语词典》中对"应用文"一词的解释与《辞海》中的解释相差不大。由此可见，应用文是处理日常生活或工作事务的一种文体，"处理日常生活或工作事务"可以说是应用文与文学作品的最主要的区别。

比较应用文和文学作品，应用文大多有特定的形式或者惯用的格式，而文学作品则没有相对固定的格式。

（二）应用文的定义

综上所述，所谓应用文，是指国家机关、社会团体、企事业单位和人民群众在处理工作事务或日常生活时，经常应用的、具有特定形式或惯用格式的文体。

（三）应用文的分类

应用文分为公务应用文和私务应用文两大类。

公务应用文可以分为通用文书和专业文书两大类。其中通用文书可以分为法定公文（例如党政公文、军队公文）、事务文书（例如计划、总结、简报、制度、办法）；专业文书可以分为财经文书、法律文书、技术说明书等。

私务应用文可以分为书信、传记等类别。

二、应用文的发展历史

应用文的发展历史可谓源远流长。世界各民族的文字，在诞生之初无不是为了应用。从这个意义上说，应用文的诞生远比诗歌、散文、小说等文学作品体裁的诞生要来得早。它随着人类文字的诞生一同诞生于这个世界上。

以我国为例，目前考古发现的夏商时期的"甲骨文"所记载的内容无不是应用文字。比如在河南省安阳市出土的一块商王朝时期刻辞牛骨上清晰地刻写着如下卜辞："大令众人曰：协田，其受年？十一月。"翻译成现代汉语，其大意就是"大王命令大家耕种，只要勤奋，就能获得好收成"。这篇卜辞文字虽然极其简短，但是它同时具备了向上天神灵祷告请示和向下级臣民下达指示的用途，很显然是一篇应用文。

商代以后，我国的应用文进一步发展。诞生于周代的《尚书》是我国现存最早、最完整的文献总集，其内容皆是应用文。《尚书》对我国应用文的发展有着非常重要的作用，历朝历代的应用文无不受其影响。

自《尚书》之后，我国历朝历代的统治者都非常重视对应用文制度的规范。早在魏晋时期，魏文帝曹丕就在其著作《典论·论文》中说："盖文章，经国之大业，不朽之盛事。"这里的文章，就是指应用文。统治者深刻地认识到应用文在治理国家方面发挥的极其重要的作用。

在我国古代历史上，应用文经历了秦代制诏谕奏、汉代表疏律令、魏晋简牍署书、唐宋图籍表册、明清史册文翰等发展阶段。到清代中后期，我国的应用文制度已经发展得十分完备。但辛亥革命之后，随着清王朝的覆灭，原本由封建王朝建立的应用文制度已经不再适用于现代社会。

现在，经过数十年的摸索，我国逐渐形成了一套新的应用文规范体系。这套体系继承了我国数千年应用文的优良传统，又吸收了国外应用文的先进经验，结合了我国当代社会生活的实际，在社会生活的各个领域都发挥着重要作用。该体系重要的规范就是 2012 年发布的《党政机关公文处理工作条例》和《党政机关公文格式》（GB/T 9704—2012）。

需要注意的是，虽然 2012 年发布的条例以法规形式规定了一些应用文的格式与规范，但是应用文是随着社会发展不断变化发展的文体，使用者只有随时注意应用文发展的最新动态，才能更好地将应用文为己所用。

资料卡

"应用文"一词的来源

"应用文"一词最早见于北宋，欧阳修在他的《免进五代史状》中说："自忝窃于科名，不忍忘其素习，时有妄作，皆应用文字。"但其所指的应用文与现在的概念完全不同。

在我国历史上，第一次正式提出"应用文"概念的是清代学者刘熙载。

三、应用文的功能

应用文及其写作的历史悠久，它始终追随着人类文明的诞生与发展。从它诞生之日起，就确定了其在社会与个体生活中的重要地位。

（一）计划指导作用

为了将国家经济发展的方针政策或单位的规章制度、经营决策贯彻下去，发文单位一般都会以决定、通知等公务文书的形式部署工作，要求收文单位以该应用文为依据和指导，遵照或参照执行文件精神，并通过实践，将该应用文的内容落到实处。在实际工作过程中，规模较大的公司常常以决定、通知等文书来实现决策的落实和管理的实施。

（二）沟通协调作用

现代社会，特别是在经济领域，分工合作尤为紧密，单位之间、个人之间、单位与个人之间交流沟通十分频繁，应用文是实现有效沟通的工具之一。它在交流信息、联系情感、协商事项等方面起着十分重要的作用，例如函、经济合同、条据、申请书、招投标书、经济起诉状等。

（三）规范促进作用

一个单位就是一个小的社会，各种关系错综复杂，协调各方关系、平衡各方利益就显得尤为重要，借助应用文也可以实现这个目的。应用文中的许多文种，例如规定、章程，都不同程度地规范了人们的行为准则；企业的内部审计报告可以宣示监督检查结果，及时纠正错误，提高效率。

另外，企业的主要目的是提高经济效益，应用文中的招投标书可以推介企业、改善经营；市场调查报告能够为企业决策提供参考依据；企业内部的审计报告可以促使企业内控制度更加健全完善；商品广告可以树立企业良好的社会形象，促进产品或服务的销售。

（四）依据凭证作用

应用文记载着每个单位部门各个时期的活动，它为一定范围的单位或个人提供了办事的依据。各种通知、请示是上下级交流工作的基础性工具；各种契约文书，例如合同、意向书、招投标书是单位或个人开展正常经济活动的保障，也是处理经济纠纷的重要依据。另外，应用文资料的积累，也为社会与历史活动的研究和探索提供了丰富、翔实的第一手资料。

四、应用文的特点

（一）价值的实用性

"实用性"是应用文区别于其他文体的根本属性。应用文是为解决生活或工作中的问题而产生的，而文学作品是为了抒发情感，反映现实生活，感化、教育社会大众而创作的。

人类的写作活动是伴随着文字的产生而开始的，应用文最初的诞生就是为了实际应用，随着社会的发展和科学技术的进步，现在它已经成为人们传递信息、处理事务、解决问题、交流经验的一种必不可少的工具，并且在纷繁复杂的社会事务中越来越显现出它的重要性。应用文与我们的生活关系密切，大到国家大事，小到生活琐事，都需要应用文。例如，国家机关宣传党的政策、指导工作，需要用到行政公文；企事业单位经营管理，需要用到计划、总结；单位和单位之间交流合作，需要用到函和经济合同；企业面向社会招聘员工，需要写招聘启事；在个人生活中，想把丢失的东西找回来，需要写寻物启事；想找一份工作，那么一封求职信可以成为你和用人单位之间沟通的桥梁。

文学作品反映社会生活，有认识社会、娱乐消遣、陶冶情操、提高鉴赏能力等功能，但它核心和本质的功能是教育、感化读者。文学作品通过人物形象的塑造、跌宕起伏的情节和激烈的矛盾冲突在给人们美的享受的同时，使读者也潜移默化地受到熏陶感染，凭借情感的沟通，激发人的心灵中潜在的向往真善美和追求自由的天性，以便使读者感悟人生的真谛和提升精神境界。

（二）材料的真实性

一切文章都要求做到材料的真实，"真实"是文章的生命。但文学作品的真实和应用文的真实是不同的。

文学作品的真实是指艺术的真实，允许艺术的虚构。文学作品中所反映的生活，既源于生活又高于生活，不一定是现实生活本身，可以是经过作者加工过的艺术的生活。正如鲁迅先生所说："（作家）所写的事迹，大抵有一点见过或听到过的缘由，但决不全用事实，只是采取一端，加以改造，或者生发开去，到足以几乎完全发表我的意思为止。人物的模特儿也一样，没有专用过一人，往往嘴在浙江，脸在北京，衣服在山西，是一个拼凑起来的角色。"

但应用文要求的材料真实，是指文本中所涉及的人和事必须真实可靠、准确无误，也就是说应用文在内容上必须完全符合客观实际，既不能夸大也不能缩小，更不能经过任何艺术加工。

（三）结构的规范性

结构的规范性是应用文区别于文学作品的又一个重要特点。文学作品在结构上没有固定的要求，力戒程式，力求创新，可以说"文无定法"。而应用文的结构有约定俗成或法定使成的规范。

每一种应用文都有它固定的格式。一些应用文在人们长期的实践过程中流传、效仿并形成社会公认的结构，我们称之为"约定俗成"，例如书信、条据等。还有一些应用文的格式是以法律或法规的形式加以明确，并在管辖范围或行业内普遍执行，我们称之为"法定使成"，例如《党政机关公文处理工作条例》和《党政机关公文格式》对我国现行的党政机关公文的结构要素和结构形式做了明确的规定。

（四）语言的简约性

这个特点可以说是"价值的实用性"特点派生出来的。应用文是用来解决实际问题的。因此作者必须使用简约明了的语言将思想观点表达清晰。正如叶圣陶先生在谈公文写作时说："公文必须写得一清二楚、十分明确，句稳词妥，通体通顺，让人家不折不扣地了解你说的是什么。"

在句式的使用上，为了便于理解，尽量用单句不用复句；语言朴实，明白晓畅，不用象征、隐喻、比拟、暗示、双关、夸张等可能引起读者对文意曲解引申的修辞方式；尽量不用生僻的典故成语；使用庄重典雅的书面语，少用或不用方言、俚语、歇后语、网络用语等。

📋 | 任务实施

💡 想一想

1. 什么是应用文？

2. 请结合《中共中央关于认真学习宣传贯彻党的二十大精神的决定》（2022 年 10 月 29 日）一文，分析应用文与文学作品的区别。

中共中央关于认真学习宣传贯彻党的二十大精神的决定

（2022 年 10 月 29 日）

为深入学习宣传贯彻党的二十大精神，把全党全国各族人民的思想统一到党的二十大精神上来，把力量凝聚到党的二十大确定的各项任务上来，作出如下决定。

一、充分认识学习宣传贯彻党的二十大精神的重大意义

中国共产党第二十次全国代表大会于 10 月 16 日至 22 日在北京举行。这是在全党全国各族人民迈上全面建设社会主义现代化国家新征程、向第二个百年奋斗目标进军的关键时刻召开的一次十分重要的大会，是一次高举旗帜、凝聚力量、团结奋进的大会。大会高举中国特色社会主义伟大旗帜，坚持马克思列宁主义、毛泽东思想、邓小平理论、"三个代表"重要思想、科学发展观，全面贯彻习近平新时代中国特色社会主义思想，分析了国际国内形势，提出了党的二十大主题，回顾总结了过去 5 年的工作和新时代 10 年的伟大变革，阐述了开辟马克思主义中国化时代化新境界、中国式现代化的中国特色和本质要求等重大问题，对全面建设社会主义现代化国家、全面推进中华民族伟大复兴进行了战略谋划，对统筹推进"五位一体"总体布局、协调推进"四个全面"战略布局作出了全面部署。大会批准了习近平同志代表十九届中央委员会所作的《高举中国特色社会主义伟大旗帜，为全面建设社会主义现代化国家而团结奋斗》的报告，批准了十九届中央纪律检查委员会的工作报告，审议通过了《中国共产党章程（修正案）》，选举产生了新一届中央委员会和中央纪律检查委员会。

习近平同志的报告，深刻阐释了新时代坚持和发展中国特色社会主义的一系列重大理论和实践问题，描绘了全面建设社会主义现代化国家、全面推进中华民族伟大复兴的宏伟蓝图，为新时代新征程党和国家事业发展、实现第二个百年奋斗目标指明了前进方向、确立了行动指南，是党和人民智慧的结晶，是党团结带领全国各族人民夺取中国特色社会主义新胜利的政治宣言和行动纲领，是马克思主义的纲领性文献。《中国共产党章程（修正案）》体现了党的十九大以来党的理论创新、实践创新、制度创新成果，体现了党的二十大报告确定的重要思想、重要观点、重大战略、重大举措，对坚持和加强党的全面领导、坚定不移推进全面从严治党、坚持和完善党的建设、推进党的自我革命提出了明确要求。

党的二十届一中全会选举产生了以习近平同志为核心的新一届中央领导集体，一批经验丰富、德才兼备、奋发有为的同志进入中央领导机构，充分显示出中国特色社会主义事业蓬勃兴旺、充满活力。

学习宣传贯彻党的二十大精神是当前和今后一个时期全党全国的首要政治任务，事关党和国家事业继往开来，事关中国特色社会主义前途命运，事关中华民族伟大复兴，对于动员全党全国各族人民更加紧密地团结在以习近平同志为核心的党中央周围，高举中国特色社会主义伟大旗帜，坚定道路自信、理论自信、制度自信、文化自信，为全面建设社会主义现代化国家、全面推进中华民族伟大复兴而团结奋斗，具有重大现实意义和深远历史意义。

二、全面准确学习领会党的二十大精神

学习领会党的二十大精神，必须坚持全面准确，深入理解内涵，精准把握外延。要原原本本、逐字逐句学习党的二十大报告和党章，学习习近平总书记在党的二十届一中全会上的重要讲话精神，着重把握以下几个方面。

1. 深刻领会党的二十大的主题。高举中国特色社会主义伟大旗帜，全面贯彻习近平新时代中国特色社会主义思想，弘扬伟大建党精神，自信自强、守正创新，踔厉奋发、勇毅前行，为全面建设社会主义现代化国家、全面推进中华民族伟大复兴而团结奋斗。这是党的二十大的主题，明确宣示了我们党在新征程上举什么旗、走什么路、以什么样的精神状态、朝着什么样的目标继续前进的重大问题。高举中国特色社会主义伟大旗帜、全面贯彻习近平新时代中国特色社会主义思想，是要郑重宣示，全党必须坚持以马克思主义中国化时代化最新成果为指导，坚定中国特色社会主义道路自信、理论自信、制度自信、文化自信，坚持道不变、志不改，确保党和国家事业始终沿着正确方向胜利前进。弘扬伟大建党精神，是要郑重宣示，全党必须恪守伟大建党精神，保持党同人民群众的血肉联系，保持谦虚谨慎、艰苦奋斗的政治本色和敢于斗争、敢于胜利的意志品质，确保党始终成为中国特色社会主义事业的坚强领导核心。自信自强、守正创新，踔厉奋发、勇毅前行，是要郑重宣示，全党必须保持自信果敢、自强不息的精神风貌，保持定力，勇于变革的工作态度，永不懈怠、锐意进取的奋斗姿态，使各项工作更好体现时代性、把握规律性、富于创造性。全面建设社会主义现代化国家、全面推进中华民族伟大复兴，是要郑重宣示，全党必须紧紧扭住新时代新征程党的中心任务，集中一切力量，排除一切干扰，坚持以中国式现代化全面推进中华民族伟大复兴。团结奋斗，是要郑重宣示，我们必须不断巩固全党全国各族人民大团结，加强海内外中华儿女大团结，形成同心共圆中国梦的强大合力。

2. 深刻领会过去 5 年的工作和新时代 10 年的伟大变革。党的十九大以来的 5 年，是极不寻常、极不平凡的 5 年。5 年来，以习近平同志为核心的党中央，高举中国特色社会主义伟大旗帜，全面贯彻党的十九大和十九届历次全会精神，团结带领全党全军全国各族人民，统揽伟大斗争、伟大工程、伟大事业、伟大梦想，有效应对严峻复杂的国际形势和接踵而至的巨大风险挑战，以奋发有为的精神把新时代中国特色社会主义不断推向前进，攻克了许多长期没有解决的难题，办成了许多事关长远的大事要事，推动党和国家事业取得举世瞩目的重大成就。党的十八大召开 10 年来，我们经历了对党和人民事业具有重大现实意义和深远历史意义的三件大事：一是迎来中国共产党成立一百周年，二是中国特色社会主义进入新时代，三是完成脱贫攻坚、全面建成小康社会的历史任务，实现第一个百年奋斗目标。这是中国共产党和中国人民团结奋斗赢得的历史性胜利，是彪炳中华民族发展史册的历史性胜利，也是对世界具有深远影响的历史性胜利。10年来，我们全面贯彻党的基本理论、基本路线、基本方略，采取一系列战略性举措，推进一系列变革性实践，实现一系列突破性进展，取得一系列标志性成果，经受住了来自政治、经济、意识形态、自然界等方面的风险挑战考验，党和国家事业取得历史性成就、发生历史性变革，推动我国迈上全面建设社会主义现代化国家新征程。新时代10年的伟大变革，在党史、新中国史、改革开放史、社会主义发展史、中华民族发展史上具有里程碑意义。

新时代10年的伟大变革，是在以习近平同志为核心的党中央坚强领导下、在习近平新时代中国特色社会主义思想指引下全党全国各族人民团结奋斗取得的。党确立习近平同志党中央的核心、全党的核心地位，确立习近平新时代中国特色社会主义思想的指导地位，反映了全党全军全国各族人民共同心愿，对新时代党和国家事业发展、对推进中华民族伟大复兴历史进程具有决定性意义。"两个确立"是党在新时代取得的重大政治成果，是推动党和国家事业取得历史性成就、发生历史性变革的决定性因素。全党必须深刻领悟"两个确立"的决定性意义，更加自觉地维护习近平总书记党中央的核心、全党的核心地位，更加自觉地维护以习近平同志为核心的党中央权威和集中统一领导，全面贯彻习近平新时代中国特色社会主义思想，坚定不移在思想上政治上行动上同以习近平同志为核心的党中央保持高度一致。

3. 深刻领会开辟马克思主义中国化时代化新境界。马克思主义是我们立党立国、兴党兴国的根本指导思想。实践告诉我们，中国共产党为什么能，中国特色社会主义为什么好，归根到底是马克思主义行，是中国化时代化的马克思主义行。党的十八大以来，国内外形势新变化和实践新要求，迫切需要我们从理论和实践的结合上深入回答关系党和国家事业发展、党治国理政的一系列重大时代课题。我们党勇于进行理论探索和创新，以全新的视野深化对共产党执政规律、社会主义建设规律、人类社会发展规律的认识，取得重大理论创新成果，集中体现为习近平新时代中国特色社会主义思想。党的十九大、十九届六中全会提出的"十个明确"、"十四个坚持"、"十三个方面成就"概括了这一思想的主要内容，必须长期坚持并不断丰富发展。只有把马克思主义基本原理同中国具体实际相结合、同中华优秀传统文化相结合，坚持运用辩证唯物主义和历史唯物主义，才能正确回答时代和实践提出的重大问题，才能始终保持马克思主义的蓬勃生机和旺盛活力。不断谱写马克思主义中国化时代化新篇章，是当代中国共产党人的庄严历史责任。继续推进实践基础上的理论创新，首先要把握好习近平新时代中国特色社会主义思想的世界观和方法论，坚持好、运用好贯穿其中的立场观点方法，切实做到坚持人民至上、坚持自信自立、坚持守正创新、坚持问题导向、坚持系统观念、坚持胸怀天下，在新时代伟大实践中不断开辟马克思主义中国化时代化新境界。

4. 深刻领会新时代新征程中国共产党的使命任务。从现在起，中国共产党的中心任务就是团结带领全国各族人民全面建成社会主义现代化强国、实现第二个百年奋斗目标，以中国式现代化全面推进中华民族伟大复兴。党的二十大对全面建成社会主义现代化强国两步走战略安排进行了宏观展望，重点部署了未来5年的战略任务和重大举措。这是一项伟大而艰巨的事业，前途光明，任重道远。当前，我国发展进入战略机遇和风险挑战并存、不确定难预料因素增多的时期，各种"黑天鹅"、"灰犀牛"事件随时可能发生。我们必须增强忧患意识，坚持底线思维，做到居安思危、未雨绸缪，准备经受风高浪急甚至惊涛骇浪的重大考验。前进道路上，必须坚持和加强党的全面领导，坚持中国特色社会主义道路，坚持以人民为中心的发展思想，坚持深化改革开放，坚持发扬斗争精神，既不走封闭僵化的老路，也不走改旗易帜的邪路，坚持把国家和民族发展放在自己力量的基点上，坚持把中国发展进步的命运牢牢掌握在自己手中，不断夺取全面建设社会主义现代化国家新胜利。全党必须牢记，坚持党的全面领导是坚持和发展中国特色社会主义的必由之路，中国特色社会主义是实现中华民族伟大复兴的必由之路，团结奋斗是中国人民创造历史伟业的必由之路，贯彻新发展理念是新时代我国发展壮大的必由之路，全面从严治党是党永葆生机活力、走好新的赶考之路的必由之路。这是我们在长期实践中得出的至关紧要的规律性认识，必须倍加珍惜、始终坚持，咬定青山不放松，引领和保障中国特色社会主义巍巍巨轮乘风破浪、行稳致远。

5. 深刻领会中国式现代化的中国特色和本质要求。在新中国成立特别是改革开放以来长期探索和实践基础上，经过党的十八大以来在理论和实践上的创新突破，我们党成功推进和拓展了中国式现代化。中国式现代化，是中国共产党领导的社会主义现代化，既有各国现代化的共同特征，更有基于自己国情的中国特色。党的二十大概括了中国式现代化的中国特色，即中国式现代化是人口规模巨大的现代化，是全体人民共同富裕的现代化，是物质文明和精神文明相协调的现代化，是人与自然和谐共生的现代化，是走和平发展道路的现代化。党的二十大对中国式现代化的本质要求作出科学概括：坚持中国共产党领导，坚持中国特色社会主义，实现高质量发展，发展全过程人民民主，丰富人民精神世界，实现全体人民共同富裕，促进人与自然和谐共生，推动构建人类命运共同体，创造人类文明新形态。这个概括是党深刻总结我国和世界其他国家现代化建设的历史经验，对我国这样一个东方大国如何加快实现现代化在认识上不断深入、战略上不断成熟、实践上不断丰富而形成的思想理论结晶，我们要深刻领会、系统把握，特别是要把这个本质要求落实到各项工作之中。

6. 深刻领会社会主义经济建设、政治建设、文化建设、社会建设、生态文明建设等方面的重大部署。在经济建设上，要完整、准确、全面贯彻新发展理念，加快构建新发展格局，着力推动高质量发展，构建高水平社会主义市场经济体制，建设现代化产业体系，全面推进乡村振兴，促进区域协调发展，推进高水平对外开放，推动经济实现质的有效提升和量的合理增长。在政治建设上，要发展全过程人民民主，加强人民当家作主制度保障，全面发展协商民主，积极发展基层民主，巩固和发展最广泛的爱国统一战线。在文化建设上，要推进文化自信自强，建设社会主义文化强国，建设具有强大凝聚力和引领力的社会主义意识形态，广泛践行社会主义核心价值观，提高全社会文明程度，繁荣发展文化事业和文化产业，增强中华文明传播力影响力，铸就社会主义文化新辉煌。在社会建设上，要坚持在发展中保障和改善民生，扎实推进共同富裕，完善分配制度，实施就业优先战略，健全社会保障体系，推进健康中国建设，不断实现人民对美好生活的向往。在生态文明建设上，要推进美丽中国建设，加快发展方式绿色转型，深入推进环境污染防治，提升生态系统多样性、稳定性、持续性，积极稳妥推进碳达峰碳中和，促进人与自然和谐共生。

7. 深刻领会教育科技人才、法治建设、国家安全等方面的重大部署。党的二十大把握国内外发展大势，在党和国家事业发展布局中突出教育科技人才支撑、法治保障、国家安全工作。在教育科技人才上，要坚持教育优先发展、科技自立自强、人才引领驱动，加快建设教育强国、科技强国、人才强国，办好人民满意的教育，完善科技创新体系，加快实施创新驱动发展战略，深入实施人才强国战略，不断塑造发展新动能新优势。在法治建设上，要坚持全面依法治国，坚持走中国特色社会主义法治道路，建设中国特色社会主义法治体系、建设社会主义法治国家，完善以宪法为核心的中国特色社会主义法律体系，扎实推进依法行政，严格公正司法，加快建设法治社会，推进法治中国建设。在国家安全上，要坚定不移贯彻总体国家安全观，健全国家安全体系，增强维护国家安全能力，提高公共安全治理水平，完善社会治理体系，坚决维护国家安全和社会稳定。

8. 深刻领会国防和军队建设、港澳台工作、外交工作等方面的重大部署。在国防和军队建设上，要贯彻习近平强军思想，贯彻新时代军事战略方针，坚持党对人民军队的绝对领导，全面加强人民军队党的建设，全面加强练兵备战，全面加强军事治理，巩固提高一体化国家战略体系和能力，如期实现建军一百年奋斗目标，加快把人民军队建成世界一流军队。在港澳台工作上，要坚持和完善"一国两制"制度体系，落实中央全面管治权，落实"爱国者治港"、"爱国者治澳"原则，落实特别行政区维护国家安全的法律制度和执行机制，支持香港、澳门发展经济、改善民生、破解经济社会发展中的深层次矛盾和问题，发展壮大爱国爱港爱澳力量；坚持贯彻新时代党解决台湾问题的总体方略，牢牢把握两岸关系主导权和主动权，坚持一个中国原则和"九二共识"，团结广大台湾同胞共同推动两岸关系和平发展、推进祖国和平统一进程，坚定反"独"促统。在外交工作上，要始终坚持维护世界和平、促进共同发展的外交政策宗旨，致力于推动构建人类命运共同体，坚定奉行独立自主的和平外交政策，坚持在和平共处五项原则基础上同各国发展友好合作，坚持对外开放的基本国策，积极参与全球治理体系改革和建设，弘扬全人类共同价值。

9. 深刻领会坚持党的全面领导和全面从严治党的重大部署。全面建设社会主义现代化国家、全面推进中华民族伟大复兴，关键在党。我们党作为世界上最大的马克思主义执政党，要始终赢得人民拥护、巩固长期执政地位，必须时刻保持解决大党独有难题的清醒和坚定。经过党的十八大以来全面从严治党，我们解决了党内许多突出问题，但党面临的执政考验、改革开放考验、市场经济考验、外部环境考验将长期存在，精神懈怠危险、能力不足危险、脱离群众危险、消极腐败危险将长期存在。全党必须牢记，全面从严治党永远在路上，党的自我革命永远在路上，决不能有松劲歇脚、疲劳厌战的情绪，必须持之以恒推进全面从严治党，深入推进新时代党的建设新的伟大工程，以党的自我革命引领社会革命。要落实新时代党的建设总要求，健全全面从严治党体系，坚持和加强党中央集中统一领导，坚持不懈用习近平新时代中国特色社会主义思想凝心铸魂，完善党的自我革命制度规范体系，建设堪当民族复兴重任的高素质干部队伍，增强党组织政治功能和组织功能，坚持以严的基调强化正风肃纪，坚决打赢反腐败斗争攻坚战持久战，全面推进党的自我净化、自我完善、自我革新、自我提高，使我们党坚守初心使命，始终成为中国特色社会主义事业的坚强领导核心。

三、认真做好党的二十大精神的学习宣传

学习宣传党的二十大精神，既要整体把握、全面系统，又要突出重点、抓住关键。要把着力点聚焦到习近平总书记是党中央的核心、全党的核心，习近平新时代中国特色社会主义思想是党必须长期坚持的指导思想上；聚焦到党的十九大以来的重大成就和新时代 10 年的伟大变革上；聚焦到把握好马克思主义中国化时代化最新成果的世界观和方法论，坚持好、运用好贯穿其中的立场观点方法上；聚焦到中国式现代化在理论和实践的创新突破上；聚焦到贯彻落实党的二十大作出的重大决策部署上；聚焦到以习近平同志为核心的新一届中央领导集体是深受全党全国各族人民拥护和信赖的领导集体上；聚焦到习近平总书记是全党拥护、人民爱戴、当之无愧的党的领袖上。

1. 切实抓好学习培训。紧密结合党中央即将在全党开展的主题教育，面向全体党员开展多形式、分层次、全覆盖的全员培训，组织广大党员干部认真学习党的二十大精神。党中央将举办新进中央委员会的委员、候补委员学习贯彻党的二十大精神研讨班。各级党委（党组）理论学习中心组要把学习党的二十大精神作为重点内容，制定系统学习计划，列出专题进行研讨。各地区各部门要举办培训班、学习班，集中一段时间对全国县处级以上党员领导干部进行集中轮训，分期分批对党员干部进行系统培训。基层党组织要采取多种形式，组织广大党员干部认真学习党的二十大精神。要把学习党的二十大精神作为党校（行政学院）、干部学院教育培训的必修课，作为学校思想政治教育和课堂教学的重要内容，组织开展对相关教材修订工作，推动党的二十大精神进教材、进课堂、进头脑。在学习培训中，要运用好《党的二十大报告辅导读本》、《党的二十大报告学习辅导百问》等辅导材料。

2. 集中开展宣讲活动。从现在起到明年年初，在全国范围内集中开展党的二十大精神宣讲活动。党中央将组织学习贯彻党的二十大精神中央宣讲团，赴各省区市开展宣讲。各地要参照这一做法，抽调骨干力量组成宣讲团，深入企业、农村、机关、校园、社区进行宣讲。坚持领导带头，中央政治局同志和各省区市、中央各部门主要负责同志在所在地方、分管领域亲自宣讲，各级党政军群主要负责同志带头宣讲，以实际行动带动广大党员干部群众的学习。开展面向党外人士的宣讲工作，增进党外人士对党的二十大精神的认知认同。要着力增强宣讲的说服力、亲和力和针对性、有效性，紧密联系广大党员干部群众思想和工作实际，把党的二十大精神讲清楚、讲明白，让老百姓听得懂、能领会、可落实。

3. 精心组织新闻宣传。各级党报、党刊、电台、电视台要精心策划、集中报道，大力宣传党的二十大精神，宣传全党全社会对党的二十大的热烈反响和积极评价，宣传各地区各部门学习贯彻党的二十大精神的具体举措和实际行动。要充分利用各种宣传形式和手段，采取人民群众喜闻乐见的形式，使宣传报道更接地气、更动人心，引导广大党员干部群众坚定信心、同心同德，埋头苦干、奋勇前进。要积极开展网络宣传，把网络传播平台作为党的二十大精神宣传的重要阵地，坚持分众化、差异化、精准化，开设网上专题专栏，制作推出新媒体产品，开展网上访谈互动，在网络宣传上展现新面貌、新作为，推动形成网上正面舆论强势。要精心组织对外宣传，多渠道宣介党的二十大精神，宣介我国推动经济社会发展的重大举措，充分反映国际社会的积极评价，生动展示我们党和国家的良好形象。

4. 深入开展研究阐释。围绕党的二十大精神，确定一批重大研究选题，组织专家学者深入研究，撰写刊发一批有分量的理论文章。组织召开系列理论研讨会，交流研究成果，深化思想认识。中央主要媒体要通过推出权威访谈、开设专栏等形式，从不同角度撰写推出相关文章，分析背景、提取要点，进一步延伸阐释深度和广度，各省区市主要报刊理论专版、专刊同步开设相关专栏。针对广大党员干部群众关注的热点问题，各媒体要主动邀请有关部门负责同志，进行深入解读，加强正面引导，回应关切。针对思想理论领域可能出现的模糊认识和错误观点，要组织专家学者撰写重点理论文章和短文短评，及时进行辨析澄清。

四、坚持知行合一，贯彻落实好党的二十大作出的重大决策部署

学习宣传贯彻党的二十大精神，要立足我国改革发展、党的建设实际，坚持学思用贯通、知信行统一，把党的二十大精神落实到经济社会发展各方面，体现到做好今年各项工作和安排好今后工作之中。

1. 坚决做到"两个维护"。学习宣传贯彻党的二十大精神，要推动全党深刻领悟"两个确立"的决定性意义，增强"四个意识"、坚定"四个自信"、做到"两个维护"，以实际行动践行对党忠诚。要健全总揽全局、协调各方的党的领导制度体系，完善党中央重大决策部署落实机制，确保全党在政治立场、政治方向、政治原则、政治道路上同党中央保持高度一致，确保党的团结统一。要加强党的政治建设，严明政治纪律和政治规矩，落实各级党委（党组）主体责任，提高各级党组织和党员干部政治判断力、政治领悟力、政治执行力。

2. 切实推动改革发展稳定。要把党的二十大精神转化为指导实践、推动工作的强大力量，统筹推进"五位一体"总体布局、协调推进"四个全面"战略布局，紧紧抓住解决不平衡不充分的发展问题，着力在补短板、强弱项、固底板、扬优势上下功夫，推动经济社会持续健康发展。要坚持在发展中保障和改善民生，着力解决好人民群众急难愁盼问题，完善社会治理体系，畅通和规范群众诉求表达、利益协调、权益保障通道，及时把矛盾纠纷化解在基层、化解在萌芽状态。要切实做好新冠肺炎疫情防控工作，落实党中央"疫情要防住、经济要稳住、发展要安全"的明确要求，坚决筑牢疫情防控屏障，最大限度保护人民生命安全和身体健康。

3. 防范化解风险挑战。当前，世界百年未有之大变局加速演进，世界之变、时代之变、历史之变正以前所未有的方式展开，这是改革开放以来从未遇到过的，给我国的现代化建设提出了一系列新课题新挑战，直接考验我们的斗争勇气、战略能力、应对水平。要保持时时放心不下的精神状态和责任担当，始终做好应对最坏情况的准备，不信邪、不怕鬼、不怕压，知难而进、迎难而上，统筹发展和安全，全力战胜前进道路上各种困难和挑战。要加强斗争精神和斗争本领养成，着力增强防风险、迎挑战、抗打压能力，主动识变应变求变，主动防范化解风险，依靠顽强斗争打开事业发展新天地。

4. 坚定不移全面从严治党。要推动全面从严治党向纵深发展，保持战略定力，始终绷紧从严从紧这根弦，不断解决党内存在的突出矛盾和深层次问题。要全面加强党的思想建设，坚持用习近平新时代中国特色社会主义思想统一思想、统一意志、统一行动，组织实施党的创新理论学习教育计划，建设马克思主义学习型政党。要坚持全心全意为人民服务的根本宗旨，树牢群众观点，贯彻群众路线，尊重人民首创精神，坚持一切为了人民、一切依靠人民，始终保持同人民群众的血肉联系，始终接受人民批评和监督，始终同人民同呼吸、共命运、心连心。要加强实践锻炼、专业训练，注重在重大斗争中磨砺干部，增强干部推动高质量发展本领、服务群众本领、防范化解风险本领，牢牢把握工作主动权。

五、切实加强组织领导

学习宣传贯彻党的二十大精神，是当前和今后一个时期全党全国的首要政治任务。各级党委（党组）要把学习宣传贯彻党的二十大精神摆上重要议事日程，切实加强组织领导。

1. 切实负起领导责任。各级党委（党组）要提高政治站位，按照党中央部署，结合本地区本部门实际，作出专题部署，提出具体要求，着力抓好落实，迅速兴起学习宣传贯彻党的二十大精神的热潮。各级组织、宣传部门和其他有关部门，要在党委（党组）统一领导下，密切配合。组织部门要把学习宣传贯彻党的二十大精神与干部教育培训工作、加强领导班子建设和基层党组织建设结合起来。宣传部门要扎实做好党的二十大精神宣传工作，营造学习贯彻党的二十大精神的浓厚氛围。工会、共青团、妇联等群团组织要充分发挥自身优势，开展各具特色的学习教育活动。要加强工作指导，加强督促检查，及时发现解决存在的问题。

2. 牢牢把握正确导向。要坚持团结稳定鼓劲、正面宣传为主，弘扬主旋律、传播正能量，巩固壮大主流思想舆论，着力用党的二十大精神统一思想、凝聚力量。要严格按照党中央精神全面准确开展宣传，把准方向、把牢导向，牢牢把握宣传引导的主导权、话语权。要加强对热点敏感问题的阐释引导，全面客观、严谨稳妥，解疑释惑、疏导情绪，最大限度凝聚社会共识。要落实意识形态工作责任制，按照谁主管谁负责和属地管理原则，切实加强对各类宣传文化阵地的管理，防止错误思想言论和有害信息传播。

3. 着力提升实际效果。要坚持贴近实际、尊重规律，紧密联系广大党员干部群众的新期待，努力增强学习宣传贯彻党的二十大精神的吸引力感染力和针对性实效性。要创新形式载体，丰富方法手段，善于运用群众乐于参与、便于参与的方式，采取富有时代特色、体现实践要求的方法，在拓展广度深度上下功夫，使学习宣传既有章法、见力度，更重质量、强效果。要充分运用新技术新应用，强化互动化传播、沉浸式体验，努力扩大工作的覆盖面和影响力，让正能量产生大流量。

各地区各部门要及时将学习宣传贯彻党的二十大精神的情况报告党中央。

💬 议一议

3. 采访身边的亲戚朋友，并结合自己所学的专业，谈谈学习应用文的重要性。

任务二　缘起应用文

📑｜任务导入

接触应用文不久，古月觉得学习该课程非常实用。那么如何构思一篇应用文呢？其主旨、材料、结构、语言的写作与文学作品又有何区别呢？

📑 任务要求

◎ 情感目标：认知应用文写作背后的管理思维，学会用思维管理写作。

◎ 技能目标：掌握应用文写作中主旨、材料、结构和语言的要求。

◎ 知识目标：学习应用文写作的表达方式。

📖 知识准备

一篇完整的应用文，一般由主旨、材料、结构、语言四个内容要素构成。主旨主要是解决"言之有理"的问题。材料主要是解决"言之有物"的问题。结构主要是解决"言之有序"的问题。语言主要是解决"言之有法"的问题。

一、主旨

（一）主旨的概念

应用文的主旨是应用文的作者撰写文章的目的和观点。它是全文的灵魂和统帅，决定着文章价值的大小，决定着材料的取舍和使用，统领着结构的安排，制约着语言的运用。

和文学作品一样，主旨是一个系统，它有"篇旨""段旨""句旨"等子系统，而且这些系统又具有一定的层次，低层次的主旨服务于高层次的主旨，例如句子的主旨服务于段落的主旨，段落的主旨服务于全篇的主旨。例如：

> **寻物启事**
>
> 本人于2023年5月8日中午丢失一个黑色"DUBAODULU"牌单肩挎包，内有上海市永信惠达贸易有限公司公章、财务章、税务登记证、53张增值税发票、一个棕色钱包（内有身份证、驾驶证、招商银行卡、公交卡）。本人万分焦急，如果有捡到或者提供线索者，希望能与我联系，必定当面重谢。联系人：李×，联系电话：139×××××××。
>
> 李×
>
> 2023年5月9日

上面这则寻物启事，标题是全文主旨的高度概括，统帅全文，可谓"标题点旨"。第一句紧承标题，开宗托旨，明确了遗失物品的时间、特征等具体情况。第二句表明了寻物心切及对成功帮寻者的承诺。最后提供了自己的联系方式。这样的安排符合读者的阅读习惯，也有利于自己成功寻物。

（二）主旨的类别

从实际情况来看，主旨有以下两种类型。

1. 思想型主旨

思想型主旨具有明确的倾向性，对工作的情况或问题提出明确的观点和意见，制定相应的措施、办法。大多数应用文主旨属于这一类。

2. 信息型主旨

信息型主旨只对工作的情况或问题做客观说明，不需要表明观点或态度，例如简报、会议记录等，其目的是沟通信息、传递情况，而不表明写作意图。

（三）主旨的要求

与文学作品相同，应用文的写作也必须"主旨先行""意在笔先"，但应用文主旨的确定者和应用文的实际撰写者常常不是同一个人，也就是说，应用文的实际写作者与主旨之间往往是间接关系，因此，应用文的实际撰写者在主旨上不需要发挥其主观能动性。基于此，应用文的主旨有其特殊要求。

1. 正确

应用文的主旨必须真实地反映领导的意图，准确反映客观事实，切忌妄加猜测、主观臆断。同时，应用文的主旨还必须符合党和国家的方针、政策，遵循国家的法律、法规。例如，某会议通知中写道"各单位要高度重视，不得缺席，否则停业处理或取缔"，这个句旨显然不符合我国的法律法规。

2. 鲜明

文学作品的主旨要求含而不露，但应用文的主旨必须鲜明直白。文章对事情或问题的认识、评价必须十分明确，主张什么、反对什么、应该怎么做、不应该怎么做等，要让读者一目了然，最大限度地提高应用文的效用。

3. 集中

应用文的主旨要集中，要围绕一个问题、一项工作，集中力量阐述。正因为如此，应用文的写作常常遵循"一文一事"的原则。

二、材料

（一）材料的概念

应用文的材料是指应用文的撰写者为了完成写作，实现自己的写作意图，从实际工作中搜集、提取的一系列的事实和理论依据，一般包括人、事、数据、法规、政策等。

应用文的材料是应用文确立主旨、形成观点的依据，也是支撑主旨的基石。因此，在实际工作过程中，选择和运用材料就显得尤为重要。

（二）材料的分类

应用文中使用的材料，根据材料的性质，可以分为事实材料和理论材料；根据材料的来源，可以分为直接材料和间接材料；根据材料存在的时间，可以分为历史材料和现实材料；根据材料在文章中的作用，可以分为正面材料和反面材料；根据材料表现的形式，可以分为文字材料和数字材料。

以上材料的分类，只是形式上的、相对的分类。在实际写作过程中，材料是较为丰富的，不能完全将其孤立地区分开来。这样的分类，只是为我们选择和运用材料提供一定的视角和思路。

（三）材料的选择

材料的选择应该遵循以下原则。

1．切旨

凡是与主旨有关，并能很好地表现主旨的材料，就选用。凡是与主旨无关或似是而非的材料，就舍弃。对已经选定的材料，根据主旨的需要决定详略。

2．真实

应用文中涉及的人和事必须确有其人，确有其事，符合实际情况，不能杜撰，也不能夸大或缩小；引用的理论材料也必须认真核对，绝对不能出错。

3．典型

典型是指材料所具有的代表性和普遍意义，能起到以少表多、以一当十的作用。选材贵在精，精就精在"典型"上。

4．新颖

一是新近发生的、鲜为人知的、别人未曾使用过的材料，例如新人、新事、新方针、新政策、新数据、新问题等。二是虽然为人知晓却因为被变换角度而具有新意的材料。

（四）材料的运用

选好材料之后，要正确运用，应该注意以下几方面。

1．量体裁衣，决定取舍

所谓"取舍"，是针对一些法律法规、行政文书，多数材料作为写作的依据虽然通过了挑选，但是在实际写作过程中还需要再进行取舍。"量体裁衣"，是根据应用文的体裁不同，对选定的材料进行不同的剪裁加工。

2．主次分明，详略得当

使用材料时，能直接说明和表现主旨的，应该置于核心地位；配合或间接说明、表现主旨的，应该置于次要地位。核心材料，要注意详尽；过渡材料、交代性材料，要相应从略；读者感到生疏或难以把握的材料应该详细，读者所了解或容易接受的材料可以从略。

3．条理清晰，排好顺序

对已经选定的材料，应该根据事物发展的过程、人们的认识规律或材料之间的逻辑关系排好顺序，将各种不同类型的材料合理搭配，有条不紊地写出来。

大多数应用文是选择若干材料，从不同的角度、不同的层次阐明主旨。在写作过程中，将不同类型的材料结合使用，可以优势互补，提高整体表达效果。常有理论材料与事实材料结合、具体材料与概括材料结合、文字材料与数字材料结合等情形。

三、结构

（一）结构的概念

结构是指文章内部的组织和构造，是作者按照主旨的需要，对材料所进行的有机组合和编排，又称为"谋篇布局"。文章的结构具有两重含义：一是宏观结构，即文章的总体构思、主体框架；二是微观结构，即对应用文标题、缘起、过渡、展开、结束、落款等要素的具体设计和安排。本文只就微观结构进行介绍。

应用文在长期的写作实践过程中，大都形成了比较固定的结构形态，也叫"程式"或"模式"，一般由开头、主体和结尾三个大的部分组成。

（二）结构安排的原则

1．要服从表现主旨的需要

主旨是作者写作目的、意图的体现，结构必须服从主旨的需要，为表现主旨、突出主旨服务。例如，怎样安排缘起与结束、怎样划分层次与段落、怎样设置过渡与照应、怎样确定主次与详略，等等，都要围绕主旨进行。这样，才能使文章组成一个严谨周密、内容形式统一的有机整体。

2．要正确反映客观事物的发展规律和内在联系

应用文是对现实生活、客观事物的反映，客观事物总有一个发生、发展、结束的过程，作者对它的认识也应该遵循一定的规律。这种规律性，也就表现为文章结构的基本形式。

（三）结构安排的要求

1．严谨自然

严谨自然是指应用文结构精当严密，顺理成章。要求作者思路清晰，思维严密，以主旨贯穿全文始终，不蔓不枝。层次段落的划分要恰当，组织严密，联系紧凑，脉络畅通，行止自如。过渡和照应要自然，不能刻意地雕琢，更不能牵强拼凑。

2．完整匀称

完整匀称是指应用文各部分要配置齐全，比例协调，详略得当，完整合理，重点突出，符合格式要求。例如，应用文一般都有开头、主体和结尾三部分，三部分比例要协调，主体要内容充实，不能虎头蛇尾。对并列的内容，要注意处理好详写和略写的关系，以便保证结构的完整和匀称，使之浑然一体。

3．清晰醒目

大多数应用文不要求行文曲折波澜，而要求纲举目张、清晰醒目，以便读者把握要领或贯彻执行，所以常采用分条列项、加小标题等形式，这在一些公文、总结、计划、经济合同、审计报告中较为明显。

（四）结构的内容

1．标题

俗话说"秧好半年禾，题好文一半"，标题是应用文的眼睛。常见的标题形式有以下

几种。

（1）公文式标题。

公文式标题主要包括"发文机关单位""事由""文种"三要素，其中"事由"和"文种"是最基本的要素。若三要素俱全，则称之为"完整式标题"，例如《无锡生物职业技术学院关于举办第 23 届校园文化艺术节的通知》；若只有"事由"和"文种"，则称之为"准齐式标题"，例如某单位的《关于国庆节放假安排的通知》。

（2）文种式标题。

文种式标题只写文种名称，例如求职信、起诉状、借条、证明信、启事等，可以直接用文种作为标题。需要特别指出，公务文书不能使用这类标题。

（3）文章式标题。

文章式标题一般是用一句话或几个字概括文章的主旨，例如《创新机制　锻造队伍　提升效能》。

（4）新闻式标题。

从构成形式看，新闻式标题可以有单标题、双标题（即正题和副题或引题和正题）、三标题（即引题、正题、副题）。引题一般用来交代背景、烘托气氛，引出正题。正题一般揭示文章的主题或提示重要事实。副题一般用来补充说明情况或说明正题。例如：

2019 年 11 月 16 日，人民日报头版的一篇新闻标题采用了双标题，引题——《求是》杂志发表习近平总书记的重要文章，正题——学习马克思主义基本理论是共产党人的必修课。

某物业公司开展全员节约活动取得明显效果后，集团公司要求该公司上报经验材料，以便在全集团推广。这则经验材料的正题可以拟为"挖潜增效大有可为"，副题为"某物业公司开展全员节约活动情况总结"。

2．开头

开头是全篇的第一步，可以起到统领全篇、展开全文的作用。应用文常见的开头方式有以下几种。

（1）目的式。

目的式开头就是直接说明写作的目的和意义。公文、计划类文书常用这种方式，常用介词"为""为了"领起。

（2）依据式。

依据式开头就是开头阐明撰文的根据，一般包括理论依据和事实依据，或引据法律、政策和规定，或引据事实和问题。

事实依据常用"××××年××月××日""最近一段时间以来""多年来"等时间概念的词领起，以具体有力的数据或事件交代行文的必要性、针对性。理论依据常用"根据""按照""遵照"等领起下文。

（3）原因式。

原因式开头就是在开头交代行文的原因，常用"因为""由于""鉴于"等引出原因或者简述某种情况作为原因。

（4）概述式。

概述式开头就是在开头部分对全文内容的背景、基本情况、主要内容加以概述。采用这种方式，能起到提纲挈领的作用，综合性工作报告、总结、审计报告经常采用这类开头方式。

（5）结论式。

结论式开头就是先交代结论、结果，再由果溯因。

（6）提问式。

提问式开头就是开篇提出问题，然后引起下文，常见于调查报告的写作。

（7）引述式。

引述式开头一般引述来文的标题和文号，以此作为撰文的依据，其常见结构形式为"××单位《关于×××××的××》（×〔××××〕×号）收悉"或"××××年××月××日来文收悉"，例如批复、复函、答复报告等常用这种方式开头。

3. 层次与段落

层次是文章中作者表达主旨的阶段或层次，是文章内容展开的次序。层次体现了事物发展的阶段，是问题的各个侧面和作者思维过程的体现，又称为"意义段""逻辑段""章""节"等。段落又称为"自然段"，是组成文章、表达思想最基本并且相对独立的最小单位。段落的形式是层次的再分割，是文章意思的间歇或转换，以变换行作为标志。两者有明显的区别，层次侧重于内容的划分，段落侧重于文字形式的表现。一般而言，段落的划分主要由层次决定，有时一个段落恰好是一个层次，有时几个段落表现一个层次或一个段落内有几个层次。

常见的层次有以下几种模式。

（1）纵式。

纵式层次即写作思路纵向展开的结构方式。多数应用文都采用这种结构方式，具体有时间顺序式和逻辑顺序式两种类型。时间顺序式是按照事物的生产流程、事情或事件的发展过程或者时间的先后顺序安排层次。需要注意的是，采用这种结构方式，不能事无巨细地记"流水账"，要抓住事物发展的关键环节。逻辑顺序式是按照事理内在的逻辑顺序安排层次，一般表现为"现象—本质""原因—结果""宏观—微观""个别——一般"等逻辑关系。例如：

**国务院办公厅关于印发全国深化
"放管服"改革优化营商环境电视电话会议
重点任务分工方案的通知
国办发〔2020〕43号**

各省、自治区、直辖市人民政府，国务院各部委、各直属机构：

《全国深化"放管服"改革优化营商环境电视电话会议重点任务分工方案》已经国务院同意，现印发给你们，请结合实际认真贯彻落实。

国务院办公厅
2020年11月1日

上文正文中，从"同意"到"印发"，再到"执行"，这些词有明显的时间先后顺序，所以该文段落内的几个层次是纵式关系，使文章思路清晰、内容简明。

（2）横式。

横式层次即写作思路横向发展的结构方式。在表现形式上，把整体划分为若干相对的层次，各层次之间互不交织、平等并列，从不同的方面和角度共同揭示了事物的整体面貌和主旨，或者按照空间方位的变换，或者按照材料的不同性质和类型，或者按照问题的不同侧面等。这种结构形式，在应用文写作过程中运用也较为广泛，调查报告、总结、纪要等经常采用此结构模式。例如：

国务院关于开展第七次全国人口普查的通知
国发〔2019〕24号

各省、自治区、直辖市人民政府，国务院各部委、各直属机构：

根据《中华人民共和国统计法》和《全国人口普查条例》规定，国务院决定于2020年开展第七次全国人口普查。现将有关事项通知如下：

一、总体要求

……

二、普查对象、内容和时间

……

三、组织实施

……

四、经费保障

……

五、工作要求

……

附件：国务院第七次全国人口普查领导小组组成人员名单

国务院

2019年10月31日

上文中，国务院围绕做好第七次全国人口普查工作提出五项切实可行的措施，这五项措施横向展开，相关的职能部门职责明确到位，从总体要求到具体的时间、组织实施、经费保障及工作要求，整体、有效地推进着全国人口普查工作。

（3）纵横结合式。

对于内容丰富、篇幅较长的应用文，安排时单纯采用纵式或横式，很难合理地组织材料，这时可以采用纵横结合式结构模式。使用时，既可以纵横并重，也可以在整体纵式中局部使用横式，还可以在整体横式中使用纵式。使用这种结构必须精心安排、主次分明，切忌杂乱无章。

4．过渡与照应

过渡是指层次与段落之间的衔接和转换，在文章中起着承上启下、穿针引线的作用。照应是指文章内容的前后呼应和关照，可以使文章结构周密严谨，浑然一体，还能使某些关键内容得到强调，突出主旨。

一般情况下，当内容由总到分或由分到总时、意思转换时及表达方式变化时，需要安排过渡。过渡的形式有段落、句子或词语。如果上下文空隙大，转折也很大，就常用过渡段联结。如果上下文空隙小，就多用提示性的句子，例如在公文中，开头和主体之间常用"特此如下通告""现将有关事项通报如下"等作为过渡。

在应用文中，常用的照应方法有以下几种。

（1）文题照应。

文题照应即在行文中照应标题，对主旨加以强调、提示，例如大多数公文标题中都包含着"事由"，文章内容自然要与标题相照应。

（2）首尾照应。

首尾照应即在文章的结尾处，把开头交代的事或提出的问题再次提起，有的还进一步加以概括、归纳、补充，例如经济论文、总结、调查报告等。

（3）文中照应。

文中照应即文章自身前后内容之间的照应，例如某些关键细节和问题在行文中不断地被提起，这样能强化印象，更好地实现作者的表达意图。

5．结尾

结尾是全文的收束和结局，能帮助读者加深认识，把握全篇，达到预期的写作目的。常见的结尾方式有以下几种。

（1）惯用语式。

惯用语式就是在结尾处，采用特定的用语结束全文。例如，条据常用"此据"结尾，通知常用"特此通知"结尾，请示常用"妥否，请批复"结尾。

（2）希望要求式。

希望要求式就是在结尾部分提出希望，发出号召，并明确要求。例如，通报常在结尾处提出希望，以便突出其通报的目的。

（3）总结归纳式。

总结归纳式是指在主体写完后，对全文的主旨进行简要的概括，总结全文。例如总结、报告、经济论文等。

（4）自然收尾式。

自然收尾式就是在主体部分写完之后，事尽言止，自然收结。

6．落款

落款包括发文者署名和成文日期两个部分。

发文者署名主要是写明作者的姓名或发文单位的名称，在公文写作过程中，还需要加盖发文单位的印章。

成文日期要求写明年月日，根据《党政机关公文格式》规定，党政公文的日期统一用阿拉伯数字将年、月、日标全，年份应该标全，月、日不编虚位（即 1 不编为 01）。因此，所有应用文写作日期均应该使用阿拉伯数字书写，例如"2023 年 6 月 10 日"。

四、语言

（一）应用文的语言

语言是人类思维的工具和重要的交际工具，也是表达思想、进行写作、构成文章的物质手段。应用文的实用性，决定了其语言必须有特殊的要求。

1. 准确

应用文的语言必须符合文字本身的逻辑，用词用语意思准确，不产生歧义，不引起误会。在某些特定的语境条件下，可以使用模糊语言，以便弥补某些准确语言的不足，例如"各部门""部分地区""当前""再三强调"，使语言表达更贴近客观事实，同样可以取得准确的效果。

2. 得体

得体就是要言行得当，恰如其分。遣词造句要符合行文的文体和语体风格的需要，如"上行文"的用语要体现尊重，简约；"平行文"的语言要谦虚、诚恳。

3. 简约

应用文不用文学作品描绘的笔法行文，不兜圈子，不绕弯子，要用较少的文字表达清楚较丰富的内容，做到文约意丰。在写作过程中，常常使用"简称"和"统括"的表述形式。"简称"又称为"压缩"，一般是将长的、复杂的词语压缩成短的、简单的词语。例如，"中国共产党中央委员会"写成"中共中央"，"高等职业技术学院"写成"高职学院"。"统括"又称为"抽取"，一般是抽出原词语中的共同部分，或者概括原来几个词语表示的事物的共性，然后加上一个数词组成新的词语。例如，"定产量、定成本、定利润"写成"三定"，"以经济建设为中心，坚持四项基本原则，坚持改革开放"写成"一个中心，两个基本点"。

资料卡

模 糊 语 言

模糊语言作为一种弹性语言，是指外延不确定、内涵无定指的特性语言。与精确语言相比，模糊语言具有更大的概括性和灵活性。这种概括性与灵活性集中反映在语言的外延上。

模糊语言具有两重性特点。即在本质上是明确的，在表象上是模糊的；在定性表述上是肯定的，在定量表述上是变化的；在内容上是确指的，在形式上是灵活的。

例如：各单位、有些地方、当前、今后、及时、有些、广泛、普遍、重大、不少、再三、多次等。

（二）应用文的表达方式

常见的表达方式有叙述、说明、议论、描写、抒情，但应用文常用前三种，即叙述、说明、议论。

1. 叙述

叙述是指把人物的活动、经历和事件发展变化过程交代出来的一种表达方式。在应用文写作过程中，叙述是最基本、最常用的表达方式。

应用文写作过程中叙述的人称，有第一人称（"我""我们"）和第三人称（"他""他们"）。使用第一人称"我""我们"系指作者本人，或者作者所代表的群体、单位，如书信、请示、报告、总结等文体的写作，多用第一人称。有时为了简要起见，常使用"无主句"（即省略主语）。有的应用文体，如新闻报道、调查报告，为了表明作者立场客观、公正，传播的信息真实、可信，常采用第三人称写作。

应用文中记叙事件的发展过程，介绍单位的基本情况，一般都是按时间先后顺序来叙述。倒叙、插叙、分叙等用得较少，一般只在新闻、调查报告的写作中才用得上。

应用文中的叙述要力求真实、准确，不带主观感情色彩；线索清晰，表述完整；以概述为主，尽可能用概括的语言说出其前因后果、来龙去脉，使读者了解其梗概。

2．说明

说明就是用简明扼要的文字对事物、事理及人物进行解说的表达方式。目的是使读者对事物的形态、构造、成因、性质、种类、功能，对事理的概念、特点、来源、演变、关系等有鲜明的了解和认识。

说明在应用文中使用广泛，如介绍信、商品广告等文体，主要是用说明的方法来写作。其他文体，如经济合同、起诉状等，也常常借助说明的方法解释事理、剖析因果。

说明的方法多种多样，有下定义、分类别、举例子、列数字、列图表等。

3．议论

议论即议事论理，是运用事实材料和理论材料进行逻辑推理，从而阐明观点的一种表达方式。它的主要特点是证明性，即通过摆事实、讲道理，或者证明自己观点的正确，或者驳斥某方观点的错误。

在应用文写作过程中，议论经常使用。调查报告、总结、通报、经济起诉状、经济答辩状等文体，经常在叙述事实、说明情况的基础上，表明对人物、事件、问题的评价。

应用文写作中的议论，与一般议论文中的议论有明显的区别。在一般议论文中，论点、论据、论证三要素齐备，且议论是最主要的表现方法，贯穿全文始终。而在应用文写作过程中，最主要的表达方式是叙述和说明，议论居于从属的地位，一般只在叙述、说明的基础上进行。另外，应用文的议论，一般也不需要长篇大论，不需要复杂的、多层次的逻辑推理，也不一定具备论点、论据、论证这样一个完整的议论过程，而只是在需要分析论证的地方，采取"夹叙夹议"的方法，或者采取"三言两语"的方式，点到即止，不做深入论证。

运用议论时要注意：一要庄重，对任何事物的评价要实事求是，以理示人，以理服人；二要明快，要直截了当地阐明观点，既不拐弯抹角，也不回避矛盾。

任务实施

练一练

1．下列属于模糊语言的是（ ）。
　　A．有些地方　　　B．长期以来　　　C．基本完成　　　D．贵局
2．下列应用文成文日期书写正确的是（ ）。

A．23 年 11 月 　　　　　　　　B．2023 年 11 月

C．11 月 10 日 　　　　　　　　D．2023 年 11 月 10 日

3．请分析下列材料的开头方式。

（1）2023 年，财务部紧紧围绕集团公司的发展方向，在为全公司提供服务的同时，认真组织会计核算，规范各项财务基础工作。站在财务管理和战略管理的角度，以成本为中心，以资金为纽带，不断提高财务服务质量。现将一年的工作总结如下。

（2）为深入学习宣传贯彻党的二十大精神，贯彻落实习近平总书记相关重要指示和中央、教育部党组关于集中开展党的二十大精神理论宣讲工作要求，11 月 30 日下午，校区召开学习贯彻党的二十大精神宣讲团成立暨培训动员会，进行全面部署动员。

（3）近期，接连发生四川省泸州市泸县桃子沟煤矿"5·11"重大瓦斯爆炸事故、保利民爆济南科技有限公司"5·20"特别重大爆炸事故、吉林省长春市宝源丰禽业有限公司"6·3"特别重大火灾事故等多起重特大事故，暴露出一些地方和企业安全意识淡薄，隐患排查治理不认真，安全责任不落实，安全监管不到位，打击非法违法和治理违规违章行为不得力等问题。为了深刻吸取事故教训，切实加强安全生产工作，经过国务院同意，定于 2013 年 6 月至 9 月底，在全国集中开展安全生产大检查。

（4）你公司《关于直接接触药品工作人员体检有关问题的函》（粤食药监函〔2023〕10 号）收悉。经过研究，现函复如下。

4．层次是文章中作者表达主旨的阶段或顺序，是文章内容展开的次序。请拟写出《××公司财务部工作总结》（节选）的三个小标题，并分析该文的层次模式。

通过总结，我们有几点感触。

一是要_____。因为公司经营不是个人行为，一个人的能力毕竟有限，如果大家拧成一股绳，就能做到事半功倍。但这建立在每名员工具备较高的业务素质、对工作的责任感、良好的品德基础之上，否则团队精神就成了一句空话。那么如何主动地发扬团队精神呢？具体到各个部门，如果你努力地工作，业绩被领导认可，那么势必会影响到你周围的同事，大家会以你为榜样，你的进步无形地带动了大家共同进步。反之，别人取得的成绩也会成为你不断进取的动力，如此产生连锁反应的良性循环。

二是要_____。公司的机构分布就像一张网，每个部门看似独立，实际上部门之间存在着必然的联系。就拿财务部来说，其日常业务和每个部门都要打交道。与部门保持联系，听听部门的意见与建议，发现问题及时纠正。这样做一来有效地发挥了会计的监督职能，二来能及时地把信息反馈到领导层，把工作从被动变为主动。

三是要_____。随着社会的不断发展，会计的概念越来越抽象，它不再局限于某个学科，在金融、税务、计算机应用、公司法、企业管理等诸多领域都有所涉及。这就给我们财务人员提出了更高的要求。逆水行舟，不进则退。如果想在事业上有所发展，就必须用知识武装自己的头脑，以便适应优胜劣汰的市场竞争环境。通过对税务筹划的学习，我们提高了每月纳税申报工作的质量，并且熟练掌握了统计局、财政局、税务局所要求的各项报表的填制工作。

校 园 文 通

项目引领

> 古月，快毕业了，你有中意的单位了吗？准备好自己的求职信了吗？

> 我想在校园文艺汇演中担任总策划，得赶紧写一份申请书，如果汇演顺利还得为此写一篇宣传新闻稿。

在日常学习生活中，同学们需要掌握基本的应用文知识来应对正常的学习交往，良好的应用文素养可以为你正确处理日常关系添砖加瓦，具备常用的应用文知识已经成为现代人才不可或缺的要素。

项目目标

知识目标

1. 了解请假条、申请书、证明信、凭证性条据、启事、计划、总结、毕业论文、求职材料等校园文书的性质、适用范围。

2. 掌握校园文书写作的基本要素及其使用的注意事项。

能力目标

1. 能够形成校园文书写作的思路。
2. 能够独立完成校园文书的写作。

情感目标

1. 能适应校园各种场合并做出积极应对。
2. 培养良好的大局意识和团结协作意识，形成良好的交往态度。

任务一 请假条

任务导入

古月是江南学院一年级新生。因为家庭经济困难，她打算去星巴克咖啡店打工赚取生活费。但在餐饮、服务行业工作需要出示健康证，于是古月找辅导员李老师请假去办理健康证。李老师口头表示同意，但要求古月写一张请假条。

于是，古月写了这样一张请假条：

> 我因为有事，要请假一天。
>
> 古月
4月19日

李老师看到这张请假条之后，认为古月的请假条不符合规范，让她重写，否则不予准假。

古月感到十分诧异。一方面，是因为她在中学的时候一直是这样写请假条的，以前的老师从来没说什么；另一方面，为什么李老师看到她的请假条之后又违背了口头承诺了呢？

那么，古月的请假条究竟出了什么问题呢？

任务要求

◎ 情感目标：认知请假的流程，规范请假的手续。
◎ 技能目标：掌握请假条的写作思路和提纲，能独立写作请假条。
◎ 知识目标：了解请假条的性质和特点。

知识准备

一、请假条的性质

请假条是条据的一种。条据是人们日常生活、工作中常用的应用文体。它以较少的文字、简便的形式，在工作生活中起着互通信息的作用，充当办理事情的凭证和依据。因病因事不能按时上班或上课，不

能按时参加某项活动，必须写条据向有关负责人请假，这就是请假条。

二、请假条的分类

（1）按照请假的缘由不同，请假条可以分为病假条、事假条、公假条。如果是病假条，那么一般要附有相关的医疗证明。如果是公假条，那么一般需要领导签字或附有相关的证明。

（2）按照请假人的不同，请假条可以分为请假人本人写作的请假条和他人代为请假的请假条。如果是请他人代为请假的请假条，那么就要写明代请假人的身份。

（3）按照印制与否，请假条可以分为事先印制好的请假条与临时书写的请假条。事先印制好的请假条有固定格式，只需要按照格式填写即可。

三、请假条的一般结构与写作

请假条的一般结构包括标题、称呼、正文和落款四部分。

（一）标题

标题即为"请假条"三个字，写于第一行正中间。

（二）称呼

在第二行顶格写明向谁请假。一般请假多为向直接上级或老师请假。具体写法是"尊敬的+姓氏+职务（职称）"，如"尊敬的李老师""尊敬的王科长""尊敬的张教授"等。

（三）正文

请假条的正文要包含请假缘由、请假起止时间、准假愿望和敬祝语四项内容。

1. 请假缘由

请假缘由在称呼之后另起一行空两格开始。缘由应该具体清晰。

写作这部分时，采用叙述的方式将前因后果交代清楚即可。既不能过于简单模糊，也不可过于夸张渲染。如果有相佐证的材料，如医院证明，那可以将其作为附件列于落款之下，但必须在附件说明处注明附件的名称及数量。

2. 请假起止时间

这部分应该明确，要使用确定数而不能采用模糊数，因为这将会影响对方在工作上的考虑和安排。此外，时间超过三天的请假条建议在结尾部分附上相关的证明材料。

3. 准假愿望

准假愿望一般以常用语表达，如"请予准假""特此请假"等来结束全文。

4. 敬祝语

在正文最后为了表示敬意，一般还写敬祝语，如"此致敬礼""敬颂教安"等。

（四）落款

落款处应署上请假人的姓名和写作日期。

资料卡

使用请假条的注意事项

1. 请假条应该在开始请假前递交给直属上级，如果因为紧急情况无法提前递交，那么也应该在事后尽可能早的时间补交请假条。

2. 请假理由必须真实，不可虚构。

3. 请假条必须得到上级同意后方可生效。

4. 请假日期结束后，应该及时找上级销假。如果需要续假，那么应该重新递交请假条。

范文赏析（一）

请　假　条

尊敬的李老师：

　　我因为饮食问题上吐下泻，经医生诊断为急性肠胃炎，特向您请假两天（4月20日至4月21日）。请予批准！

　　此致

敬礼！

　　附件：××市第×人民医院医疗证明单1份

学生：古月
2023年4月19日

简评：

　　标题居中，称呼顶格，并在其后加上冒号，正文写明了请假缘由和请假天数，请假缘由详略得当。本文在结尾处还附有相关的证明。范文用语清楚，事实交代明了，体现了请假条的基本要素。

范文赏析（二）

请　假　条

尊敬的凌经理：

　　我和妻子的婚礼定于2023年5月16日在天津老家举办，特向您请假5天（5月14日至5月18日），望予以准假。

　　此致

敬礼！

财务部：王亮
2023年5月13日

简评：

　　这篇范文紧紧围绕"请假"二字展开，文中清楚地交代了请假的具体原因，请假天数也很具体。范文的用语也处处体现"请"的诚恳态度。

请假条写作的参考模板

请 假 条

尊敬的×××：

请假缘由（起因、经过、结果）、请假天数（具体几天、日期）、结尾（请予准假）

敬祝语

附件：

×××××××
××××年××月××日

任务实施

练一练

1. 根据下面几则材料，撰写请假缘由。

（1）周涛因为从小患有慢性肝炎，需要定期前往医院复查病情，他决定明天去市第一人民医院检查身体，因此不能去学校上课。

（2）董婉本来要参加下午的部门人事会议，但因为自己的客户光华集团有限公司李总经理突然要来谈合作项目，因此董婉需要向部门负责人请假不参加部门会议。

改一改

2. 请指出"任务导入"中古月请假条存在的问题，说一说李老师要求重写的原因，并以古月的名义重新写一张请假条。

写一写

3. 江南学院会计专业二年级 4 班的木子同学因为淋雨感冒，经过医生诊断感染了肺炎，需要请假两周，由于木子病情较重，故由木子的好朋友古月代写请假条并交给班主任。请以古月的身份写一张请假条，要求各要素完整。

4. 接到上级通知，公司办公室王晓春需要参加城市建设档案管理办法实施情况调研会，为此，他需要向公司李经理请假两天。请你帮忙完成这份请假条。

5. 江南集团有限公司自本月起开始执行新的考勤制度，员工请假必须经过本部门经理与人事经理双重审批方可准假。为此，公司需要设计并印制新的请假单。请你代表公司设计这个请假单。

任务二 申请书

任务导入

为了培养学生良好的学习习惯，江南学院规定一年级学生必须每天参加晚自习。但古月因为家庭经济困难，需要打工赚取生活费。此前她已经在学校附近的星巴克咖啡店找到了一份兼职工作，而工作时间与晚自习的时间冲突。于是她向辅导员李老师提交了一份申请书，希望学校能允许她不参加晚自习。

她的申请书是这样写的：

> ### 申 请 书
>
> 李老师：
>
> 　　我每天晚上要去打工，因为工作时间与晚自习时间冲突，所以不能参加晚自习。特此申请。
>
> 古月
> 2023 年 7 月 20 日

辅导员李老师看到这份申请书后，找古月谈话。他告诉古月，他对古月的家庭经济情况有所了解，因此个人原则上同意古月的申请。但学生不参加晚自习，他一个人同意并不能算数，需要报请领导批准。而古月的申请书内容不够完备，交到领导那里很难获得批准。他要求古月重新写一份申请书。

古月顿时犯了难。什么样的申请书才能算内容完备呢？

任务要求

◎ 情感目标：认知申请的流程，培养学生养成合理申请诉求的意识。

◎ 技能目标：掌握申请书写作的内容要素、思路，能独立写作申请书。

◎ 知识目标：了解申请书的性质、特点及使用范围。

知识准备

一、申请书的性质及特点

申请书是个人或单位向上级、有关部门或组织提出愿望并期望得到批准或解决的一种书信文体。

申请书是向上级机关反映问题、表达心声的有效手段，也是沟通上下、协调关系、提高工作效率的好办法。它具有单一性、请求性的特点，一般一事一信，即一份申请书只提一个请求。此外，申请书是为

了解决某个问题或者完成某个心愿而提出的，因此语言应该符合请求的特点，语气平和，态度诚恳。

二、申请书的分类

申请书广泛应用于各行各业，种类较多，一般按照申请的内容，申请书可以分为以下三类。

（1）请求组织的申请书（包括入党、入团、入会、参军等）。

这类申请书与普通书信结构基本相同，先说明申请事项，后写明申请理由，最后说明自己的决心和态度。

（2）请求解决问题的申请书（例如房屋拆迁、调动工作等）。

这类申请书的重点是放在理由的陈述上，理由要具体充分，情理兼备，态度真诚，语言简明。

（3）请求任务或要求某种权利的申请书（例如专利申请、活动负责等）。

这类申请书应该以事实说话，讲清自己的情况，说明理由，以鲜明的理由和根据来说服对方。

资料卡

申请书的写作注意事项

不管是个人还是单位的申请书，都是下对上，没有平行，更没有上对下的，就行文方向看，它类似于上行文。

1. 充分考虑有无申请的必要，自己是否具备申请的条件。
2. 一文一事，一事一中心，如果有多件事就需要另行行文。
3. 避免面面俱到，提出主要申请理由，务必使对方了解自己的意愿。
4. 注意用语的分寸感，切忌夸大事实或阿谀奉承。
5. 请求合情合理，把握时机。

三、申请书的结构与写作

申请书的结构一般包括标题、称谓、正文和落款四个部分。

（一）标题

申请书的标题一般有两种写法：一种是直接写"申请书"三个字；另一种则是使标题明确，在申请书前加上申请事项，如"入团""贷款""科研项目申报"等。无论何种标题都要居中书写，加大字号。

（二）称谓

顶格写明接受申请书的单位、组织或者领导。申请书的称谓一般只有一个，在标题下另起一行，在负责的组织或者领导后面加冒号，如"××团支部：""××市教育局："等。

（三）正文

正文部分必须包括三个部分：申请事项、申请缘由、申请人的决心和态度。

1．申请事项

这一部分既可以开门见山地提出自己的意愿，也可以委婉地引出自己的申请要求。尽量做到简明扼要，明白易懂，不要含糊其词。

2．申请缘由

根据自己申请的事项提出申请的理由，或者写出自己的思想变化过程，或者列出自己的实际情况，或者讲明自己的主观条件及客观情况，理由动机应该充分、客观，切实符合自己提出的申请。

3．申请人的决心和态度

这部分应该诚恳地再次向领导或者组织表达希望或者请求，表明自己的决心，语气坚定。

在表明自己的决心之后，可以用"特此申请""恳请领导帮助解决""希望领导研究批准""敬请核准"等作为结束语。一般是在文末另起一行空两格。

正文写完，一般以"此致敬礼"等敬祝语结束。

（四）落款

在正文的右下方写上申请人的姓名或者申请单位的名称（要盖章），并在下面注明日期。

📇 范文赏析（一）

银行贷款申请书

_____金融机构_____分（支）行：

我系_____（企业）工作人员，现任_____职务，家中均值月收益_____元，为选购_____（企业）开发设计的产品住宅（铺面）_____套，房屋识别码_____，特向贵处申请办理住宅按揭贷款_____万元，限期_____年，并允许以所买房屋抵押给贵企业_____（行），作为还款与贵企业_____（行）签署的借款协议项下的贷款确保；允许贵企业（行）根据中国人民银行征信系统查询本人的信息内容，掌握本人的资信评估状况。本着诚信友善的标准，本人声明该套房屋是家中以借款（没有公积金房贷）所买的第__套住宅。自己依照贵行规定在所属分（支）行设立了还款账号，账号为_____，并确保在每一期还款日和借款期满日前全额支付本期等额本息还款项，与此同时授权贵企业（行）于每月还款日和借款期满日从账号中扣收借款等额本息贷款（包含罚息及滞纳金）；假如拆换还款账号，本人将立即给予新的账号材料，假如账号内资金短缺并发生拖欠借款状况，本人接纳贵企业（行）的全部合理合法催款对策，并自行担负一切不良影响。

申请者（签名及指印）：＿＿＿＿＿＿＿＿
有效身份证件号：＿＿＿＿＿＿＿＿＿＿＿＿
＿＿＿＿年＿＿月＿＿日

简评：上述范文是关于银行贷款的一篇申请书。

这篇申请书的重点是对理由的陈述，作者将申请事项放到了开头，在开门见山后规范清晰地讲明了自己的贷款理由，具体充分，态度诚恳，表明自己的决心，并在落款处手写签名，标注了身份证号。

申请书写作的参考模板

××申请书

尊敬的××领导（敬爱的××组织）：

提出申请事项（开门见山或层层深入）

提出申请理由（列举主客观条件、动机、理由）

表明决心、态度（真诚地表明自己的决心）

正文结尾（望领导批准等）

申请人：×××

××××年××月××日

任务实施

练一练

1. 根据下面两则材料，撰写申请书的标题及申请理由。

（1）江南学院的韩静文是一名大二学生，在班里担任班长一职。日前，她作为学生优秀团员代表出席了校内的党员发展大会，目睹了学长们成长为中国共产党党员的过程。这次活动也燃起了韩静文入党的激情，她对照自身的条件，也渴望成为党的一员。

（2）无锡市戴德房地产公司经过有关主管部门批准，要对纳新桥至夹城里一带的危旧房进行改造建设，需要拆除该地区的房屋及附属物，依据我国拆迁管理法律法规的要求，戴德房地产公司已经制定了拆迁计划和拆迁方案，并准备好了拆迁安置房，现需要上级主管部门发给房屋拆迁许可证。

改一改

2. 根据所学的内容，思考"任务导入"中古月的申请书，说一说辅导员李老师为什么会觉得上级领导不会同意古月的申请，并请你以古月的身份重新写一份申请书。

> （此处为空白文本框）

写一写

3．江南学院团委正在招募新人，会计专业二年级 4 班的木子同学是班级的团支部书记，高中开始就积累了团工作的经验，在班里人缘好，自身成绩优异，是老师的得力助手。木子渴望有更大的发展平台，她希望能够加入校团委，成为团委委员，请你替木子写一份申请书。

4．请你根据自己的情况，写一份入党申请书。

任务三 证明信

任务导入

按照星巴克咖啡店的管理规定，古月的兼职工作在录取之后要提供学籍证明，公司才能给她办理入职手续。古月找辅导员李老师开具，李老师很忙，就让古月自己写一份学籍证明，然后去党政办公室找张老师盖章。

古月回想很久以前看村支部书记给村里人开的证明，照葫芦画瓢地写了一份：

> 兹有学生古月，为我校学生。
> 特此证明。
>
> 江南学院
> 9 月 25 日

但当她把这份证明交给党政办公室主任张老师之后，张老师皱起了眉头。张老师告诉古月，她这份证明的样式现在已经不用了，而且缺少必要的内容，需要重写。

那么，一份正确的证明该怎么写呢？

任务要求

◎ 情感目标：培养在恰当场合使用证明信的意识。

◎ 技能目标：掌握证明信的内容要素及写作思路，能独立撰写证明信。

◎ 知识目标：了解证明信的性质、类别及特点。

知识准备

一、证明信的性质及类别

证明信是机关团体、企事业单位或个人证明有关人员的身份、经历、学历或某件事情真相的一种专用函件。

从作用来看，证明信可以分为两种：一种是作为旁证材料用的，如收入证明、婚姻证明；另一种是作为身份证明用的，如学籍证明。

作为旁证材料的证明信，既可以是组织写的，也可以是个人写的。

二、证明信与介绍信的区别

在使用过程中，证明信与介绍信常容易混淆，要注意其区别。

（一）两者的写作主体不同

介绍信的写作主体只能是机关团体、企事业单位，不能是个人。证明信的写作主体既可以是机关团体、企事业单位，也可以是个人。

（二）两者的作用不同

介绍信既可以起到证明身份的作用，也可以起到介绍目的的作用。证明信只能用来证明身份或经历，不能用来介绍目的。

（三）写作主体所承担的法律责任不同

介绍信的写作主体要对持信人公办的过程及结果负责。证明信的写作主体只对证明内容的真实性负责，不对持信人拟办事项承担责任。

三、证明信的特点

（一）凭证性的作用

证明信是持有者用以证明自己身份、经历或某事真实性的一种凭证，所以证明信的第一个特点就是它的凭证作用。

（二）书信体的格式

证明信是一种专用书信，尽管证明信有好几种形式，但是它在写法上与书信基本一致，大部分采用书信体的格式。

四、证明信的写作

旁证材料用的证明信和身份证明用的证明信在结构上略有不同。

（一）旁证材料用的证明信

旁证材料用的证明信在结构上一般由五部分组成，即标题、称谓、正文、落款、补充内容。

1. 标题

证明信的标题写作比较简单，通常以"证明信"或"证明"为题，也可以写成"关于××××问题的证明信"。

2. 称谓

在标题下一行左侧顶格书写，既可以写单位名称，也可以写个人姓名。若无明确的收信对象，则可以不写。

3. 正文

正文要根据对方的要求和实际情况，如实地写清被证明对象的名称或姓名、需要说明的事项等有关内容。如果是证明经历的，就要写清被证明人主要经历的时间、地点和所担任的职务等。如果是证明事件的，就要按照事件发展的顺序写清时间、地点、参与者的姓名及其在此事件中的地位、作用及事件的前因后果。

在正文的最后，另起一行左起空两格写"特此证明"四个字结束全文，不用写致敬语。

4. 落款

在结尾下一行偏右处写明出具证明的单位名称或个人姓名及具体日期。单位出具的证明信必须加盖单位公章，个人出具的证明信必须由出具人手写签名。

5. 补充内容

如果是个人出具的证明信，那么证明人所在的单位还可以在证明后面签署意见。

通常，证明信应该在落款处下一行左起空两格括号标注证明经办人的姓名和联系电话，以便联系、核对。为了防止证明信被滥用，还有一些证明信需要附注该证明的有效期限及用途。

（二）身份证明用的证明信

身份证明用的证明信，只有两点与旁证材料用的证明信不同。

第一，身份证明用的证明信一般没有称谓，标题下一行直接开始写正文。

第二，正文比较简单，只要写清被证明对象的姓名、性别、年龄、所在单位名称、职务（职称）等需要证明的身份信息即可。

资料卡

写作证明信的注意事项

1. 内容必须确凿有据，一点儿不能虚假，否则撰写者应该担负相应的责任，甚至法律责任。

2. 语言要明确清楚，绝对不能含糊其词。

3. 必须用蓝色、黑色笔墨书写，或者打印，不能用铅笔、圆珠笔书写。

4. 字迹端正规范，不能涂改，如果有涂改，就应该加盖印章。

5. 个人出具的证明信，一般撰写者的身份需要具备一定的社会公信力。

范文赏析（一）

银行贷款收入证明

_____银行_____分行_____支行：

　　兹证明_____先生（女士）是我单位职工，性别：_____，身份证号码：_____。工作年限_____年，在我单位工作年限_____年，职务为_____，岗位为_____，职称为_____。

　　平均月收入为_____人民币（大写）元。

　　（此证明仅供该职工申请贷款或该职工为其他个人申请贷款作第三方保证时使用。）

单位：（盖章）

___年___月___日

　　简评：这是一份办理银行贷款时单位开具的收入证明。正文首先交代了被证明对象的姓名、性别、身份证号码，然后交代了工作年限、职务、岗位、职称及年均月收入，以此证明此人的身份和收入相符合的真实性和可靠性。

范文赏析（二）

证　　明

江南集团有限公司：

　　李佳悦同学，2001年5月25日生，是我在无锡市工业学校（现在已经拆并）财会专业学习时的同学，学习期间我们一起代表学校参加过2018年全国职业学校财会专业技能大赛，并获得了团体一等奖。

　　特此证明

　　附：1. 2018年全国职业学校财会专业技能大赛团体一等奖奖状复印件1张

　　　　2. 领奖照片1张

南京财经大学学生：曹琳（签名）

2019年11月3日

　　曹琳同学2001年3月2日生，是我校财经学院金融专业2019届的学生，学习努力，成绩优秀。

南京财经大学学生处（印章）

2019年11月4日

（联系人：李老师，联系电话：×××××××）

　　简评：这是一则个人出具的旁证材料用的证明信。由于奖状丢失，加上母校拆并，李佳悦无法证实自己曾经的比赛获奖情况，只能请当时的队友（现为南京财经大学学生的曹琳）写一份证明材料。这封证明信首先交代了被证明对象的基本身份信息，然后交代了当初比赛获奖的情况，还附上了奖状复印件和领奖照片，更请南京财经大学学生处对证明人的情况进行了简单介绍，以此增强本证明材料的可靠性。

范文赏析（三）

学籍证明

　　束迢，男，身份证号码：32020220010105××××，系我院会计系审计专业2019级2班学生，学号2012010225。

　　特此证明

江南学院（印章）

2019年11月30日

（本证明仅用于办理铁路学生优惠卡，有效期：10天）

简评：这是一则身份证明用的证明信。该证明由标题、正文、落款三部分组成，没有称谓。标题为了让内容更加明晰，在"证明"前加上了"学籍"二字。正文首先写明被证明人的基本身份信息，包括姓名、性别和身份证号。然后写清其所在院系、专业、年级、班级、学号等学籍信息，以此证明其学籍。最后用"特此证明"四个字结束正文。因为学籍证明的内容比较明确，一般收信单位不会对内容有疑问，因此并未写联系人和联系电话。但为了防止该证明被滥用，在证明信的补充内容部分，写明了该证明的用途及有效期限。

任务实施

练一练

1. 江南学院学生陈佳怡自幼学习古琴，技艺高超。2019年10月，她被×市古琴协会选中前往台湾参加"海峡两岸古琴艺术交流会"，为期15天。为了向学校请假，陈佳怡不仅请家长开具了请假条，还请×市古琴协会开具了一份证明信。这份证明信的正文应该包括哪些内容？试分析之。

改一改

2. 运用所学的内容，分析"任务导入"中张老师为什么要求古月重写证明信，并以古月的身份写一份合格的证明。

3．请你以自己的身份信息，用学校的名义写一张学籍证明。

4．王晓春是江南集团有限公司销售部职员，他于近日看中了一套房子，打算以商业贷款的方式将它买下。但办理商业贷款的中国建设银行要求他提供由工作单位出具的当年税前收入证明。

根据上述材料，请你代江南集团有限公司拟写一封证明信。要求格式正确、内容完备。

任务四　凭证性条据

任务导入

古月通过打工和省吃俭用，攒下了一些钱，打算用于购买寒假来回的火车票，以及支付下一学期的住宿费。12 月初的时候，一同在星巴克咖啡店打工的同事小张开口向她借钱。古月是一个不太懂得拒绝别人的腼腆姑娘，碍于同事面子，古月便借给小张 2000 块钱。小张原本答应一个星期后还钱，但期限到了之后，他又说自己暂时没法全部还清欠款，只能还 500 元，剩余欠款要等过了元旦才能还。

古月见小张说得诚恳，又没有其他办法，只好答应他延期还款的请求。但为了保险起见，古月要求小张写了一张欠条：

欠　条

原借古月 2000 元整，还欠款 500 元整，定于元旦后还清。

　此致

敬礼！

欠款人：小张

即日

拿到欠条，古月稍稍宽了心。回到宿舍，她和同学聊天儿时说起这件事。同学看了这张欠条，提醒古月这张欠条有很大的问题，很可能导致她没法要回欠款。古月大惊失色。

那么，这张欠条究竟有什么问题呢？

任务要求

◎ 情感目标：认知生活中需要使用凭证性条据的场合，培养学生使用凭证性条据的意识。

◎ 技能目标：能独立撰写凭证性条据。

◎ 知识目标：掌握凭证性条据的结构与写法。

知识准备

一、凭证性条据的种类

凭证性条据是人们在日常工作、学习、生活中常用的应用文体。尤其在财经工作中，它是一种实用价值很高的应用文体。

凭证性条据有借条、欠条、领条、收条四种。凭证性条据具有凭证和证据的作用，同时具有法律效力。

二、凭证性条据的适用范围

（一）借条

借条是向个人或单位借钱、借物时，由借者出具给对方的凭证性文书。

（二）欠条

欠条是因为不能全部结付、归还个人或单位钱物时，由欠者出具给对方的凭证性文书。

（三）收条

收条是收到个人或单位归还或赠送的钱物时，由收受者出具给对方的凭证性文书。

（四）领条

领条是到单位有关部门或仓库领取钱物时，由领者出具给对方的凭证性文书。

资料卡

借条与欠条的区别

第一，两者的含义不同。借条是因为特定的借贷事实而产生的借款合同关系，也是债务人向债权人出具借款合同的一种凭证。而欠条是当事人之间进行结算的一种凭证，是比较纯粹的债权债务关系。

第二，两者产生的原因不同。借条产生的原因只能是双方当事人之间产生了借贷关系。而欠条产生的原因有多种，凡是以金钱给付为内容的债务都能产生欠条。

第三，两者的法律证明力不同。一般来说借条的证明力大于欠条。在诉讼过程中，借条持有人只需要向法院说明借款发生的事实经过即可，合法的债权受法律保护。而欠条持有人向法院起诉时除了需要向法院说明欠条形成的事实，如果具欠人提出抗辩，那么还需要继续向法院进一步举证说明欠条形成的事实。因此，两者向法院起诉时其承担的举证责任和诉讼风险是不一样的。

第四，两者的诉讼时效不同。如果都约定了还款日期，那么两者的诉讼时效都是从单据注明的还款日期开始两年。如果都没有写明还款日期，那么借条债权人从借款之日起20年内不主张权利的将会丧失胜诉权，而欠条债权人从出具欠条之日起两年内不主张权利的将会丧失胜诉权。

三、凭证性条据的结构和写法

凭证性条据的结构由标题、正文、结语、落款四部分组成。

（一）标题

凭证性条据的标题有两种写法。一是直接写凭证性条据的种类名称，例如"借条"

"欠条""收条""领条"等。二是将正文中的开头语"今借到""今欠""今收到""今领到"等作为标题。在工作和生活中常采用第一种写法。

（二）正文

开头一般以"今借到""今欠""今收到""今领到"等惯用语领起。

主体内容要写明借到（欠、领到、收到）的对象（个人姓名或单位全称）和钱物（名称、数量、物品的种类、规格等）。数量要用大写汉字书写，不可用阿拉伯数字书写。如果是借条或欠条，那么还应该写上还款或还物的日期、还款或还物的方式、还款利息支付等其他事项。

需要特别指出的是，以"今借到""今欠""今收到""今领到"作为标题的条据，正文内容要顶格写。

资料卡

凭证性条据的内容要素

必备要素：条据名称、对象、钱物名称、钱物数量、物品的规格、归还日期。
或有要素：产生的原因、归还方式、约定的利息。

（三）结语

最后，一般以"此据""立此为据"等惯用语结尾，也可以自然结尾。如果有结尾，那么既可以和主体篇段合一，也可以独立成段。

（四）落款

落款处要写明立据单位名称或立据人的姓名，并在姓名前写上"借款人""欠款人""收款人""经手人"等字样。个人出具的字据，由本人签名。单位出具的字据要加盖公章，必要时，还要有经手人签名。若是帮人代领（收）的，则应该在姓名前加上"代"字。署名的下面写上具体日期，一定要年、月、日齐全。

四、写作凭证性条据的注意事项

（1）必须在当事双方见证之下书立字据。书写时最好用黑色钢笔或签字笔，不能用铅笔、易褪色的墨水或红墨水。字迹要工整、清楚，不要用草书，以免误认。

（2）钱物数量不仅要写清楚，而且要大写汉字书写，如零、壹、贰、叁、肆、伍、陆、柒、捌、玖、拾、佰、仟、万、亿。数字后面要写明计量单位，以防恶意添加或篡改。

（3）钱的数额前不能留空白，必须与"币种"紧密相连，款项数额末以"整"结束。

（4）要避免歧义，以免造成纠纷。不要使用多音、多义字，例如"还欠款人民币壹万元"，既可以理解成"已经归还欠款人民币壹万元"，也可以理解成"仍然欠款人民币壹万元"，因此，正确写法应该是"尚欠款人民币壹万元"。

（5）还款日期要明确，不得含糊。例如"两天后""两个月后""一年后"从字面上来讲是一个时间段，而非时间点。因此，在约定还款时间时，最好将其明确到年月日。还款时间还直接关系到诉讼时效的问题，一定要正确书写。

（6）内容不可涂改，文面保持整洁。如果确实需要改动内容，那么应该在改动处加盖印章，否则重新写作。

（7）在还钱时要当场索回借条。若对方将借条（欠条）遗失或一时找不到，则应该让对方当场写下收条。

（8）利率要合乎规定。2021年1月1日起施行的《最高人民法院关于审理民间借贷案件适用法律若干问题的规定》第二十五条规定：出借人请求借款人按照合同约定利率支付利息的，人民法院应予支持，但是双方约定的利率超过合同成立时一年期贷款市场报价利率四倍的除外。前款所称"一年期贷款市场报价利率"，是指中国人民银行授权全国银行间同业拆借中心自2019年8月20日起每月发布的一年期贷款市场报价利率。

资料卡

利息与利率

利息是借贷关系中借入方支付给贷出方的报酬。利息伴随着信用关系的发展而产生，并构成信用的基础。

利率是指借贷期满所形成的利息额与所贷出的本金额的比率。利率体现着借贷资本或者生息资本增值的程度，是衡量利息数量的尺度。

两者的关系：利息＝本金×利率

范文赏析（一）

借　条

今借到江南学院财务处人民币叁仟元整，用于购买教学参考书，2023 年 4 月 30 日前凭发票结算。

此据

江南学院会计系　金贝贝

2023 年 4 月 18 日

范文赏析（二）

借　条

借款人＿＿＿＿因经营＿＿＿＿＿（写借款用途）需向贷款人＿＿＿＿借款人民币＿＿＿＿元整（小写＿＿＿＿元整）。借款种类为现金，借款日期为＿＿＿年＿＿月＿＿日，还款日期为＿＿＿年＿＿月＿＿日前，按时一次性还清借款加利息。借款利息为：0.5%（年利率），特立此据为凭。

借款人：＿＿＿＿（亲笔签名并按手印）

贷款人：＿＿＿＿（亲笔签名并按手印）

见证人：＿＿＿＿（亲笔签名并按手印）

＿＿＿＿年＿＿月＿＿日

简评：上述范文是商务往来借款，借条写明了被借单位全称或被借人的姓名、币种、数额及具体归还日期等必备的要素。范文是个人向他人借款，写明了借款用途，以便明确借款的缘由。借条中的借贷关系明确，表意明晰。

范文赏析（三）

欠　条

今欠江南文体商店体育用品货款人民币肆佰玖拾捌元整，于 2023 年 3 月 9 日还清。

此据

欠款人：江南学院会计系　金贝贝

2023 年 3 月 8 日

范文赏析（四）

欠　条

原借李豆豆人民币贰万元整，现在已经归还壹万伍仟元整，尚欠伍仟元整，定于叁个月内还清。

此据

欠款人：金贝贝

2023 年 9 月 8 日

简评：上述范文三和范文四都是欠条，条据性质准确。范文三以"今欠"开头开展写作，简明扼要。范文四开头则交代了欠款的缘由，表述清晰且完整，欠条中重新明确了双方的债权和债务关系，有利于对双方权益的保护。

范文赏析（五）

领　条

今领到江南有限公司劳保用品仓库工作服叁拾套，防护口罩陆拾个，手套陆拾副。

此据

组装车间：金贝贝

2023 年 6 月 5 日

范文赏析（六）

收　条

今收到江南集团有限公司赠予我院图书馆专业类书籍叁佰伍拾册，文艺类书籍陆佰伍拾册。

此据

江南学院图书馆（章）

经手人：金贝贝

2023 年 5 月 28 日

简评：上述范文五为"领条"，范文六为"收条"，两篇文章的写作较为相似，事实清楚，要素齐全，格式规范。范文六是收条，其接收人为单位，则要加盖接收单位的印章，必要时，可以写明经手人的姓名。

任务实施

练一练

1. 判断题

（1）借条与请假条一样，是凭证性条据。（   ）

（2）借条由借出者保留，直到借方归还钱物时，也不能销毁。（   ）

（3）凭证性条据可以在文后使用致敬语。（   ）

（4）写借条或收条可以使用铅笔或圆珠笔。（   ）

（5）凭证性条据不具有法律效力。（   ）

（6）借条主要是因为借款而产生的，而欠条产生的原因是多种多样的。（   ）

（7）凭证性条据写好后不能涂改，如果有改动，那么要在涂改处加盖印章，以示负责。（   ）

（8）凭证性条据涉及具体数目时，必须用阿拉伯数字。（   ）

2. 选择题

（1）字据虽然小，但是也属于（   ）。

    A．记叙文   B．议论文   C．应用文   D．散文

（2）个人向单位借钱、借物，写借条时，一般"今借到"后写（   ）。

    A．被借一方的单位名称   B．领导人的姓名

    C．借钱物人的姓名   D．会计或出纳的姓名

（3）如果替人代收钱物，那么代收人写的收条应该在第一行写有（   ）。

    A．今借到   B．今收到   C．今领到   D．代收到

（4）某公司老板拖欠农民工工资，应该向农民工出具（   ）。

    A．领条   B．借条   C．欠条   D．收条

（5）凭证性条据的数字如果写错，更正后，就应该（   ）。

    A．在更正处签名   B．在更正处加盖印章

    C．在条据后说明情况   D．不做任何处理

（6）签名盖章不可小视，个人署名要用（   ）。

    A．小名   B．曾用名   C．化名   D．身份证上的姓名

（7）凭证性条据落款处日期的正确写法是（   ）。

    A．写明何月何日，不必写年   B．写明何日即可，不必写年月

    C．可以省略日期不写   D．必须准确地写明何年何月何日

（8）无论是银行还是民间借贷约定利息的时候，文字表述均应该用（　　）。

A．利率　　　　　　　　　　B．利息

C．以上两种均可　　　　　　D．以上两种均不可

找一找

3．根据所学的内容，分析"任务导入"中那张凭证性条据存在的问题，说一说面对这种情况，古月该怎么办。如果要求小张重写条据，那么应该怎么写？

写一写

4．学校体育室有很多体育用品，允许学生借用。江南学院会计系 1420 班体育委员李清为班级活动借了三个篮球、十条绳子、一个排球。借用时间是 12 月 11 日，准备第三天归还。请你以他的名义写一张借条。

5．刘明是无锡市慈善总会财务处的一名会计，3 月 17 日，她收到江南学院的捐款 22340.56 元，会计专业类书籍 689 册。请你代刘明给江南学院写一张收条。

6．6 月 20 日，张华向同事刘明借了 7000 元钱，8 月 20 日张华归还了 5000 元，刘明当即要求张华重新写下一张 2000 元的欠条，要求一个月内还清。请你代张华重写一张欠条。

7．9 月 1 日开学第一天，江南学院会计系 1420 班劳动委员李兵到学院后勤处领到了 6 把扫帚、1 个水桶，还有其他卫生工具若干。李兵该如何写这张领物条？

8．5 月 28 日，王小明同学因为忘带自学考试报名费，只能去向热心的会计系数学老师张浩借了 200 元，并答应第二天一定归还。第二天当他去还钱时，不料张老师有事外出了，于是他就把钱交给了班主任李老师，托李老师转交。班主任李老师写了一张收条给了王小明，这张收条该如何写？

任务五　启事

任务导入

合肥市民刘某在回家的途中捡到一个包儿，他在原地等了很长时间，但一直没有等到失主。于是，他把包儿拿回了家，经过检查发现，包儿里不仅有现金，还有一部手机、几张银行卡及各种证件。后来刘某在报纸上看到了一则寻物启事，根据上面的描述，他发现

失主要找的正是自己捡到的这个包儿。在"寻物启事"中，失主王某还特别注明：凡是捡到者愿意归还的，本人愿意付给归还者人民币5000元酬金，并当场兑现。

看了寻物启事后，刘某按报纸上登出的联系号码给失主王某打了电话，双方约好地点见面。把包儿还给王某后，王某却对刘某说，包儿里很多证件都有自己的信息，刘某捡到包儿后理应及时通知他，为什么偏偏在看到了悬赏启事之后才与自己联系呢？王某认为刘某的诚信有问题，一分钱酬金也不愿意给他，两人不欢而散。刘某回家以后，越想越气，于是一纸诉状，将王某告上了合肥市某区人民法院，要求对方无条件地付给自己5000元酬金。

法院经过审理后，做出一审判决。法院认为，失主悬赏寻找遗失物的，领取遗失物时应该按照承诺履行义务。法院依法判决王某按照悬赏启事中所约定的金额，支付刘某5000元酬金。

（资料来源：星岛环球网）

那么，启事到底应该怎么写才可以保全自己的利益呢？

任务要求

◎ 情感目标：认知生活中寻人、寻物、招领等事宜中启事的重要性。

◎ 技能目标：熟练掌握寻人、寻物、招领、招聘、遗失声明等启事的写作。

◎ 知识目标：掌握启事写作的结构要素和内容要素。

知识准备

一、启事的性质

启事是机关、团体、企事业单位或个人因为有事需要向公众说明事实或者请求公众协助解决，用简明的文字表述出来公之于众的一种应用文。

启事的本意是公开陈述事情。"启"即告知、陈述的意思。"事"即事情。在生活中，经常有人把"启事"写成"启示"。"启事"和"启示"虽然读音相同，但意思不同。"启示"是启发指示，使人有所领悟的意思。

二、启事的特点

（一）内容的告启性

启事主要用于向社会各界公开告知有关事宜，因此它具有告启性，而不具有强制性和约束力。

（二）事项的简明性

无论是登报、广播、电视还是张贴，启事的篇幅一般都短小精悍。有的启事受版面限制只有三言两语，但不管哪种启事都要力求把有关事项写得既条理清楚，又简洁明了。

（三）发布的多样性

启事的告启性决定了发布形式的多样性。启事不仅可以在人们活动频繁的公共场所或人员聚集地区公开张贴，而且也经常借助广播、电视、网络、报刊、社交媒体等媒介广为传播。

三、启事的种类

启事的种类很多，根据启事事项及其作用的不同，大体可以分为四大类。

（一）寻领类启事

寻领类启事是为了求得公众的响应和帮助。例如，有因为人走失、钱物遗失而写的寻人或寻物启事，也有因为捡到钱物而写的招领启事。

（二）征招类启事

征招类启事是为了求得公众的配合与协作。征招类启事有征文、征订、征集、征租、征婚、招聘、招生、招考、招商等。

（三）周知类启事

周知类启事是为了开展工作和业务，把某些事项公之于众，以便让公众知晓。周知类启事有开业、停业、迁址、更名、庆典等。

（四）声明类启事

声明类启事是为了完成法律程序，启事事项经过公开声明、登报后，对其引起的事端不再承担法律责任。声明类启事有遗失、作废、更正等。

四、几种常用启事的写作

（一）寻人启事

1. 寻人启事的定义

寻人启事是个人或单位为了寻找因为某种原因下落不明的某个人或多个人而使用的应用文体。

根据出走人的情况可以分为故意走失和无意走失两种。因为家庭不和或与他人的矛盾没得到解决而愤然出走的称为故意走失。因为精神不正常、患有阿尔茨海默病或因为年幼无知等原因引起下落不明的情况，叫无意走失。

2. 寻人启事的写作

寻人启事的结构一般包括标题、正文和落款三个部分。

（1）标题。

寻人启事的标题常见的有两种写法。一是直接以事由为标题，如"寻人""紧急寻找""重金寻找"。二是由事由加文种构成，如"寻人启事"，这也是最常用的标题形式。

（2）正文。

寻人启事的正文主要包括以下几项内容。

第一，被寻者的基本情况。

首先，要准确写明被寻者的身份信息，包括姓名、性别、年龄等。

其次，要描述清楚被寻者的体貌特征，包括身高、体重、发型、脸型、面部特征、着装等静态特征。如果被寻者有特殊的口音、走路姿态等容易被人注意到的动态特征，那么更应该加以描述，必要时还可以附有被寻者的近照。

最后，还要写清被寻者走失的时间、地点、原因等。

第二，必须写明寻人者的联系方式，便于知情者及时与之联系。

第三，寻人启事是请求人们协助的，所以行文最后要有表达感谢之情的语言，有些还写明对成功帮寻者酬劳的承诺，常以"重谢""面谢""重金酬谢"之类的句式来表达。如果有必要也可以写明给予成功帮寻者具体数额的酬金，但一旦明确了允诺酬金，事成后就应该兑现，否则会产生纠纷，引起诉讼。

（3）落款。

署上启事人姓名和启事日期。启事人的姓名如果与联系人为同一个人，那么可以只署启事日期。

范文赏析（一）

寻人启事

丁小燕，女，7岁，身高90厘米，短发，大眼睛，右唇有痣，身穿白底红碎花连衣裙，脚穿白色运动鞋。上海口音，有些口吃。就读于××小学一年级（1）班。于2023年5月20日下午放学后走失，至今未归。家长焦急万分，请知其下落者，速与无锡江南公司财务科丁大力联系，联系电话：021-12345678；或者与××区×××路派出所联系，电话：110。如果有能提供准确信息者，定当重谢。

丁大力　启

2023年5月25日

范文赏析（二）

紧急寻找

王小军，女，18岁，身高1.6米，瓜子儿脸，肤白，大眼睛，双眼皮儿，气质高雅，身穿浅红色连衣裙，白色皮凉鞋。于2023年6月10日离家，至今未归。本人若见到此启事，请尽快与家人联系。若有知其下落者，请与××市××学校吴金老师联系，联系电话：189×××××××。若有能提供准确信息者，则给予酬金5000元。

启事人：王军

2023年6月15日

简评：这两则寻人启事短小精悍、语言精练、格式规范。

两则启事的共同之处：首先，都交代了失踪者的身份特征，如姓名、性别、年龄、身高、相貌特征、衣着装束、说话口音等，具体详细，有利于知情者据此进行判断，以便及时联系其家人。其次，交代了走失人于何时何地走失或出走。最后，详细交代了寻找人的联系地址或联系方式，以备知情人及时与寻找人取得联系而早日找到失踪者。另外还写有酬谢、酬金之类的话，把寻找人那种急切焦虑之情蕴于其中。

不同之处：范文一属于无意走失，范文二属于故意走失。故范文二内容在写作上与范文一稍有不同，如"本人若见到此启事，请尽快与家人联系"。

（二）寻物启事

1．寻物启事的定义

寻物启事是单位或个人丢失物品后，希望他人帮助寻找而使用的应用文体。

寻物启事按照失主的身份可以分为两种：一种是由于个人不慎将物品遗失而写的寻物启事，另一种是由于单位遗失了物品而发布的寻物启事。

2．格式与写法

寻物启事的结构一般包括标题、正文和落款三个部分。

（1）标题。

寻物启事的标题主要有两种写法。一是直接以事由为标题，如"寻物""寻钥匙"。二是由事由加文种组成，如"寻物启事"，这是最常见的形式。有时也可以写明失物的具体名称，如"寻手机启事""寻钥匙启事""寻公文包启事"。

（2）正文。

寻物启事的正文一般包括以下内容。

第一，写清物品遗失的原因、时间、地点及遗失物品的特征，如名称、数量、形状、规格、颜色、质地、品牌、型号等。

第二，写清寻物者的单位、姓名、住址、电话号码等相关的信息，以便拾物者顺利送还物品。

第三，寻物启事也是请求人们帮助的，所以行文最后也要有表达感谢之情的语言，有些还写明对成功帮寻者酬劳的承诺，常以"重谢""面谢""重金酬谢"之类的句式来表达。

（3）落款。

署上启事单位的名称或启事人的姓名，并注明启事的日期。

📇 范文赏析（三）

> ### 寻物启事
>
> 　　本人不慎于 2023 年 5 月 25 日上午 8 时左右，在江中公园遗失棕色公文包一个，内有身份证、驾驶证、工作证等证件及带有瑞士小军刀的钥匙一串。如有拾到者请与本人联系，联系电话：134×××××××。定当面谢。
>
> ×××公司：黄力
2023 年 5 月 26 日

范文赏析（四）

> **寻　车**
>
> 　　2023 年 6 月 25 日，我公司一辆黑色别克君悦小轿车在钱姚路与新藕路的交叉路口遗失。车牌号：苏 B LL×××，发动机号：×××，车身号：×××。如有知情者请与我公司联系，联系电话：134×××××××，联系人：李双 。定当重谢。
>
> 江南××服装有限公司
> 2023 年 6 月 28 日

　　简评：上述范文三和范文四两则寻物启事都写清了物品遗失的时间、地点和遗失物品的名称、特征及寻物者的联系方式，最后都不忘写上酬谢之言，内容具体明确，言简意赅。

（三）招领启事

1. 招领启事的定义

　　招领启事是单位或个人拾到遗失物品后，为了寻找失主而使用的应用文体。

　　根据物品遗失地点的不同，招领启事有其不同的处理方式。如果是在公共场所拾到的物品，那么可以张贴在拾到物品的所在地点。如果是在某单位拾到的物品，那么可以张贴在该单位的公告栏。如果拾到的物品比较贵重，且一时难以找到失主，那么可以通过报纸、电台、电视台、社交媒体等传发招领启事。

2. 格式与写法

　　招领启事的结构一般包括标题、正文和落款三个部分。

　　（1）标题。

　　招领启事的标题主要有两种写法。一是直接以事由为标题，例如"招领""招领钥匙"。二是由事由加文种组成，例如"招领启事"。或者也可以写明招领物品的名称，例如"招领自行车启事""招领钥匙启事"。

　　（2）正文。

　　招领启事的正文一般包括以下内容。

　　第一，写清招领物品的名称及拾到物品的时间、地点。与寻物启事不同，招领启事不能把物品的特征写清楚，要模糊化处理，否则就可能被别人冒领。需要等失主认领时，让失主具体描述物品的具体特征。

　　第二，写清招领单位或个人的联系地址、联系电话等信息，便于失主前来认领。

　　（3）落款。

　　署上启事的单位名称或个人的姓名，并注明启事日期。

范文赏析（五）

> **招领启事**
>
> 　　2023 年 6 月 8 日中午 11 时左右，有游客交来一个时装袋，内有钱物和飞机票等。望失主尽快到本园管理处认领，联系人：张大明，联系电话：134××××××

××。也希望广大游客帮助提供失主的信息，以免失主耽误行程。

江中公园管理处

2023 年 6 月 8 日

范文赏析（六）

招　领

2023 年 5 月 8 日中午，有同学在本校图书馆捡到一个钱包，内有人民币若干，其他物品数件。请遗失者速到学院学生工作处李老师处认领，联系电话：0510—8877××××。

江南学院学生工作处

2023 年 5 月 8 日

简评：上述范文五和范文六两则招领启事内容都写得恰到好处，不仅说明了所捡物品的名称、时间、地点及认领地点和联系方式，还对物品的特征、钱的数额进行了模糊化处理，有利于认领时进行核实，让钱物归还真正的失主。

（四）招聘启事

1. 招聘启事的定义

招聘启事是机关、团体、企事业单位或个体经营者向社会公开招聘有关人员而使用的应用文体。

2. 格式与写法

招聘启事的结构一般包括标题、正文和落款三个部分。

（1）标题。

招聘启事的标题主要有四种写法。一是直接以事由为标题，如"诚聘""高薪聘请""诚聘英才"，这种写法比较灵活。二是由事由加文种组成，如"招聘启事""招工启事"，这是最常见的标题形式。三是由招聘单位加事由组成，如"××玩具厂招工""××食品有限公司诚聘"。四是由招聘单位、事由加文种组成，如"××公司招聘启事""××宾馆招工启事"。

（2）正文。

招聘启事的正文要具体，一般包括开头和主体内容。

开头应该说明招聘方的基本情况，包括招聘单位的业务性质、经营范围、经营规模、地理位置及招聘缘由。随后用过渡语句引至主体内容。如"我公司是一个专门从事房地产营销策划的高智力型企业，拥有一群专业化的创作群体。因为业务发展需要，现在向社会公开招聘下列人员"。

主体一般包括以下内容。

第一，明确招聘的要求，包括招聘岗位、招聘数量、招聘条件（性别、年龄、学历、职业知识、职业能力、职业经历、职业素养、特长等要求）。

第二，明确给予受聘人的相关待遇，如身份待遇、薪资待遇、其他待遇等。

第三，明确应聘方法及方式，在招聘启事中应该告知应聘需要办理的手续、应聘人员必须提供的证件、履历等材料，还要告知应聘的相关时间、联系地点、联系人、联系电话、联系邮箱等。

（3）落款。

署上招聘单位名称及启事发布的日期。标题中已经有招聘单位名称的，落款中可以省略。

范文赏析（七）

招聘启事

上海美味食品有限公司是国家级的农业产业化重点龙头企业，创办于 1980 年，主要从事调味品、罐装食品的设计、制造，注册资本 20 亿元，占地面积 100 万平方米，员工近 10000 名。因为事业发展需要，现在诚聘以下人员。

1. 销售员 5 名：男性，大专以上学历。有较强的开拓能力，普通话流利，善于人际沟通，能吃苦耐劳，且能长期驻外。待遇：每月 8500～15000 元。

2. 维修工 2 名：男性，中专以上学历。有电工证，具有相关的工作经验者优先。待遇：每月 5000～6000 元。

3. 装卸工 3 名：男性，初中以上学历。身体健康，能吃苦耐劳。待遇：每月 4000～5000 元。

4. 保洁员 1 名：女性，45 岁以下。身体健康，认真细心，能吃苦耐劳。待遇：面议。

请有意者持个人近期免冠 1 寸照 1 张、身份证等相关证件的原件和复印件到本公司人力资源部报名。报名截止时间：2023 年 5 月 20 日。

报名地址：上海市中山路×××号美味大厦 501 室，联系电话：021-12345678，联系人：王先生。

上海美味食品有限公司

2023 年 3 月 1 日

范文赏析（八）

××农村合作银行招聘启事

××农村合作银行是经保险批准成立的我省第一家农村合作银行，我行认真贯彻落实党的二十大的决策部署，走稳走实中国特色金融发展之路，牢记金融服务实业的初心，努力打造有温度的银行。我行致力于为每一位客户提供优质的金融服务。为满足业务发展需要，拟在惠山区设立支行，现公开招聘支行网点以下人员若干名。

一、招聘范围

××市区及乡镇。

二、招聘岗位及要求

银行从业人员若干名：

（1）现银行从业人员，银行工作 1 年以上；

（2）金融财会专业；

（3）国民教育系列大专及以上学历；

（4）年龄 35 周岁以下（含），1976 年 10 月 1 日以后出生；

（5）具有较强的沟通协调能力和良好的公关谈判能力；

（6）具有团队合作精神，人品端正；

（7）具备较高的政治思想素质和职业道德修养。工作积极主动，责任心强。

三、待遇

工资报酬按照单位员工薪酬1管理办法执行，签订合同后即可享受"五险一金"及每年15天的带薪休假福利。

四、应聘方式

行内人才：请在"一事通—人才交流平台—岗位招聘—总行"板块应聘相应岗位。

行外精英：请登录"E网通"官方招聘网站，在"社会招聘—总行"板块内应聘心仪岗位，同时投递个人简历至E-mall：×××（简历文件名格式为：姓名+应聘岗位+联系电话）。

2022年10月17日

简评：以上招聘启事的写法因为招聘内容不同（范文七是招聘不同工种的员工，范文八是银行招聘同一工种的员工）而略有区别，但招聘条件都写得具体明确，能让应聘者参照条件进行报名；待遇既可以在启事中注明，也可以"面谈"；报名办法明晰，便于应聘者准备和操作；联系方式也方便了应聘者及时咨询联络。

（五）遗失声明

1. 遗失声明的定义

遗失声明是因为有关重要票据、证件遗失而公开声明作废的一种应用文体。通常，工商营业执照、开户许可证、组织机构代码证、签证、护照、身份证、从业资格证、发票、支票、收据、发票购买簿、提单联单、单位公章、财务章等一旦遗失，就需要登报声明作废。

遗失声明是一种法律方式，自然人或者法人丢失了某些社会性质的证件后，为了防止他人冒用，遗失者必须按照法律规定刊登遗失声明，以便确定所遗失的证件在法律上无效，同时也解除了遗失者的社会责任。也就是说，声明遗失后，若他人再冒用，则产生的后果遗失者不再承担。

办理遗失声明必须到遗失地的市级公开发行的报刊上刊登才有效，网络发布是无效的。办理遗失的具体程序：先到登记机关申报遗失，同时在报纸刊登遗失声明，等待法定的公示程序完成后，才可以依规补办有关证件。

2. 格式与写法

遗失声明的结构一般包括标题、正文和落款三个部分。

（1）标题。

遗失声明标题一般直接写"遗失"或"遗失声明"。

（2）正文。

正文要写明遗失物品的单位名称或个人姓名、遗失物品的具体名称（是营业执照，还是支票等）、遗失物品的特有信息（如证件、票据的编号）、遗失物品的数量。最后以惯用语"声明作废"收束全文。

（3）落款。

在正文右下方署上声明的单位名称或个人姓名及声明日期。若正文中已经出现单位名称或个人姓名，则署名可以省略。

范文赏析（九）

遗 失 声 明

无锡江南纸业有限公司遗失房产证一本，编号：锡房权证东开发字第 30102×××号；土地证一本，编号：锡国用（2013）第 09×××号。

声明作废。

2023 年 6 月 8 日

范文赏析（十）

遗　失

我中心遗失组织机构代码证副本，号码：76620064—×，声明作废。

江南培训中心

2023 年 6 月 8 日

简评：以上两则遗失声明也可以称为遗失启事，对遗失物品的内容要素写得清楚而简洁，一旦声明，就确认了遗失物品在法律上的无效，从而解除了遗失者的相关责任。

资料卡

写作启事的注意事项

1. 内容要单一。启事应该做到一事一启，不能将几件事杂糅在一起。

2. 语言要简洁。尽量做到言简意赅，通俗易懂。

3. 材料要真实。启事中的内容必须真实，例如招聘启事、征租启事、征婚启事等都应该实事求是，不能从中作假进行欺骗。

任务实施

改一改

1. 找出下面两则启事的错误并修改。

各位同学：

2023 年 6 月 18 日上午课间操，我在西操场丢失一个钱包，请拾到者归还本人。

特此通知

吴明

2023 年 6 月 18 日

招 领 启 示

2023 年 6 月 10 日上午 8 点左右，本人在食堂捡到一块男式"东风"牌手表。表带为不锈钢链式，表带上还系着一根儿红丝带。这块表很新。希望失主速来认领。

2023 年 6 月 10 日

写一写

2．有一个 14 岁的男孩儿孙明，先天发育迟缓，于 3 月 10 日在中山路商业大厦门口走失，他家住在江南梁溪区山水新村 2-601 室，家长孙大强，电话：13812345678。

请恰当地补充相关的材料，以孙大强的名义写一则寻人启事。

3．5 月 16 日，王胡同学在学校图书馆借书时，捡到一个白底紫花的女式拉链小包儿，包儿内有一部银白色的三星牌手机，还有人民币 200 元。

请以王胡同学的名义写一则启事张贴在学校图书馆大门口。

4．×××有限公司是一个专门从事房地产营销策划的高智力型企业。公司拥有一群专业化的创作群体。因为业务发展需要，决定向社会公开招聘行政部经理 1 名，要求 35 岁以下，有大专以上学历，有 3 年以上企业管理经验。策划 2 名，要求 30 岁以下，男性，大学本科以上学历，精通苹果计算机系统软硬件及周边设备。出纳 1 名，要求 30 岁以下，女性，大专以上学历，有会计从业资格证，具有广告业工作经验者优先。待遇问题面谈。有意者需要持个人近期免冠 1 寸照 1 张、个人简历、身份证、毕业证等相关的证件及复印件到本公司人力资源部报名。报名时间：3 月 15 日至 4 月 20 日。公司地址：江中市中山路 100 号美丽大厦 1008 室，联系人：陆女士，电话：12345678。

请以该公司名义拟写一则招聘启事。

5．江南有限公司因为发展需要，面向社会公开招聘 2 名财务人员。

要求：35 岁以下，大专以上学历，会计、审计、财务相关专业毕业，具有会计从业资格证书。从事会计工作 3 年以上。精通财务成本核算，能熟练操作财务管理软件。有良好的沟通和协调能力，为人正直，责任心强，有敬业精神。熟悉国家税务、会计等相关的法律法规和政策，并能熟练运用。工资待遇：实行合同聘用制，工资待遇按照公司相关规定执行。有意者请持个人近期免冠 1 寸照 1 张、个人简历、身份证、毕业证等相关证件及复印件到公司人力资源部报名。报名截止时间为 2023 年 5 月 20 日，报名地址是江中市人民路 12 号××商务大楼 608 室。咨询电话：138×××××××，联系人：张先生。

请以该公司的名义撰写一份招聘启事。

6．孙小明不慎将自己的注册会计师证书遗失，注册号为 32001234，注册执业单位为江中××会计师事务所有限公司。请代孙小明拟一份遗失声明。

任务六　计划

任务导入

江南集团有限公司财务部出纳兼公司文员小于已经在公司工作了一年。在这一年里，她工作勤奋努力，获得了总经理的好评。新的一年到了，公司要求员工结合自己的实际情况和去年的工作业绩，写好本年度的工作计划。

这份计划她是这样写的：

> **工作计划**
>
> 尊敬的领导：
>
>   到本公司已经工作一年多了，本人兢兢业业，勤勤恳恳。在过去的一年里，我自觉做好本部门的账务处理工作，对接好单位的各个部门。针对接下去的时间，我拟作如下计划：
>
>   一、继续保持良好的工作热情。
>
>   二、针对各部门的具体情况制定本公司的财务账目文档保存清单，做到凡事有迹可循。
>
>   三、加强自我学习，努力拓展业务。
>
>   特此计划。
>
> 小于
2023 年 1 月 2 日

  财务主管许主任看了以后，告知小于的计划内容不够完备，格式也不正确，他要求小于重新写一份计划。

  小于顿时犯了难。什么样的计划才能算内容完备呢？

📄 任务要求

  ◎ 情感目标：培养凡事预先计划的意识，养成合理规划的能力。

  ◎ 技能目标：能够根据相关要求独立撰写计划。

  ◎ 知识目标：掌握计划的三要素及写作方法。

📖 知识准备

一、计划的性质

  "凡事预则立，不预则废。"这里的"预"就是计划或打算。计划就是为将来一段时间内的工作或生活做出筹划和安排的一种事务性文书。

  计划是根据对外部环境和内部条件的分析，提出在未来一定时期内要达到的目标及实现目标的措施、步骤等，将这些内容形成书面文字，即为计划。计划是计划类文书的统称。它根据计划涉及的内容和期限不同，还有很多别称，如规划、方案、安排、设想、打算、要点等。写作计划时我们要注意把握它们之间的区别。

资料卡

计划类文书的区别

规划：长期、全局的工作构想	方案：短、中期的具体且全面的工作部署
安排：短期、具体的事项计划	设想：短、中期的初步草案式的工作考虑
打算：短期、要点式的原则意见	要点：短、中期的主要工作目标和计划

二、计划的作用

（一）基础和保证

计划是做好工作的基础，是完成任务的目标。做任何事情之前，都应该提前做出周密的打算和安排，从而使自己的行动有目标、有条理，避免盲目行动带来损失。

（二）指导和激励

计划都是按照单位或个人的实际情况制订的，它是工作的方向，是行动的指南，能起到统一意志和行动指导的作用。同时，它还能约束人们的行动，调动其积极性和创造性，有利于实现和完成相关的工作。

（三）监督和调控

计划可以让计划者本人掌握工作或生活的进度，自我检查任务完成的情况，起到自律的作用。同时，计划也是上级部门监督调控的依据，有了计划，就能让工作或生活稳步发展，当出现特殊情况时，上级部门或计划者本人可以及时采取应急措施，从而调整步伐，使计划能顺利完成。

三、计划的特点

（一）预见性

计划不是对已经形成的事实和状况的描述，而是在行动之前，按照实际情况对行动的目标、任务、方法、措施等所做出的预见性的认识。但是，这种预见性不是盲目的、空想的，而是以上级部门的指示和规定为导向，以本单位或本人的实际情况为基础，以过去的工作或生活中出现的问题和获得的成绩为参考，对今后的发展趋势做出的科学的预测。

（二）可行性

制订出来的计划必须能够切实可行，具备科学性和实践性。如果制定的目标过高，不能实现或者很难实现，那么这个计划就成了"空中楼阁"。反之，制定的目标和以前一样甚至没有以前高，那么这个计划就会让计划者故步自封，停滞不前。制订计划过程中的措施和方法也必须有可行性，否则也就是"纸上谈兵"，成了一纸空文。所以，计划的制订要有可行性，才能实现预想的目标。

（三）指导性

计划是根据相关的政策和条件制订出来的，是计划者充分分析和评估实际情况提出的有效措施和方法，是行动的指南。同时，它又能对工作或者生活起到督促、激励的作用。

四、计划的分类

计划的种类很多，根据不同的标准可以进行不同的分类。
按内容分，有生产计划、工作计划、学习计划、教学计划、科研计划等。
按性质分，有专题性计划、综合性计划等。
按范围分，有国家计划、地区计划、部门计划、单位计划、个人计划等。
按时间分，有长期计划、中期计划、短期计划、年度计划、季度计划、学期计划等。

按形式分，有条文式计划、表格式计划、综合式计划等。

资料卡

条文式计划：由标题、正文、落款构成，文字通过小标题和序码逐一阐明。

表格式计划：分栏目将计划的具体内容填写进表格。

综合式计划：也叫文表结合式计划，将各项目的内容填进表格后，再用文字做简短的解释说明。

五、计划的写作

计划的基本格式一般由标题、正文和落款构成。

（一）标题

计划标题的完整写法一般由计划单位名称、计划时限、计划内容、计划名称这四个部分组成，比如《××公司××××年财务工作计划》。有时，计划的标题可以根据实际需要省略某些部分，有的省略时限，例如《××公司财务工作计划》；有的省略单位名称，例如《××××年安全生产工作计划》，省略单位名称的必须在正文后署名；也有的把单位和时限都省略。若所制订的计划尚不成熟或者未经批准，则在标题后或标题下方用圆括号注明（草案）（初稿）（讨论稿）等字样。

（二）正文

计划的正文一般由前言、主体和结尾构成。

1. 前言

前言也叫引言。一般可以写制订计划的背景、依据、目的、指导思想，也可以简要分析前段工作的基本情况、取得的成绩、存在的问题等。这些内容可以根据实际情况做出适当的选择。

前言的文字要求简明扼要，不讲套话、空话、大话。

2. 主体

主体部分是计划的中心内容，包括目标、措施、步骤三要素。这三个要素在具体的写作过程中以不同的结构形式呈现出来，如"目标与任务—方法与措施—时间与步骤"，又如"目标与要求—实施步骤—具体安排"，也可以是"目标与任务—步骤与措施"。总之，计划的写作不是一成不变的，撰写者可以根据写作需要选择不同的结构形式。

目标是明确指出并细化基本任务、要求，即写清楚"做什么"。一般在写作过程中可以通过动宾结构，由虚到实来细化。例如，《××农业局 2023 年建设新农村工作计划》中的"目标和任务"是这样写的：

（1）稳步提高粮食生产能力，粮食种植面积 70 万亩，总产 2.4 亿千克；蔬菜种植面积 10 万亩，总产 3.5 亿千克；棉花种植面积 20 万亩，总产 4600 万千克。

（2）加快林海现代循环农业示范区建设，年内全县新增设施农业面积 1.5 万亩。

（3）稳步提高农民纯收入，年内实现人均纯收入 4000 元。

措施是用什么方法、什么手段来确保完成任务、实现目标，并注明由何人具体负责，如何协调工作等，即写清楚"怎样做"。例如，《××农业局 2023 年建设新农村工作计划》中"主要措施"有如下三点：

（1）提高粮食生产能力……

（2）优化种植结构……

（3）实行富余劳动力转移……

步骤是写明实现计划分几个阶段，是实现目标的程序安排和时间要求，即写清楚"何时完成"。

3. 结尾

结尾既可以说明计划的执行要求，也可以提出希望或号召。也有的计划不专门写结尾。

（三）落款

落款包括制订计划的单位名称或个人姓名和制定日期。如果计划的标题中已经标明了单位名称，那么落款处可以只写制定日期。落款要写在正文结尾后右下方。另外，以单位名义上报或下达的计划，还需要加盖公章。

范文赏析（一）

专升本考试复习计划

怀着继续学习深造的梦想，我选择了参加 2023 年专升本考试。在结束了基础班和冲刺班两个阶段的学习之后，我感觉到个人学习能力和知识储备量都得到了大幅度提升。在接下来一个月的时间里，我将继续努力备考，力争考出优异成绩。下面我将制订总复习计划，为新一轮的复习树立目标。

一、目标

参考历年来的录取规律和上一年度录取分数线，预计 2023 年录取分数将达到 280 分。为了保证能够被录取，我的目标是总成绩不低于 290 分。力争计算机总分不低于 110 分，英语总分不低于 85 分，语文（含大学语文和应用文两部分）总分不低于 110 分。

二、措施

（一）加强基础知识点的复习

专升本考试大多是基础知识的考核，基础知识扎实，也是总体能力提高的有力保证。

1. 计算机基础知识复习。根据计算机的学科特殊性，基础知识复习要多做习题。保证每天做一套模拟题，争取得满分。同时要多进行上机操作，以便更加直观地理解和掌握理论知识，达到理论和实践的统一。

2. 英语基础知识复习。根据英语的学科特点，结合自己词汇量不足、语法掌握不扎实的现实问题，要加大词汇量的储备和掌握必考的语法点。每天必须识记 100 个新单词。每天背新单词前要复习前一天的旧单词，确保记忆质量。同时还要多做语法选择题，以便保证学以致用。

3. 大学语文基础知识复习。由于自身语文基础较好，所以这部分的复习重点在于查漏补缺，结合以前做过的习题，填补知识漏洞，以便夯实基础。

4. 应用文基础知识复习。应用文主要是通过《导学手册》进行系统复习，用一周时间，切实掌握必考文种的基本知识，为第二阶段的写作打下坚实的基础。

（二）保证重点题型解题能力的提高

1. 计算机程序部分。计算机程序考试满分50分，是计算机考试得高分的关键，所以每周必须保证编写5个程序，做到熟能生巧，举一反三。

2. 英语阅读部分。英语阅读考试共考四篇文章，总分40分，可以说"得阅读者得天下"。为了保证阅读考得高分，复习阶段要以全国英语四级考试真题为工具，加强练习，保证不丢分。

3. 大学语文主观题部分。大学语文重点考核精读文章的理解，在总复习阶段，要多参考复习资料后面的课后习题主观题部分，达到熟练记忆和灵活运用的有机统一。

4. 应用文写作部分。应用文写作考试要写一大一小两篇文章，总分40分。为了保证写作部分的成绩，必须对必考文种的写作多加练习，保证熟练掌握每个必考文种的写作方法及技巧。

三、步骤

总复习阶段计划历时一个月，以每周为一个单位，复习分为三个阶段。

1. 第一个阶段为前两周，切实落实各学科基础部分基础知识点的掌握和查漏补缺。

2. 第二个阶段是第三周，对各学科重点题型做到逐一击破，熟练解答。

3. 第三个阶段是第四周，主要是做模拟题，以便检验基础部分和重点题型的掌握情况及熟悉考试模式。

计划人：×××

××××年××月××日

简评：上述范文是一名即将参加专升本考试的学生的学习计划。按照计划写作的一般格式撰写，前言部分明确了制订计划的原因和目标，交代了制订计划的背景情况。主体部分从目标、措施、步骤三个方面入手，对学习做了具体的计划，格式规范，内容充分。

范文赏析（二）

打赢蓝天保卫战三年行动计划（节选）

打赢蓝天保卫战，是党的十九大作出的重大决策部署，事关满足人民日益增长的美好生活需要，事关全面建成小康社会，事关经济高质量发展和美丽中国建设。为加快改善环境空气质量，打赢蓝天保卫战，制定本行动计划。

一、总体要求

（一）指导思想。以习近平新时代中国特色社会主义思想为指导，全面贯彻党的十九大和十九届二中、三中全会精神，认真落实党中央、国务院决策部署和全国生态环境保护大会要求，坚持新发展理念，坚持全民共治、源头防治、标本兼治，以京津冀及周边地区、长三角地区、汾渭平原等区域（以下称重点区域）为重点，持续开展大气污染防治行动，综合运用经济、法律、技术和必要的行政手段，大力调整优化产业结构、能源结构、运输结构和用地结构，强化区域联防联控，狠抓秋冬季污染治理，统筹兼顾、系统谋划、精准施策，坚决打赢蓝天保卫战，实现环境效益、经济效益和社会效益多赢。

（二）目标指标。经过 3 年努力，大幅减少主要大气污染物排放总量，协同减少温室气体排放，进一步明显降低细颗粒物（PM$_{2.5}$）浓度，明显减少重污染天数，明显改善环境空气质量，明显增强人民的蓝天幸福感。

……

（三）重点区域范围。

……

二、调整优化产业结构，推进产业绿色发展

（四）优化产业布局。各地完成生态保护红线，环境质量底线，资源利用上线，环境准入清单编制工作，明确禁止和限制发展的行业、生产工艺和产业目录。修订完善高耗能、高污染和资源型行业准入条件，环境空气质量未达标城市应制定更严格的产业准入门槛。积极推行区域、规划环境影响评价，新、改、扩建钢铁、石化、化工、焦化、建材、有色等项目的环境影响评价，应满足区域规划环评要求。

……

十、明确落实各方责任，动员全社会广泛参与

……

（三十九）构建全民行动格局。环境治理，人人有责。倡导全社会"同呼吸，共奋斗"，动员社会各方力量，群防群治，打赢蓝天保卫战。鼓励公众通过各种渠道举报环境违法行为。树立绿色消费理念，积极推进绿色采购，倡导绿色低碳生活方式，强化企业治污主体责任，中央企业要起到模范带头作用，引导绿色生产。

积极开展多种形式的宣传教育。普及大气污染防治科学知识，纳入国民教育体系和党政领导干部培训内容。各地建立宣传引导协调机制，发布权威信息，及时回应群众关心的热点、难点问题。新闻媒体要充分发挥监督引导作用，积极宣传大气环境管理法律法规、政策文件、工作动态和经验做法等。

简评：上述范文撰写的是根据党的十九大决策的部署，开展治理空气污染的计划。它整合了总体要求、具体步骤和措施等要素，以"目的和要求—时间和措施"的结构形式有条理地展开，对治理空气污染的工作做了具体而又可操作的安排，格式规范，内容充分。

计划写作的参考模板

计划的标题

前言：制订计划的依据、目的、前段工作的情况概述（为什么做）

主体：目标（做什么）

　　　措施（怎样做）

　　　步骤（何时做好）

结尾：号召或者希望

单位名称或者个人姓名
××××年××月××日

任务实施

练一练

1. 请补充完整下列计划类文书的标题，注意计划类文书的种类的选择。

（1）某银行对加入世界贸易组织后该银行可能受到的影响、冲击与业务的发展前景作（　　）。

（2）某银行针对加快个人消费信贷业务工作对下级下达开展该项工作的（　　）。

（3）某学校于下月将要开展食堂监督自查工作，事先要做一个（　　）。

（4）下达对 2023 年全省安全工作的（　　）。

（5）某公司要拟定解决 2023 年重组的实施（　　）。

（6）某市五年的经济与社会发展（　　）。

改一改

2. 根据所学的内容，思考"任务导入"中小于的计划，为什么许主任觉得小于的计划没写好？请你以小于的身份重新写一份计划。

写一写

3. 根据下面的这则通知，拟订一份活动计划。要求格式正确，内容完备。

关于举办"五·四"爱国歌曲大合唱比赛的通知

各班级：

　　为了活跃校园文化生活，进一步推进"学规范、促养成、树形象"主题教育，培育广大师生的爱国主义和集体主义精神，经过学院研究决定举办"五·四"爱国歌曲大合唱比赛。现将有关事项通知如下。

　　一、参赛形式

以班级为单位。人数少的班级经过团委批准可以联合参赛。

　　二、比赛曲目

团委拟订爱国主义歌曲目录，各班级在其中选择其他班级未选的一首。若另选曲目，则必须征得团委同意。

三、比赛时间

暂定于 2023 年 5 月 6 日 13:30—17:00 进行。

四、比赛地点

学校篮球场。

五、参赛的基本要求

1. 全体在校学生参加。

2. 统一服装。

3. 每个班级确定一名指挥。

4. 规范仪表。

六、其他要求

1. 各班级在 4 月 27 日前选择好曲目，并将歌曲伴奏和指挥名单报到团委办公室。

2. 各班要精心准备，认真组织排练，确保演出效果。

××学院共青团委员会

2023 年 4 月 22 日

任务七　总结

📖 任务导入

小燕在市政园林局实习了一段时间后，得到了实习单位领导的肯定。实习单位王处长找到小燕，让她写一份实习工作总结，并明确表示根据小燕的优异表现会考虑让其留下来工作。

小燕根据从小到大写总结的经历，写了这样一份总结：

总　结

本人工作已经有三个月，这段时间感谢领导的栽培和同事的信任，让我倍感温暖。根据最近的情况，我总结如下。

一、思想积极向组织靠拢。

二、团结同事，尊敬领导。

三、工作卖力，苦活儿累活儿抢在前。

总体评价个人：优秀。

下一个阶段我将更加努力工作，以便回报领导对我的赏识。

小燕

2023 年 9 月 25 日

但当她把这份总结交给王处长后，王处长面露难色。

那么，小燕的总结到底有什么问题呢？

任务要求

◎ 情感目标：养成遇事有计划、做总结的习惯，养成执行、反思、审视的处事习惯。

◎ 技能目标：能够根据相关要求独立撰写总结。

◎ 知识目标：了解总结的性质、作用及特点。

知识准备

一、总结的性质及作用

总结是单位或者个人对过去一个阶段的工作、学习或者思想情况所做的系统回顾、归纳、分析和评价，并从中得出规律性认识用以指导今后工作或者学习的实用文书。

总结是对实践的认识，总结的过程就是由感性认识上升到理性认识的过程，总结对今后的工作有促进和推动的作用。

总结来源于前一个阶段的分析和评价，有启示和借鉴的作用。总结所得出来的经验和教训，是开展今后工作的依据。总结还有指导的作用。

二、总结的特点

（一）自我性

总结一般是根据本单位或本人的具体工作或学习经历而写的，是对自身社会实践回顾、分析、评价的产物，因此，总结采用第一人称写作。

（二）阶段性

总结与计划相反，计划是预想未来，总结是回顾过去。总结要反映的是前一个阶段的工作情况，因此，总结具有阶段性。

（三）议论性

总结是以组织或者个人自身的实践活动为依据，所涉及的事例和数据都是可靠的、科学的，总结要在这些事实的基础上对是非、功过、得失进行分析，并加以论证，从中找出规律，吸取教训。因此，总结的理论性较强，带有议论性的特点。

（四）指导性

总结的目的是提高思想认识，指导今后，扬长避短，以便更好地开展工作，因此，总结具有指导性。

三、总结的类别

总结在工作和生活中广泛使用，种类繁多，按照不同的标准，大致可以分为以下几类。

按范围分：有行业总结、单位总结、部门总结、个人总结等。

按内容分：有工作总结、学习总结、思想总结、生产总结、销售总结等。

按时间分：有年度总结、季度总结、月度总结等。

按性质分：有综合总结、专题总结等。

资料卡

综合总结：综合总结又叫全面总结，是单位、部门或者个人对之前一定阶段所做的各方面工作的综合性分析、总结，是全方位、多角度、深层次的总结。

专题总结：专题总结是对某个方面单项工作完成后所进行的总结，它内容单一集中、重点突出、针对性强，偏重总结经验，理论性较强。

四、总结的写作

总结一般由标题、正文和落款三个部分组成。

（一）标题

总结的标题常见的有三种写法。

1. 公文式标题

公文式标题由单位名称、时限、事由和文种构成，如《××公司××××年度工作总结》。有的总结标题中也可以不出现单位名称，如《2019年度创新工作总结》《安全工作总结》。这种标题多用于综合性总结。

2. 文章式标题

文章式标题是概括文章的内容或者基本观点而形成的标题，不出现总结字样，但对总结内容有提示作用，如《企业围绕市场转　产品随着效益变》。这种标题一般用于专题总结。

3. 复合式标题

复合式标题就是分别以文章式标题和公文式标题为正副标题，先拟一个正标题，用结论性语言提炼出总结的核心内容，然后再加副标题，说明总结单位、时限、范围等，如《一切为了学生　为了学生的一切——班主任工作总结》。

（二）正文

总结的正文一般由开头、主体两部分组成，各部分均有其特定的内容。

1. 开头

总结正文部分的开头有时也叫前言。开头部分的主要内容是情况综述，即简明扼要地概述基本情况，交代事件、背景，取得的主要成绩或者效果等。语言要求简明扼要，紧扣中心，统领全文。开头的常见方式有结论式开头和提示性开头两种。

结论式开头就是交代总结对象的时间、背景、过程、成绩等，如"本学期，在上级部门的指导和学校党委、校长办公室的正确领导下，财务处较好地完成了收支计划，保证了学校日常工作的顺利进行，现在将本学期学校的财务工作总结如下"。

提示性开头就是提示工作的主要内容，如《以改革的精神，推进班组民主管理》开头：在改革的新形势下，如何进一步加强班组建设，是摆在我们面前的一个重要的课题。下面是我们的一些做法。

2．主体

主体是总结的主要部分，应该重点写好以下三个方面的内容。

一是基本做法、成绩和经验。这是主体部分的重点，也是总结最核心的部分。要写明做了哪些工作，采取了哪些措施，取得了哪些成绩，其主客观原因是什么，有哪些体会等，即交代清楚"为什么—怎样做—效果"这三方面的内容。这些内容要用叙议结合的表达方式，用确实的材料和数据来说明成绩，提炼和概括具有指导意义的经验。做法和成绩是基础材料，可以适当简略一点，经验和体会是重点，要详细列出。要点面结合，重点突出，数据具体，有较强的说服力。切忌面面俱到，不分主次。

二是存在的问题和教训。这部分内容要用一分为二的观点看待。在总结经验和体会的同时，也要看到其中的不足和缺憾，并且分析其主客观原因，由此得出教训，指导以后的工作。

三是今后工作和努力的方向。这部分内容主要针对以上两点展开，提出今后改进工作的设想、安排、打算等，可以写得简单明了。

资料卡

总结主体部分的结构

模块式结构：按"情况—成绩—经验体会—问题—今后设想"或者"做法—效果—体会"的顺序，分成几个模块来写。这是最常用的结构，适用于单位总结、个人小结或者体会。

阶段式结构：按照时间顺序，将工作分成几个阶段来写，每个阶段再按照模块式结构写，适用于写时限较长而又有明显阶段性特点的工作总结。

并列式结构：根据内容归纳出几个观点，拟出小标题，按照序号排列，逐一叙述，适用于专题总结。

（三）落款

在正文的右下方署上总结单位的名称或者总结人的姓名，署名下方再写明总结日期。如果单位名称在标题上已经注明，那么落款中只需要在正文右下方署上日期即可。

五、写作总结的注意事项

（一）注意总结与计划的区别

总结是在一段时间的工作或任务完成之后写的，而计划则是在工作之前制订的。

总结是对计划实践的检验，而计划则是工作的蓝图。

总结要阐明做了什么，做了多少，做得怎样，重点在做得怎样，为什么能做成这样。而计划则是阐明做什么，怎样做，何时做，做到什么程度。

（二）要坚持实事求是的原则

实事求是、一切从实际出发，这是总结写作的基本原则。总结应该有一说一，不夸大，不文饰。

（三）表达方式要叙议结合

总结在表述上要求叙议结合。介绍工作的基本情况、过程和做法时，多用叙述。总结工作得出的经验和体会，分析问题的时候，多用议论。

范文赏析（一）

学期个人总结

今年是我进入大学的第三年。两年来，在各级领导和同学们的关心、帮助下，通过自身的不断努力，各方面均取得了一定的进步。现在总结如下。

一、思想政治学习方面

始终保持与党中央高度一致，积极参加学院及班里组织的思想政治学习活动，不断地提高自身的政治素质。政治上要求进步，积极向党组织靠拢。不满足于入党积极分子培训所获得的党的基本知识，在工作、学习和生活中增强自身的党性原则，按照新党章规定的党员标准来要求自己，虚心向身边的党员学习，并结合国内国际政治生活的大事，定期做好思想汇报。

二、工作作风方面

在学生会的工作中，我始终以广大同学的共同利益为基本出发点，处处从同学们的需要出发，为同学们做好服务。两年来，自己也严格遵守学校制定的各项工作制度，积极参加学校组织的各项活动，虚心向有经验的同学请教工作上的问题，学习他们的先进经验和知识。敢于吃苦、善于钻研，能按规定的时间与程序办事，较好地完成领导交办的工作。同时，积极主动配合其他部门工作的开展，提高工作效率。

三、知识学习方面

学习刻苦，态度认真，只是在学习方法和能力上有些欠缺，在今后的学习过程中需要改进。作为 21 世纪的接班人，新时代也给我们带来了新的要求，经济日新月异，科技翻天覆地，所以更多、更快、更广地吸收新知识成了放在我们面前必须解决的问题。通过这两年的大学学习，我对专业方向、学习节奏、学习程度、知识难易度等有所了解，在学习上也投入了不少时间，每次考试的发挥也能保持稳定水平。在大学的后两年中，对学习任务会有更高的要求，在这样的关键时刻，我会加倍努力学习，把更好的成绩带进大四。如果说这是对我的压力，倒不如说是对我的考验，我一定会全力以赴。

总之，过去的两年是不断学习、不断充实的两年，是积极探索、逐步成熟的两年。由于我参加党校的时间不长，政治思想觉悟还有待提高。对大学学习的规律仍然需要进一步适应，方法也尚需改进。在学生会的工作中，也要弥补不足，尽我最大的努力为同学们服务。在新的一年里，我一定要认真向党员同学学习，增强"四个意识"、坚定"四个自信"、做到"两个维护"，戒骄戒躁、勤勉敬业，在平凡的工作和学习中取得更大的成绩。

总结人：王晓丽

2022 年 10 月 28 日

简评：上述范文撰写的是一则学期个人总结。其采用提示性开头，从思想、工作和学习三个方面叙议结合地总结了自己的进步。该总结结构清晰，条理分明，用序号的方式将内容条分缕析地罗列出来，并在最后提出今后工作的设想。

📇 范文赏析（二）

××年人力资源保障局工作总结（节选）

××年，××市人力资源保障局深入学习二十大精神，贯彻习近平新时代中国特色社会主义思想，全面贯彻落实市委市政府决策部署，以党建为引领，坚持稳中求进，践行新发展理念，贯彻高质量发展要求，深入推进政务服务改革、人才多元化评价机制改革、社保同城通办服务模式改革，在促进就业创业、提升社会保障水平、优化人才服务体制机制、提高人事管理科学化、构建和谐劳动关系等方面取得新成效，为××市高质量全面建成小康社会，加快建设中国特色社会主义先行示范区作出积极贡献。

一、主要工作及取得的成效

（一）坚持党的全面领导，管党治党、正风肃纪出实效。始终把深入学习贯彻习近平新时代中国特色社会主义思想和党的二十大精神作为头等大事和首要政治任务，把深入落实中央巡视、市委巡察反馈问题的整改意见作为加强党的领导的重要手段，坚定不移地推动人社领域全面从严治党向纵深发展。

（二）主动作为，持续优化政务服务。紧紧围绕民生服务，主动适应群众新需求，促进人社业务转型，打通为民服务"最后一公里"。大力推进简政放权。全面深化"互联网+政务服务"模式改革，积极推进智慧人社建设。

（三）完善就业政策体系，推动实现高质量更充分就业。就业促进政策体系日趋完善。重点群体就业保障有力，创业就业能力不断增强。精准扶贫不断创新。在全国首创"新型学徒制"智力扶贫新模式。

（四）持续提升保障水平，构建更加公平更可持续的社会保障体系。养老保险待遇水平稳步提升。医疗保险实现广覆盖、低缴费、高保障。完善工伤保险体系。

（五）大力实施人才强市战略，建设更具竞争力的人才特区。积极重构优化人才政策体系。大力培育高技能人才队伍。推进人力资源、服务业集聚发展。

（六）坚持严管激励并举，提高公务员管理水平。提高公务员管理规范化、科学化水平。健全公职人员激励制度。深化事业单位人事制度综合配套改革。

（七）坚持共建共治共享，积极构建新型和谐劳动关系。坚持法治思维、法治方式，切实加强矛盾源头治理，确保社会大局稳定。创新劳动关系调处机制。坚决扭转劳资纠纷领域矛盾多发态势。

......

人力资源保障局（公章）

20××年××月××日

简评：上述范文是一份人力资源保障局的工作总结。它属于全面总结，采用了并列式的结构，将一整年的工作归纳成几个要点，层次清晰，格式规范，内容充分。

任务实施

练一练

1. 请阅读下面这篇总结，完成练习。

我自幼喜欢书法，也渴望自己能写出一手好字，可喜的是，学校把书法教学作为语文教学的一项内容来抓。我们每周要交书法作业两张（毛笔字、钢笔字各一张），每周的 4 次书法作业我都认真完成，期望自己的书法能有所长进。"功夫不负有心人"，经过两年的学习，我的书法有了较大的进步。根据两年来的书法学习实践，我有下面一些粗浅的体会。

不迷不见效。我对书法从感兴趣发展到入迷。有时盯着一个写得好的字出神，有时接连不断地攻练某一个字。见到老师优美的字迹，也总是模仿着书写或用手指空中摹写。下晚自习课后，没那么早睡觉，我总是拿出字帖来练字。一次写"寰"，老写得不好，上床了还用手指对着蚊帐顶摹写，寻找规律。我认为，要想学有成就就得把握兴趣爱好，就得有这种入迷的"怪脾气"。

"暂停"法。俗话说："他山之石，可以攻玉"，我从打篮球活动中"借来"一些方法也是很有效的。一场球打到关键时刻，教练员往往叫一声"暂停"，利用这点滴时间来调整一下战术，稳定一下情绪，常常能打出更好的水平。我在学书法时也借用了这种方法，当成功地写出关键性的一笔时，总是叫一声"暂停"，体会一下当时书写的动作过程，领会其能写好的原因。字帖是不会说话的老师，我们要从里面找到规律性的东西，就得有一个领悟的过程，不能像看小说那样一目十行，而是要循序渐进，有时要"暂停"几次，这一停比坚持含糊地练效果要好。

我对书法从感兴趣到入迷，总结经验，找出规律，使我的书法有了长进。但在学书法上也存在不少缺点，比如缺乏虚心请教、沟通交流的精神，有时也想一步登天，楷书基础不过关，就急着练草书，这会事倍而功半。在今后的书法学习过程中，更应该认真努力，发扬优点，把字写得更好一些，提高工作质量，更好地完成工作任务。

（1）给文章加上题目和落款。

（2）按照文章层次分别加上小标题，要求能体现观点，概括出规律性的东西。

改一改

2. 运用所学的内容，分析"任务导入"中小燕的总结到底有哪些问题，并以小燕的身份写一份完备的总结。

写一写

3．江南集团有限公司要举行年度绩效测评，要求员工都写好本年度的工作总结。要求格式正确，内容完备，叙议结合。

4．结合自己的学习生活，请你写一份本学期的总结。

任务八　毕业论文

任务导入

小燕经过紧张的实习后，终于要面临毕业了，但是她的毕业论文还没有完成。为此，她苦恼不堪，上网查了许多资料，决定先写一个提纲给老师看。

标题：互联网时代的酒店服务方式更新

[摘　要]　随着"互联网+"时代的到来，人们的消费方式发生了较大变化。因此，酒店应该紧跟时代潮流，积极更新服务方式，提升酒店的服务质量。基于此，文章从"互联网+"时代更新酒店服务方式的重要性入手，分析更新酒店服务方式的策略，旨在提升酒店的服务水平，促使酒店在激烈的市场竞争中占据有利地位。

[关键词]　"互联网+"时代；酒店；服务方式；更新

引言

第一部分　"互联网+"时代更新酒店服务方式的重要性

第二部分　"互联网+"时代更新酒店服务方式的更新

参考文献

[1]袁娜.浅析"互联网+"时代酒店如何提升顾客忠诚度[J].农家参谋，2017（20）：290-291.

[2]孙春艳，金明珠."互联网+"视角下星级酒店网络营销策略研究——以无锡星级酒店为例[J].中国商论，2016（35）：16-20.

[3]徐虹，吕兴洋，秦达郢.国内经济型酒店服务创新比较研究[J].旅游科学，2013，27（1）：41-51.

[4]康芬，马玉倩.酒店服务质量问题研究——以杭州第一世界大酒店为例[J].生产力研究，2012（10）：213-215.

但当她把这份提纲交给老师后，导师回复：分析问题不透彻。

小燕陷入了沉思，该如何写才能把问题分析透彻呢？

任务要求

◎ 情感目标：培养缜密的思维，学会有逻辑地思考问题，培养合理论述的能力。

◎ 技能目标：掌握论文的写作要素和思路，能够独立撰写毕业论文。

◎ 知识目标：了解毕业论文的性质、意义和特点。

知识准备

一、毕业论文的性质及意义

毕业论文是专科及以上学历教育为了对本专业的学生集中进行科学研究训练而要求学生在毕业前撰写的文章。一般安排在修业的最后一学年（学期）进行。学生必须在教师指导下，选定课题进行研究，撰写并提交论文。目的在于培养学生的科学研究能力，加强综合运用所学知识、理论和技能解决实际问题的训练，从总体上考查学生大学阶段学习所达到的学业水平。

毕业论文是毕业生总结性的独立作业，是学生运用在校学习的基本知识和基础理论，去分析、解决一两个实际问题的实践锻炼过程，也是学生在学校学习期间学习成果的综合性总结，是整个教学活动中不可缺少的重要环节。撰写毕业论文对于培养学生初步的科学研究能力，提高其综合运用所学知识分析问题、解决问题的能力有着重要意义。

二、毕业论文的特点

（一）科学性

毕业论文的目的在于，总结学生在校期间的学习成果，培养学生具有综合、创造性地运用所学专业知识和技能解决较为复杂问题的能力，并使他们受到科学研究的基本训练，论点、论据、论证过程都应该是客观、科学的。

（二）实践性

论文解决的是本专业学科发展或者实践中提出的理论问题和实际问题。通过这个环节，应该使学生受到有关科学研究选题，查阅、评述文献，制定研究方案，设计进行科学实验或社会调查，处理数据或整理调查结果，对结果进行分析、论证并得出结论，撰写论文等初步训练。

（三）独创性

论文研究的是专业学科发展或者实践过程中出现的新问题、新事物、新情况，没有现成的规律可以借用，必须依靠新思路，表达新见解，因此撰写论文时不能"拾人牙慧"，而要经过自己的研究摸索。

三、毕业论文的类别

毕业论文是学术论文的一种形式，为了进一步探讨和掌握毕业论文的写作规律及特点，需要对毕业论文进行分类。由于毕业论文本身的内容和性质不同，研究领域、对象、方法、表现方式不同，毕业论文就有不同的分类方法。

（一）按照内容性质和研究方法的不同

按照内容性质和研究方法的不同，可以把毕业论文分为理论性论文、实验性论文、描述性论文和设计性论文。后三种论文主要是理工科大学生常用的论文形式，这里不做介绍。文科大学生一般写的是理论性论文。理论性论文具体又可以分成两种。一种是以纯粹的抽象理论为研究对象，研究方法是严密的理论推导或数学运算，有的还涉及实验与观测，用以验证论点的正确性。另一种是以对客观事物和现象的调查、考察所得观测资料及有关文献资料数据为研究对象，研究方法是对有关资料进行分析、综合、概括、抽象，通过归纳、演绎、类比，提出某种新的理论和新的见解。

（二）按照议论的性质不同

按照议论的性质不同，可以把毕业论文分为立论文和驳论文。立论性的毕业论文是指从正面阐述论证自己的观点和主张。一篇论文侧重于以立论为主，就属于立论性论文。立论文要求论点鲜明，论据充分，论证严密，以道理和事实服人。驳论性毕业论文是指通过反驳别人的论点来树立自己的论点和主张。如果毕业论文侧重于以驳论为主，批驳某些错误的观点、见解、理论，就属于驳论性毕业论文。驳论文除了按照立论文对论点、论据、论证的要求，还要求针锋相对，据理力争。

（三）按照研究问题的大小不同

按照研究问题的大小不同，可以把毕业论文分为宏观论文和微观论文。凡属国家全局性、带有普遍性并对局部工作有一定指导意义的论文，称为宏观论文。它研究的面比较宽广，具有较大的影响范围，如央行金融调控手段、剩余价值规律的合理利用等。反之，研究局部性、具体问题的论文，称为微观论文。它对具体工作有指导意义，影响的面窄一些，如乡镇税务工作、某厂工资调节税的作用等。

（四）按照课题研究设计的角度不同

按照课题研究设计的角度不同，毕业论文分为专题型论文、论辩型论文、综述型论文和综合型论文四大类。

1.专题型论文

专题型论文是指集中研究某一个方面的问题的论文。例如，研究国际经济与贸易、财政管理等，作者就某种社会现象或业务中的问题深入探究，将情况和结论写成文字材料。这类文章对社会实践有很大的作用。

2.论辩型论文

论辩型论文是针对他人在某学科中对某个学术问题的见解，凭借充分的论据，着重揭露其不足或者错误之处，通过论辩形式来发表见解的一种论文。针对几种不同意见或者社会普遍流行的错误看法，以正面理由加以辩驳的论文，也属于论辩型论文。

3.综述型论文

综述型论文是在归纳、总结前人或今人对某学科中某个学术问题已有研究成果的基础上，加以介绍或者评论，从而发表自己的见解的一种论文。

4.综合型论文

综合型论文是指在同一时空内将某些学术问题的结论加以整合归纳，提出问题，引起社会的重视。这类文章通常是以评论为主。

四、毕业论文的写作

写作论文不是一蹴而就的，而是精打细磨的过程，一般分为确定选题、搜集材料、构思和执笔、修改和定稿四个过程。

（一）确定选题

确定选题就是要选择研究的论题，它是写作论文的第一步，也是研究开始前的酝酿阶段。

1.选题的原则

选题应该符合两个原则，一个是具有理论和实践价值，即所选择的题目一方面能够对现有的经济学说有所完善、深化、突破；另一方面能够对当前的经济活动有直接的指导作用。另外，要切实可行，即所选的题目应该既符合自己的知识结构、智力能力、兴趣爱好，同时又是能够驾驭的，否则就会劳心费力，前功尽弃。

2.选题的范围

论文选题时一般围绕三种课题。一是开创性课题，即前人没有研究过的课题。二是延伸性课题，即前人已经有所研究，但是还可以发展、补充或者修正。三是综合归纳性课题，即把别人的研究成果加以综合评析，指出问题，或者取得新的成果。校园论文一般以第二种最为可取。

（二）搜集材料

课题确定后需要去搜集大量的材料。写作毕业论文，占有材料至关重要。收集材料的途径主要有两个：进行社会调查和查阅归纳文献资料。

1.社会调查

社会调查的方法主要有观察法、询问法和实验法。

（1）观察法。

观察法是指调研者亲临现场，在对方没有感知的情况下进行调查。这类调查主要研究经济活动中的客体，能够掌握真实可靠的资料，但因为接触的是事物的表象，因此会有局限性。

（2）询问法。

调研者可以直接和被调查者进行交谈，掌握可靠的资料，这种调查可以采用书面、电话、网络调查或者口头等方式。

（3）实验法。

实验法是运用推算因素变化而产生的影响来调查社会各方面发展变化的趋势。

这三种方法既可以单独使用，也可以结合使用。

2．查阅归纳文献资料

查阅归纳文献资料一般经过两个步骤。第一步是广泛收集研究课题需要的文献名、篇名及出处，尽可能地查阅前人的研究成果，并将查到的目录进行分类，确定研读的先后顺序。第二步是阅读文献，做好摘要，对材料进行分类、鉴别、研究、归纳，最终获得自己需要的材料。

（三）构思和执笔

1．构思

有了材料之后，写作的初级阶段基本完成，但是在执笔前还需要将自己的整体构思进行梳理，因此在执笔前需要有一个腹稿即构思阶段，构思主要是确立论文的三要素：论点、论据、论证。

（1）论点。

论点是论文的核心思想。论点确立后，可以从不同的角度、不同的层次提出分论点来证明中心论点，而不管是分论点还是中心论点，措辞要注意精确。

（2）论据。

论文是对专业领域某个学科规律的揭示，是对真理的探究和发现。研究者使用的论据必须准确、科学、典型。理论论据是被前人证明的真理，用来证明观点的权威性。事实论据是用来证明课题研究的适当性，而其中的数字论据则是用来证明观点的科学性。

（3）论证。

确立了论点和论据之后，就要展开论证过程，一般的论证过程为"序论—本论—结论"三个步骤。序论相当于文章的开头，担负着提出问题的任务。主要说明研究的动机、缘由，有的会阐释基本观点的含义。本论部分主要是分析问题、阐明观点，结合论据对论点进行阐释。结论部分是对本文的论证做一个归纳，表明总的看法和意见，或者强调某些观点。

2．执笔

通过构思完成腹稿之后，作者就可以正式执笔表述了，在这个过程中会对之前的腹稿不断地进行修改。一般来说，执笔内容包括标题、作者的姓名和单位、摘要、关键词、正文、结语、参考文献七个部分。

（1）标题。

标题是在限定课题之后确定的论述题目。课题只是一个研究方向，而题目才是调研者要研究分析的内容。例如，"金融结构"是一个课题，它可以写几篇论文，那么针对"金融结构"将《金融结构调整的迫切性》定为要单独研究的题目，就缩小了范围，保证了研究的质量。

（2）作者的姓名和单位。

这项属于论文署名。署名大致分为单个署名和多个署名。后者按照署名的序列为第一作者、第二作者，等等。重要的是坚持实事求是的态度，把对研究工作与论文撰写贡献最大的列为第一作者。

（3）摘要。

论文一般应该有摘要，有些为了国际交流，还需要写出外文摘要。摘要是论文内容的简短陈述。摘要应该包括从事研究的目的和重要性，研究的主要内容，获得的基本结论和研究成果、结论或者结果的意义。它能够令读者对论文全貌一目了然。

（4）关键词。

关键词一般为 3～5 个，用来描述文献资料主题和给出检索文献资料的一种新型的检索语言词汇，关键词的标识能够让读者了解文章的侧重点。

（5）正文。

毕业论文，其主要表达方式是议论，但有时也会用到叙述、说明和描写。议论文的论述就是根据题目、需要运用论据来证明观点。常用的论证方法有例证法、引证法、反证法、比较法、喻证法等。此外，论文的语言要合乎逻辑，合乎事物的发展规律，尽力做到严谨、精确、平实。

（6）结语。

结语是在正文之后独立成段，属于作者对全文的收束，这个部分既可以是对全文进行画龙点睛的总结，也可以提出研究的新境界，给其他研究者以方向，结语不能代替学术研究最终得到的结论。

（7）参考文献。

优秀的论文除了单独标明文中句子的出处，在文末还应该列举自己撰写本文时阅读的文献资料。文献资料的列举一方面表明文章的科学性，同时也可以给其他研究者以启迪。在标注参考文献时应该注意格式的规范性。参考学术论著的，应该标明作者、书名、出版地、社名、出版年月和起止页。例如，"朱新蓉.金融概论[M].北京：中国金融出版社，2002.1-3."。参考杂志、报刊应该标明作者、题名、刊名、出版年月、期号（卷号）、起止页。例如，"王海粟.浅议会计信息披露模式[J].财政研究，2004，21(1)：56-58."，"Heider, E.R.& D.C.Oliver. The structure of color space in naming and memory of two languages [J]. Foreign Language Teaching and Research, 1999, (3)：62-67."。

（四）修改和定稿

文章写好后，作者要经过反复修改才能定稿。修改不仅是字句的问题，还有检查自己对客观事物的认识。一般先做一个总体检查，主要检查观点和结构。着重看论证是否合理，观点材料是否统一。然后做局部检查，包括材料和文字。

定稿时要检查文章的引文出处，对有需要的予以加注，如果有调查问卷的就需要作为附录呈现在参考文献之后。

资料卡

毕业论文学术规范的基本要求

1. 重复率不得超过学校要求，一般不得高于20%。

2. 引用文字必须加注释。

3. 参考文献格式正确，中文论文的格式一般应符合《信息与文献 参考文献著录规则》（GB/T 7714—2015）的要求。

📖 范文赏析

论金融债权的风险与保全

作者：×××　×××　单位：××××××

摘要：随着经济的全球化及快速增长，各商业银行、信用合作社的竞争也日益激烈，它们以为大中小企业提供资金、提供发展机会而获取利息，企业为了发展壮大或者解决一时的财政困难而向其贷款。这本为互利状态，而如今却出现有些债务人钻法律漏洞，采用诸如将企业改制破产等方式来逃废金融债权，给国家和各金融机构造成了很大的损失，给整个金融环境造成了很大的影响。金融业的良好环境不允许被破坏，因为它的表现代表了一个地区甚至说是一个国家的法律上的漏洞，是这样的法制环境纵容了逃废金融债权的企业。它的表现同时也反映了公民的信用和道德水准，因为逃废金融债权本来就是借款企业的一种无信行为。企业逃废金融债务已经成为困扰金融业的重要问题，作为一名多年的工作者也深深感受到了金融债权面临的风险。为了保全金融债权，加强金融债权管理已经变得刻不容缓。下面从以下几个方面浅谈一下自己的认识与见解。

关键词：金融债权；金融机构；经济信用

所谓金融债权是指各金融机构按照信贷合同约定将资金借贷给借款人而形成的权利，它与借款人的义务是相对应的。而金融债权风险则是指由于各种原因，环境的或者人为的因素，而无法实现的权利。显然，纯粹的侵犯金融债权行为是一种违法行为，是要受到法律制裁的，因此大多数造成金融债权损失的不是那种赤裸裸的侵犯债权行为，而是将企业改制、兼并或者破产，享受法律的规定和保护，利用那些优惠政策逃废金融债权，例如，破产可以"救济"债务人，可以终结债权债务关系。现在的这种侵犯行为已经愈演愈烈，危害性极大，这不是一方力量可以制止的，这需要我们共同努力，共同营造一个纯净的金融环境，为我国经济的正常发展铺平道路。

一、当今金融债权面临的风险及原因

如今企业逃废债务情况越来越多。资金是一个很具有诱惑性的东西，当这份诱惑遇到了可以利用的环境时，它就变成了现实。据统计，截至2020年年末，某市在工商银行、农业银行、中国银行、建设银行四家国有商业银行开户的改制企业有1272家，涉及贷款本息4.74亿元，其中经过金融债权管理办公室认定的逃废债企业有707

家，占改制企业的 55.6%，逃废银行贷款本息 1.62 亿元，占改制企业贷款本息的 34.2%。由此数据可以看出金融债权面临的危险十分严峻。中国人民银行曾经采取各种措施对逃废债企业进行打击。首先对逃废债企业发通知书，督促逃废债企业纠正错误行为。其次是组织公开曝光，利用舆论评论、各方媒体共同抵制逃废债行为。最后采取法律手段请人民法院进行诉讼、保全、冻结其结算账户。虽然制裁措施非常严厉，但是效果却不明显。

原因是多方面的，主要是因为这些企业的生存环境太过优渥，各地政府、行政部门金融风险意识不够高，只顾局部的小利益而不能从大局出发，没有顾全国家的大利益。当然金融机构内部也有自己的不足，一个银行或者说信用社要将巨大的资金借贷给企业，要有实质性的提前调查、合同审查和贷后跟踪，而这些重要的工作却往往被忽略了或者走了形式，造成最后债权的流失。还有一个不能排除的原因就是，我国的法律太过笼统，不够细化，致使一些企业趁机钻"死角"，逃避债务。

二、金融债权意识的提高及其在保全中的重要性

如今金融债权问题的突出原因就是金融债权意识淡薄。加强金融债权管理是防止信用危机的有效手段，逃废金融债权不仅是未履行企业该承担的义务，而且还破坏了正常的信用秩序。债权的存在依赖信用，有了信用作为支撑，债权工作才会大大简化。加强金融债权管理也为国民经济的健康发展提供了有力的保障，我们的日常消费离不开货币的交换，离不开与银行的合作，当今几乎人人都要在银行存钱取钱，银行掌握了国家大量的资金，债权的长期流失必然会动摇经济的稳定。企业要长存，就必然要建立现代化企业制度，在这样的制度里企业的产权必须明晰，各种职权必须明确，还要有科学的管理，绝不是靠逃避债务可以做到的，那只不过是用来摆脱资金匮乏的困境。然而银行的债权得不到实现，造成国有资产的大量流失，那么银行以后则无法再为企业输送新鲜血液，企业只能在有限的管道里枯萎。我们倡导企业能摆正心态，改变经营观念，本着诚实守信的态度，有借有还，科学地管理企业，努力提高产品质量，扩大企业的市场，在和谐的环境中，共赢共利。

三、为了维护金融债权的各项措施

随着社会经济体制的不断改革，金融债权风险会越来越大，形式也会越来越多。现在为了逃避债务，很多企业想出了各种各样的办法，诸如多头开户，用一户向银行借款，这个公司就只挂空名，将这些资金拿去他用；或者将借贷的资金分配给公司职员，让他们入股把公司改制成股份制，以此来逃脱债务。如果再没有有力的措施对其进行维护和保障，金融危机的出现将不再是传言。要保全金融债权，我们要从多个角度采取措施，完善机制。

（一）从国家的角度所采取的措施

国家的政策引领每个行业往不同的方向前进，为了保全金融债权，国家首先要完善法律，虽然法律上有公司并购、重组、破产和清算时债务债权的规定，但是这些规定不够具体，不能细化，未形成专门的规范文件，而且没有说明逃废债务行为应该承担怎样的处罚。随着金融债权风险新形式的不断出现，法律也应该适时进行补充。加强对各地政府行政人员的教育，强化他们的金融意识，引起他们对金融债权的重视，以及了解金融风险给国家和国民经济带来的不利影响。

（二）各地政府应该采取的措施

地方党和政府应该齐心协力为当地营造良好的信用环境，市场经济的发展离不开一个好的信用制度，政府部门不仅要加大金融法律法规的宣传，而且要倡导中华民族诚实守信的传统美德，加强公民的信用观念。企业恶意逃废债务破坏了当地的投资环境，使当地的金融环境出现恶性循环，也损害了当地的对外形象。因此政府部门不能只看重地方当前的利益而默许和纵容企业的逃废债务行为。

（三）金融机构的改进

从内部环境来讲，金融机构要加强自身建设，完善内部管理，努力提高员工的素质，加强法制观念，配备足够的法律人员为保全金融债权做好准备工作，加强自我保护意识。金融机构要严格按照法律规定办事。《贷款通则》规定："贷款发放后，贷款人应该对借款人执行借款合同情况进行跟踪检查。"但很多金融机构重前不重后，忽略贷后资金的跟踪。信贷人员需要参与到企业改制中，主动了解企业的变动情况，及时掌握信息，防范金融风险。金融机构的管理者要明确规定各级领导干部应该履行的责任，做好借贷工作的每一步。对不履行责任而造成机构贷款大量损失的干部给予处分，情节严重的，如果故意弄虚作假而损害机构权益的，就要开除公职，并提请相关部门进行刑事处罚。

从外部环境来看，金融机构要加大与政府部门的沟通协调，得到当地政府的支持。政府的理解与支持将更有利于机构维护自己的债权。与此同时，金融机构还要与司法机关多多交流，让司法机关对本机构的职能与系统有更清楚的了解，在以后的债务案件审理过程中争取到合理的裁判，维护该有的权益。各金融机构也要紧密合作，资源共享，记录企业的信用情况，形成一个公开的信息网，供社会各界浏览和监督。对那些逃避债务的企业法人，将其纳入黑名单，对其所负责的企业或者是主管的部门不提供任何的借贷。金融机构要充分利用资源维护自己的权益，有效地打击逃避债权行为。

（四）企业和企业法人

企业作为受益者，要保护自己所处的业态，利用这个环境让自己不断地壮大，不让其恶化。尤其是每个行业的领军企业要为整个行业塑造良好的氛围。企业存在的价值不只是创造财富，它还需要承担一定的社会责任。

四、结语

金融债权风险已经成为金融业的一大威胁。通过现状的分析，我们不能不感叹保全金融债权的紧迫性。该文分别从国家、地方政府、金融机构和企业四个角度提出一些建议，但是放在具体的实施过程中，还需要根据实际情况做相应的变动。任何一项措施的实施都要有合适的环境。希望社会各界学者都能就此问题发表自己的见解，共同研究，相信将来的金融环境会带给我们安定的社会。

参考文献

[1]张大龙.加强金融债权管理的难点及对策[J].上海会计.2003(7):34-36.

[2]王光.浅谈金融债权管理的难点与对策[J].海南金融.2003(12):61.

简评：上述范文是一篇现实性很强的论文。

这篇论文研究了当前社会大家关心的金融债权问题。标题说明了文章研究的问题，也正是大家关心的问题。绪论部分着重说明了文章研究的主要内容，本论部分从三个方面递进式地说明了金融债权面临的问题、提高安全的重要性和我们应该采取的措施。每个要点又有独段的阐述，条理清晰，论点清楚，最后在结语部分再次重申保全金融债权的紧迫性。文章的篇幅虽然不短，但是语言简明、准确。文后的参考文献格式也符合规范。

论文写作的参考模板

×××××××

作者：×××　单位：××××××

摘要：200个字

关键词：3～5个

正文：绪论

本论

结论

结语：总结性的或者启发性的

参考文献

（附录）

任务实施

练一练

1. 请根据下列材料，撰写分论点。

（1）电子商务税收的监管与实现不仅需要对纳税人的经营场所和交易的细节进行认真准确的鉴定，还要具备对交易单据凭证进行核对的条件及对商流活动进行有效监控，这些活动环节都面临着"虚拟化"带来的诸多问题。这些问题就是现阶段税收法律体系不能完全有效适应电子商务活动的具体表现，可以将其归纳为以下三个方面。

一是纳税主体。电子商务交易双方往往采用虚拟方式进行交易，真实身份无法查证，使现行税务机关无法判定纳税主体，这就导致传统的税源控制方法失去效力。

二是征收对象。征税对象是征税的科目，而电子商务中的书籍和软件等数字化产品很难判定为商品还是服务，到底应该征收增值税还是营业税，根据现行的税收体系很难做出准确判定。

三是征税环节。现行税法体系对征税环节的规定是基于有形产品的，主要适用于对流转额进行征税，而网络交易的销售和流通等阶段无法准确切分，最终导致征税环节难以严格判定。

（2）金融犯罪仅是操作风险中的主要类型，并不能涵盖所有类型的操作风险。根据我国对金融犯罪的定义，金融犯罪是指在金融活动过程中，侵害金融管理制度、金融市场秩序及其他社会经济关系，依照我国刑法规定，应该受到刑法处罚的行为。对比"巴塞尔银行监管委员会"关于操作风险的定义，金融犯罪显然不包括那些由于银行自身不完善的流程和系统漏洞及外部事件等因素造成的操作风险。最简单的例子就是操作失误，比如银行员工误将取款操作成存款，或者数字录入错误等均属于操作风险的范畴，但并不一定构成金融犯罪。将操作风险直接等同于金融犯罪，往往会使商业银行无意识地缩小操作风险的管理范围，错误地将操作风险管理等同于金融犯罪管理，从而将操作风险管理职责不恰当地赋予内部审计或安全保卫部门。这恰恰是造成目前我国商业银行操作风险管理进展缓慢的原因之一。

（3）带着文艺复兴的余温及资本主义经济的迅速发展，19 世纪末至 20 世纪初的欧洲对自然、精神、政治和文化的哲学思考进入了"黄金时期"。人们孜孜以求地去探索自然界的奥秘，以哲学的思想指导着生产力和科学实验的发展与研究。更为重要的是，通过实验科学的方法，人们取得了巨大的成就，进而为哲学在认识论和方法论上提出新的要求。相应地，对意象问题的探讨再也不能在原来神学的框架内进行了，它被纳入了对知识的来源、性质、范围等问题的探讨中，其中尤以经验论哲学为甚。

2．根据以下题目，任选一题撰写文章大纲，要求有论点和论据。
（1）消费合同效力的法律规制研究。
（2）建立现代企业制度的难题和对策。
（3）坚持中国经济体制改革的市场取向。
（4）现代社会中经济法的优势与作用研究。
（5）茶叶包装设计与摄影艺术的关系。

📖 改一改

3．运用所学的内容，分析"任务导入"中小燕的提纲到底有哪些问题，并以小燕的身份写一份完备的提纲。

✍ 写一写（可选做）

4．请根据小燕修改后的提纲完成一篇规范的酒店管理专业的毕业论文。

5．江南学院贸易金融专业王老师准备在自己的班里开展小组研讨，他给学生罗列了论文《论我国对外贸易的环境》的提纲，让学生分头准备资料，要求学生讨论交流。

论我国对外贸易的环境

我国对外贸易的制度背景

（1）转轨经济

（2）发展中经济

（3）特有的思想文化背景

我国对外贸易的国际环境

（1）世界经济基本格局

（2）世贸组织对华政策

（3）发达国家对华政策

（4）亚太经合组织对华政策

我国对外贸易的内部条件

（1）国内经济增长、技术进步

（2）国内经济发展周期

（3）人民币汇率的变动

在讨论交流之后，请你就以上提纲作为手头儿资料完成一篇规范的贸易金融专业的毕业论文。

任务九　求职信

任务导入

小燕经过努力，终于要毕业了，面临人才市场各种招聘信息，她反复进行斟酌筛选，最终挑中了几个岗位，她想都尝试下。辅导员告诉小燕必须自己先准备一套求职材料，里面包含求职信、个人简历、相关的证书证明。小燕先将一份求职信递给辅导员看了下：

自荐求职信

总经理：

我叫小燕，今年 20 岁，毕业于江南学院酒店管理专业。普通的院校，普通的我却拥有一颗不甘于平凡的心。

我，自信，乐观，敢于迎接一切挑战。虽然只是一名普通的专科毕业生，但是，年轻是我的本钱，拼搏是我的天性，努力是我的责任，我坚信，成功定会成为必然。

经过大学三年锤炼，在面对未来事业的选择时，我对自己有了更清醒的认识。我注重专业知识的研究，广泛学习各学科基础知识和技能，自强不息，只为学以致用。同时，摄取其他领域知识来充实自身，广泛阅读各方面书籍，熟练地掌握了会计的基础知识、常用操作和 Office 办公软件。经过自己的不断努力，我曾获得三等奖奖学金。大学三年，参加过心理健康中心干事的培训，在担任"心理健康中心"秘书处干事过程中，琐碎繁忙的秘书工作锻炼了我的组织管理和写作能力，培养了我脚踏实地、认真负责的工作作风，善于创新的工作思维方式；我以身作则，务实求真的工作原则、诚实宽容的做人原则及较高的工作能力赢得了师生的信任和支持，获得了"优秀学生干部”的称号。同时我多次参加过心理健康中心组织的"5·25"宣传活动和话剧比赛活动，以及 10 月 25 日"心理健康日"公益宣传活动。为了能提高自己的素质，参加过我院的党校培训，在培训中了解到作为一位当代的大学生要尽的责任。

感谢您在百忙之中读完我的求职简历，诚祝事业蒸蒸日上！

2023 年 3 月

辅导员李老师看到这份求职信后，告诉小燕这份求职信总体还是不错的，但是并没有凸显小燕的特长，同时要素也不完备。

什么样的求职信才能算内容完备呢？

任务要求

◎ 情感目标：培养学生正确的求职态度，形成学生正确的求职观。

◎ 技能目标：掌握求职信的基本结构和写作思路，能够独立撰写求职信。

◎ 知识目标：了解求职信的性质和特点。

知识准备

一、求职信的性质

求职信是求职者为了寻求一份比较理想的工作，或是谋求一个相对合适的职业，而向有关单位或领导介绍自己的实际才能、专长，表达就业愿望的一种专用书信。求职信包含以自荐为目的和以应聘为目的两种：自荐侧重向用人单位自我推荐，谋求可能的机会；而应聘则是针对用人单位提供的职位进行愿望表达，其目的更为明确，求职的要求更为迫切。不管哪种都是为了推销自己，引起对方的兴趣，达到成功推荐自己的效果。一般来说，求职信是个人用文字在推销自己，求职简历是对自己条件的客观叙述，常用表格式文字。求职信与求职简历合起来，就是通常所说的求职材料。

二、求职信的分类

（1）从成文的目的性看，有自写的求职信和由他人推荐而写的求职信。

（2）从内容或者行业看，有销售型求职信、技术型求职信、生产型求职信、医疗型求职信等。

（3）从求职的时间看，有短期求职信、中期求职信和长期求职信等。

（4）从求职的要求看，有基本要求的求职信和具体要求的求职信等。

三、求职信的结构与写作

求职信一般由标题、称谓、正文、落款和附件五个部分组成。

1．标题

求职信的标题通常只有文种名称，即在第一行居中写上"求职信"三个字。

2．称谓

称谓，即求职信的致送对象，一般在标题下方另起一行顶格写上收信对象，如果用人单位明确，可以直接写上单位名称，前面加上"尊敬的"修饰，后面以"领导"落笔；如果单位不明确，则统用"贵单位领导"或"尊敬的领导"领起。称谓后面要加上冒号。

3．正文

正文是求职信的写作核心和重点。一般由开头短语、自我简介、求职缘由、条件展示、愿望决心、敬祝语六部分组成。

（1）开头短语。

开头应该表示向对方的问候、致意，如"您好"。

（2）自我简介。

这是对自我概要的说明。主要介绍自己的身份、年龄、学历、校系专业、任职情况等，给用人单位一个初步的印象，介绍要符合求职的目的，无须冗长。

（3）求职缘由。

要写清信息来源，求职意向、承担工作目标等求职目标应该根据自己的实际情况去选择，这部分应该点明对方单位的长处，如良好的工作软环境，融洽的人际关系，培训晋升的机会等。对于热门行业，选择要谨慎，用语既不能自卑也不能自负。这一部分可以和"自我简介"合为一段进行写作。

（4）条件展示。

这部分是求职信的关键内容，主要写清自己的特长和才能，要将专业知识、职业能力、职业经历充分展示：围绕岗位需要，有针对性地展示知识；根据应届毕业生与社会人员侧重点不同有差别地介绍能力；针对现代社会需求要充分体现自己的职业素养。从基本条件和特殊条件两方面解决凭什么求职的问题，让用人单位意识到你是最佳的人选。

（5）愿望决心。

求职信的结尾要再次强调自己求职的愿望，恳请对方给自己一次工作机会，表示最大的决心，并表明对对方单位美好前景的祝福，语气自然恳切，不卑不亢。既要有对应聘职业的热爱，也要有对自己被录用后的承诺，还应包含对用人单位回复的期望和期盼，还要有对用人单位的祝愿。

（6）敬祝语。

常以敬祝语结束全文，如"此致敬礼"。

资料卡

求职信正文的内容要素
开头短语、自我简介、求职缘由、条件展示、愿望决心、敬祝语

4.落款

求职信的落款就是在正文的右下方写上"求职人：×××"的字样，并标注规范的年月日，随文处要说明回函的联系方式、邮政编码、地址、电话号码等。署名处一般由求职人自己签名，以示郑重。

5.附件

附件是求职信的一个重要组成部分，正文中提到的相关条件的获奖证书、证明在附件中都要有反映。相关材料还要有必要的签名和盖章。此部分也可列在敬祝语前。

四、求职信与简历的区别

（一）作用不同

求职信是求职者写给用人单位的信，目的是让对方了解自己、相信自己、录用自己，它是一种私人对公并有求于公的信函。

简历是用于应聘的书面交流材料，它向未来的雇主表明自己拥有能够满足特定工作要求的技能、态度、资质和自信。

（二）针对性不同

求职信是针对特定的个人来写的，而简历却是针对特定的工作职位来写的。

（三）内容不同

简历主要叙述求职者的客观情况，而求职信主要表述求职者的主观愿望。

注意：个人简历并不等同于求职信。求职时简历不能单独寄出，必须附有信件，即求职信。求职信与个人简历的撰写目的一样，都是要引起招聘人员的注意，争取面试机会，但两者有所不同。

资料卡

求职信与简历

	文体特点	语言特点	适用性
求职信	书信体	更为主观	单一
简历	表格	客观、准确	普遍

范文赏析（一）

求 职 信

尊敬的××人事经理：

您好！

我从 2022 年 11 月 29 日《经济日报》上看到贵公司的招聘启事，得悉贵公司招聘一名会计，特冒昧写信应聘。

我是城市职业技术学院经济系会计电算化专业的一名应届毕业生，很荣幸有机会向您呈上我的个人资料。在投身社会之际，为了找到符合自己专业和兴趣的工作，更好地发挥自己的才能，实现自己的人生价值，谨向您做一次自我推荐。

我叫×××，出生在美丽的江南城市无锡。家乡纯朴的风土人情造就了真诚细致的我，努力进取是我的信念，爱好广泛、勇于接受挑战、活跃、健康开朗、乐观、诚恳、细心、乐于钻研、有毅力、爱交际是我的特点，良好的专业知识和强烈的团队意识、是我人生的第一笔财富。

在大学学习期间，每学期定期参加思政学习讲座。习近平总书记在全国高校思想政治工作会议上的重要讲话提及，我国高等教育肩负着培养德智体美全面发展的社会主义事业建设者和接班人的重大任务，必须坚持正确政治方向。不仅使我更坚定了社会主义方向，而且使我更深刻地认识到敏锐地把握时代政治体系对一个公司、企业的发展至关重要。尤其是在建立现代企业制度过程中，人们几乎达成共识：强大的思想动力是企业无形资产的组成部分之一。我愿意用自己的所学和公司同仁一起，致力于企业思想建设，增强公司凝聚力、战斗力。

大学三年，我既注重基础知识的学习，又注重个人能力的培养。在学校严格的教育和个人的努力下，我获得了扎实的专业基础知识，全面系统地完成了包括财务会计、预算会计、成本会计、管理会计、会计信息系统在内的一系列专业课程的学习，具备一定的英语听、说、读、写、译能力，熟悉计算机的基础、基本操作和常用软件的操作，了解对外工作的基本礼仪。同时利用课余时间，广泛阅读各类书籍，开阔视野，增长见识，充实自己，培养自己多方面的技能，让自己可以紧跟时代的步伐。在校期间，担任过系组织部部长、班团支部书记等职务。繁忙的工作让我学会如何为他人更好的服务，让我懂得如何高效优质地完成工作，让我得到宝贵的组织管理策划经验，让自己的口才得到良好的锻炼，还在系举办的辩论赛中获得冠军。

我热爱我所选择的会计专业，殷切地期望能够在领导的带领和指导下，为这份事业、为公司贡献自己的一分力量。并且在工作的过程中，不断提升自我，发挥专长，实现人生价值。机会留给有准备的头脑，而我已经做好准备了。希望能给我这样一个机会，无论最后是否选择我，都请接受我最诚挚的谢意！

此致

敬礼！

求职人：陆晓东

2022年12月2日

联系地址：无锡城市职业技术学院经济系 510507

联系电话：12345678

简评：该范文是一封规范的求职信。

从格式上来说，它与一般书信几乎一致，但在正文的结尾，增加了联系方式。求职或者自荐，态度要诚恳，问候要真切，不可矫揉造作，自荐的内容要真实、具体，自我评价不能过分，但又要充满自信。本文主要从自己的专业知识方面向用人单位进行展示，同时结合党的二十大精神，从思想政治方面做了创新的展示，属于广泛求职，因此没有就具体的职位进行分析，在结尾处真诚地表达了自己的愿望，内容要素完整。

范文赏析（二）

求 职 信

尊敬的领导：

您好！

我从9月20日《××商报》得悉贵公司拟招聘财务经理一名，本人很感兴趣，特来应聘。

我目前担任恒源祥有限公司的财务科副科长，工作已近10年，积累了较丰富的经验，具备较强的工作能力。在职单位对我的工作也颇为赞许，但是我感到目前的工作发展无多，想改变一下工作环境，以更好地发挥自己的特长，获得更多的工作经验。

贵公司是一流的大公司，制度健全，前景很好，我希望以自己的全部能力为贵公司效劳。如蒙录用，定尽全力工作。

敬祝

大安！

求职人：李火

2023年3月28日

联系电话：87654321

E-mail：321@sohu.com

简评：该范文是一封规范的跳槽求职信。

随着社会的发展，公司人员的流动已经变得不再是稀罕事，而毕业后的工作更换就成了当代年轻人面临的新问题，求职信不再是一生只有一封，而是不同的时期需要不同的求职信。本文是一位工作多年的年轻人希望获得更大发展机会而写的求职信，在信中开头交代了求职信息的来源，中间部分进行条件展示，重点介绍了自身工作的经历和成绩，最后表明了自己的能力、决心和态度。与毕业求职信不同的是，跳槽求职信的目的就更为直接明确。信中除了要向对方展示自己的与众不同，还要表达不卑不亢的态度，既不能阿谀逢迎，也不能自卑自贬。信中呈现的是你的才能，信后流露的是你对对方公司价值观的认同，这样才能形成一篇高质量的求职信。

求职信写作的参考模板

求 职 信

尊敬的领导

开头问候语（"您好"等）

自我介绍

求职缘由（从何处看到了招聘启事；或是对方公司良好的软件环境吸引你）

条件展示（有针对性地介绍）

愿望和决心

```
    此致
敬礼!
                                              求职人：×××

    ××××年×月×日
    联系方式：××××××
```

任务实施

练一练

1．仔细看下面几则材料，找出语句措辞不合乎求职信要求的地方。

（1）心怀自信诚挚之念，我坚信你们一定会聘用我的。

（2）几年来的专业学习拓宽了我的知识面，使我在学习中不断提升素质，尤其在文科学习方面拥有很大的空间，我是一名即将毕业的专科生，我相信自己可以胜任贵公司的工作。

（3）我从朋友那里听说贵公司要招聘，因此我就来试试玩玩。

2．请指出下列材料中因什么问题而导致求职失败。

（1）企业招聘网络工程师，主要经历为平面设计师的求职者也去凑热闹。

（2）小红的求职信中所有的既往经历都用"李先生""某公司"等字样代替。

（3）在王飞的简历里，他既想做前台接待，又想做咨询顾问，还想进公司当助理。结尾写明"我啥都能干，务必给个机会吧"。

（4）一个工作了 2 年的销售员，说自己先是"仪器仪表销售"，后来是卖"一、二手房"，最近一份是"置业顾问"。

（5）小于为了让对方对自己印象深刻，并且以颜值取胜，就在自己的简历上贴了一张非常可爱的大头贴。

改一改

3．根据所学内容，思考"任务导入"中小燕的求职信，辅导员为什么会觉得小燕的求职信还有待修正，并请以小燕的身份重新写一份求职信。

写一写

4．假期要到了，同学们都准备找一份临时工作，以增加自己的经验，锻炼自己的能力。江南学院师范专业的木子同学看中一份小学语文的家教工作，她找到了培训机构的王老师，王老师请她给对方家长写一份求职信，列出自己的优势。

请替木子写一份求职信，要求内容和格式符合求职信的写作要求。

5．周哲是江中旅游商贸学院的学生，今年上大学三年级，他在校期间学习刻苦自觉，社会实践能力强，英语的听说读写能力都很出色，实习期间曾以流利的英语、广博的知识和对祖国传统文化的深刻理解赢得外宾的好评，今年 7 月份他要毕业了。恰巧，他从 2023 年 6 月 20 日的《江南晚报》上获悉康辉旅行社招聘两名导游，遂决定应聘。

请代周哲写一份求职信。

项目三

办公达人

项目引领

小于，最近集团要召开上半年财务运行分析会议，你去撰写一份会议通知吧！

近期，公司的产品经常出问题，我要写一份商洽函和采购商联系。

当今职场对人才的要求越来越高，一个优秀的办公人员除了需要掌握自己的专业知识，还应该具有必要的公务文书写作知识和写作能力，以便胜任不同的工作，同时能够帮助自己提升职场的核心竞争力。

项目目标

知识目标

1. 了解通知、通报、请示、报告、函等文种的性质。
2. 掌握公务文书写作的结构要素。

能力目标

1. 能形成公务文书写作的思路。

2．能独立完成公务文书的写作。

情感目标

1．能适应不同的办公环境并做出积极的反应。
2．能养成良好的合作态度，形成有效的共情能力。

任务一　通知

任务导入

　　江南机械制造有限公司总经理办公室文员谢云刚进公司不久，公司总经理要求她撰写一份公司召开女职工座谈会的会议通知。时间紧，谢云需及时草拟出格式规范、内容完整的会议通知。

　　于是，谢云写了这样一份通知：

江南机械制造有限公司《会议通知》

各部门：

　　今年是"三八"国际劳动妇女节 113 周年。为了更好地动员和引领广大女职工继承和发扬妇女运动的光荣传统，展示新时期女职工开拓创新、奋发有为、建功立业的精神风貌，经过研究，决定召开公司女职工座谈会，现就具体事项通知如下。

一、参加人员：公司全体女职工
二、会议时间：2023 年 3 月 7 日下午
三、会议地点：恒鑫大厦

2023 年 3 月

　　总经理看到这份通知之后，认为谢云写的通知不符合规范，让她重写，并语重心长地对她说："谢云啊，你的工作能力有待提高啊。"

　　谢云感到十分苦恼。一方面，是因为她在学校的时候作为学生干部一直是这样写通知的，以前的老师从来没说什么；另一方面，觉得自己就写了一份通知怎么就被判定为工作能力不强了呢？

　　那么，谢云的通知究竟出了什么问题呢？

任务要求

　　◎ 情感目标：培养学生处理事务的能力，学会发布通知，顺利对接职场办公环境。

　　◎ 技能目标：掌握通知的结构和写作思路，能够顺利撰写通知。

　　◎ 知识目标：了解通知的性质和特点。

📖 | 知识准备

一、通知的性质

通知是一种知照性公文,《党政机关公文处理工作条例》中明确指出,"通知适用于发布、传达要求下级机关执行和有关单位周知或者执行的事项,批转、转发公文。"

二、通知的特点

(一)广泛性

通知的适用性强,运用广泛,是公文中使用频率最高的文种之一。它不受发文内容重要与否的限制,大至国家的事务,小到一个单位或者具体部门具体工作的安排,都可以使用通知。同时,它不受发文单位级别高低的限制,政府、学校、企事业单位等,一切大小单位都可以使用通知。另外,它较少受行文方向的限制,多为"下行文",有时也作为"平行文"。

(二)晓谕性

多数通知或者告知事项,或者传达要求办理、执行的事项,对收文对象都提出明确的执行要求,因此,通知具有"告"和"谕"的双重功能。

(三)中转性

通知可以用于批转上级机关的公文,转发上级机关和不相隶属机关的公文。也就是发文机关可以将其他机关的文件以通知形式转发给其下级机关或相关部门,这类通知只起着中转的作用。

三、常见通知的写作

根据通知的性质和内容,一般可以将通知分为"会议通知""工作通知""转发性通知""发布通知"四类,在办公工作中,会议通知和工作通知使用较为普遍。以下就重点介绍这两类通知的写作。

(一)会议通知的写作

会议通知的主要功能是对会议的有关事项进行交代说明。根据会议时间的长短、会议规模的大小,会议通知的形式也较为多样。在实际的企业工作中,会议通知主要以"张贴"和"文件"两种发布方式为主,张贴的会议通知内容可以只有一句话或者一段文字,这里重点介绍以正式文件方式发布的会议通知。会议通知写作的结构一般包括标题、主送单位、正文和落款四个部分。

1. 标题

会议通知的标题一般由"发文单位名称""事由""文种"三要素构成,如《上海市港泰机械有限公司关于召开项目推进会的通知》《五台莱商村镇银行关于召开 2023 年年度股东大会的通知》。有时也可以省略发文单位，由"事由"和"文种"组成，如《关于召开党员大会的通知》。

2. 主送单位

会议通知的主送单位就是通知的受理单位，常常用模糊性的同类型机关的统称，如"各院系部处所""各分公司、集团各部门"等。如果主送单位的数量较少，那么可以写明主送单位的全称或者规范化简称。

3. 正文

会议通知的正文一般由开头、主体和结尾三部分构成。

（1）开头。

开头一般由"发文缘由"和"过渡句"两个部分组成。"发文缘由"包括发文的依据和目的。发文的依据一般有两种情况。一是理论依据，即上级或者本单位领导的决议、决定，或者有关的法规、政策等，常以"根据×××××精神""经过×××××批准"等句式出现。二是事实依据，一般是写工作中出现的新情况、新问题等。发文的依据既可以是单方面的，也可以是多方面的。发文目的，即写明通知想要达到的效果，一般以"为了×××××"句式出现。通常情况下，先写发文依据，后写发文目的，也有的通知只写发文目的。发文缘由写完以后，一般以"现将有关事项通知如下""特作如下通知"等惯用句过渡到会议通知的主体部分。

（2）主体。

主体即会议通知的具体事项。这是会议通知的核心部分，要将会议通知的"内容要素"写得明确、具体。一般而言，会议通知应该写明会议内容、与会对象、会议时间、会议地点等要素，有时还需要写明会议需要准备的材料、会务组的联系方式等注意事项。大中型的会议，还需要写清乘车路线、会议回执等内容。

（3）结尾。

既可以自然收尾，也可以用"特此通知"等惯用语收尾。

4. 落款

落款处应该有发文单位的署名，并加盖印章，另起一行署上成文日期。

（二）工作通知的写作

这类通知是指上级机关就有关事项需要下级机关知晓或者办理时所使用的通知，如开展集体活动，成立、调整、撤并机构，启用新印章，人事任免和其他需要知晓执行的事项等。这种通知使用灵活、方便、快捷，频率高。写作这类通知时，要视具体情况确定，写作结构也包括标题、主送单位、正文、落款四个部分，和会议通知写作不同的主要是正文部分。

（1）开头。

开头也包括"发文缘由"和"过渡句"两个部分。

（2）主体。

主体即工作通知事项，要根据具体工作情况开展写作。例如，"职务任免"，应该明确任免人员的姓名、任免的职务、试用期限等，复杂的工作要按照事件的性质合理归类，条理清晰，提出的要求要全面、可行。

（3）结尾。

结尾既可以自然收尾，也可以用"特此通知"等惯用语收尾。如果需要下级单位执行，那么要写明执行的要求。

范文赏析（一）

关于举办 2023 年春季学期党员发展对象培训班的通知

各分党委、党总支（直属党支部）：

经研究，2023 年春季学期党员发展对象培训班（总第六期）将于 5 月上旬开班，现将有关事项通知如下。

一、培训对象

培训对象为列入 2023 年度发展党员计划且拟于本学期发展入党的发展对象。

二、培训时间

集中培训时间为 2023 年 5 月，培训总学时为 24 学时，其中课堂学习 10 学时，线上学习 10 学时，课外实践 4 学时。集中培训主要安排在周四下午和周六全天。

三、培训内容

培训内容主要包括《中国共产党章程（修正案）》《党的二十大报告》等文件的相关内容，以及《党的二十大报告辅导读本》《党的二十大报告学习辅导百问》等资料。培训具体安排另行通知。

四、培训形式

本次培训采取短期集中培训的形式，分为课堂学习、党校在线学习、交流研讨、课外实践、在线考试等环节。根据参训党员发展对象人数编小班分组，以小班为单位组织交流研讨和学习考核。

五、相关要求

（一）未参加党员发展对象培训班或考核不合格的发展对象，不能发展成为预备党员；参加党员发展对象培训班且考核合格但一年内未被接收为预备党员的，应重新参加培训且考核合格后才可发展成为预备党员。

（二）集中培训期间原则上不得请假。课堂学习、课外实践累计缺课超过 4 学时或未在规定时间内完成党校在线学习的学员，取消其参加在线考试的资格。

（三）请各分党委、党总支（直属党支部）按照《中共××委员会发展党员工作实施细则（修订）》的相关要求，结合本单位发展党员计划确定本学期发展对象培训班学员名单，并填写"党员发展对象培训班学员信息汇总表"（见附件），于 4 月 24 日（周一）前报至邮箱×××@×××××××.com。

未尽事宜，请与党校办公室联系。联系人：×××，联系电话：×××××××××。

附件：党员发展对象培训班学员信息汇总表

××党委组织部、××党校

2023 年 4 月 15 日

简评：上述范文是一则培训通知，其写法与会议通知类似，撰写的思路是"通知缘由（目的、依据）—通知事项"。

该通知的事项中既有培训对象、培训时间、培训内容、培训形式等此类通知的必有要素，也有培训纪律、联系方式等或有要素，并且这些要素都以小标题形式出现，一目了然，下级单位或者人员接到这样的通知就易于执行和办理。

需要注意的是，由于该培训尚未最终确定参加人员及人数，所以并未在通知中明确培训的具体时间和地点。类似的通知可称为"预通知"。一旦筹备工作全部完成，还需另行发布通知告知参加培训人员具体的培训时间和地点。

范文赏析（二）

关于举办知识产权法治保障沙龙的通知

为全面贯彻落实党的二十大提出的"深化科技体制改革，深化科技评价改革，加大多元化科技投入，加强知识产权法治保障，形成支持全面创新的基础制度"的要求。××市知识产权局将于 20××年××月××日（周六）14:30-16:30，在××市××区××路××号××大厦××室，举办主题为"知识产权法治保障"的公益性沙龙。本次沙龙邀请××市知识产权局副局长××主持。本次沙龙活动的主要内容包括：知识产权制度概述、知识产权的取得和保护、知识产权的管理与运用、知识产权公共服务、知识产权的国际保护。

通过对知识产权法治保障的介绍，探讨知识产权法治保障在各行各业的重要意义，帮助各界人士提升知识产权保护的意识与能力。

本次沙龙对社会各界免费开放，凡是对此课题感兴趣的各界人士均可自愿参加。

附件：1.专家介绍
　　　 2.乘车路线

××市知识产权局

20××年××月××日

（联系人：×××；咨询电话：××××××××）

简评：上述通知是一则活动通知，其写法与工作通知类似，撰写的思路也是"通知缘由（目的、依据）—通知事项"。

需要注意的是，该通知的行文对象是社会各界人士。按照严格的应用文规范，当行文的对象为社会各界时，应使用"通告"这一文种。但为一次沙龙而发布通告，未免小题大做。因此，该文的写作者经斟酌后，使用了"通知"这一文种。由于没有明确的行文对象，所以该通知省略了主送机关（个人），其写作格式也较为自由。该通知借鉴了"函"和"请示"的部分写作结构，将"联系人"和"咨询电话"放在了落款下方，使相关内容更加一目了然。

会议通知写作的参考模板

××关于召开××××××的通知

×× 〔××××〕×号

各××：

　　召开会议的依据、目的等。现将有关事项通知如下：

　　一、会议内容

　　二、参加人员

　　三、会议时间

　　四、会议地点

　　五、有关事项

　　特此通知

××××××（印章）

××××年××月××日

任务实施

练一练

1. 下列通知的发文缘由包括哪些内容？试分析之。

（1）2022 年 10 月 18 日，我省将组织第四次义务教育阶段学生学业质量测试与分析，为了做好测试分析的各项组织工作，定于 10 月 9 日召开 2022 年全省义务教育阶段学生学业质量监测动员会。现将有关事项通知如下。

（2）2022 年全国水利工作会议强调，当前和今后一个时期，我国水利工作的总基调是"水利工程补短板、水利行业强监管"，要大幅提高水利科技创新实力，抓好智慧水利顶层设计，加快信息化基础设施升级改造，强化行业监管信息支撑，大幅提升水利信息化、智能化水平。经过研究，"中国水利企业协会智慧水利分会成立大会暨 2022 智慧水利创新发展论坛"定于 2022 年 6 月 1—3 日在上海国际水利展期间召开。

（3）根据市总工会工作要求，结合我公司工会工作的需要，已经对集体合同、工资集体协议、女职工专项保护合同在第二次职工代表大会上进行了审议，代表们对集体合同提了建议和意见，现在由工会对这些意见进行了归纳并上传给各个事业部总经理，现在对代表提出的建议和意见进行了回复，工会将组织职工代表对回复意见进行审议，审议通过后实施。由于时间紧迫，现在将召开职工代表大会的时间定在 2022 年 11 月 25 日下午，具体有关事项通知如下。

（4）为了贯彻落实 2022 年全国安全生产电视电话会议精神，部署集团 2022 年安全生产工作，集团决定召开安全生产视频会议。现将有关事项通知如下。

2. 根据上述四则材料，撰写出会议通知的标题。

3. ××有限公司拟开展向×××同志学习的活动，请你代拟该通知的标题。

📖 改一改

4．指出"任务导入"中谢云写的通知中存在的问题，说一说总经理要求重写的原因，并以谢云的身份重写一份通知。

```



```

✍ 写一写

5．江南集团股份有限公司董事会经研究决定，拟于 2022 年 10 月在集团公司旗下的江南宾馆召开安全生产工作会议，会议主要传达江苏省安全生产管理局 2022 年 9 月份电视电话精神、交流各单位安全生产工作情况、布置 2022 年下半年工作，要求各分公司经理、集团各部门负责人参加。

根据上述材料，请你代江南集团股份有限公司撰写一则会议通知。要求格式正确、内容完备。

```



```

6．为了庆祝江南集团股份有限公司成立 30 周年，集团要求各分公司、各部门组织 2～3 个文艺节目，于 2022 年 11 月 30 日晚举办庆祝大会，请你根据材料写一份通知。

任务二 通报

🔖 任务导入

谢云跳槽到了江南美罗股份有限公司，成了总经理行政助理。凭借自己的业务能力和谦和的工作作风受到了领导们的好评。近日，公司内部出现了一个见义勇为的事例，总经理让谢云撰写一份表彰通报。

谢云通过调查，了解了事件始末，并写了一份这样的通报：

表彰通报

各部门：

　　2023 年 3 月 10 日中午，晴空万里，"罗西尼"表柜台的青年女营业员王小朵同志在柜台当班。当她发现一块新表被一位高大魁梧的男青年顾客换走时，当即大喊一声："你停一下！"该青年拔腿就跑。王小朵同志不顾自己身单力薄，奋力追赶，将青年揪住，后在闻讯赶来的警察帮助下将该青年抓获，追回了新表。

　　王小朵同志勇于保护公司财物，敢于与盗窃分子做斗争的精神，充分体现了一个当代青年的优秀品德。为了表彰王小朵同志，公司决定给予王小朵同志通报表扬，并给予一定的物质奖励。

　　希望广大干部、职工以王小朵同志为榜样，忠于职守，爱岗敬业，进一步做好本职工作，为公司实现跨越式发展做出应有的贡献。

江南美罗股份有限公司
2023 年 3 月

　　总经理看到这份通报后，找到了谢云，告诉谢云这份通报还有一些问题，希望谢云能够修改一下。谢云又犯了难，觉得自己每次写办公文书怎么都有一些问题呢？

　　那什么样的通报才能算合情合理呢？

任务要求

　　◎ 情感目标：培养学生的"共情"能力，认知通报对当事人的影响力。

　　◎ 技能目标：掌握通报写作的内容要素和写作思路，能够独立撰写通报。

　　◎ 知识目标：了解通报的性质和特点。

知识准备

一、通报的性质

　　通报是一种知照性公文，《党政机关公文处理工作条例》规定："通报适用于表彰先进、批评错误、传达重要精神和告知重要情况。"

二、通报的分类

　　根据通报的性质，可以将通报分为三种类型。

（一）表彰性通报

　　表彰性通报主要用于在一定范围内表扬先进集体和个人，表彰先进事迹，评价典型经验，宣传先进思想，树立学习榜样。

（二）批评性通报

批评性通报用于在一定范围内批评违规违纪事件，揭露坏人坏事，分析总结事故教训等。

（三）告知性通报

告知性通报又叫"情况通报"，用于在一定范围内传达上级重要指示精神、会议精神、交流工作情况和经验教训，指出工作重点或者需要关注的问题。

三、通报的结构与写作

通报的结构由标题、主送单位、正文和落款四个部分组成。

（一）标题

通报的标题一般采用完整式标题，即发文机关、事由、文种三要素俱全，其中"事由"一般概括点明通报的对象和事件，如《浙江省人民政府关于表彰张小云同志勇斗歹徒英勇献身的通报》。有时也可以采用准齐式标题，即标题中只有事由、文种两个要素，如《关于韩春同学违规用电引发火灾的通报》。有的机关或者单位定期或者不定期编发的有连续编号的"通报"或者"情况通报"，实际上是"简报"的一种类型，不是法定的公文，既可以采用新闻标题，也可以不写标题。

（二）主送单位

通报大多有主送单位，一般为发文单位的下级单位，常以同类型机关统称的形式出现。

（三）正文

通报的正文一般包括主要事实、合理分析、处理意见、要求或号召四个部分。

1. 主要事实

这部分也可以称为"通报的缘由"。一般讲清通报的主要事件，把事件发生的时间、地点、通报对象、主要情节、事件结果等交代清楚。

写作时，选材要真实典型，交代要详略得当。在写作笔法上，要平实清晰，不要使用文学作品笔法，特别是不要采用夸张、渲染、联想等艺术表现手法。

2. 合理分析

这部分是写作的难点，要求撰写者透过通报的事实抓住事件的本质。写作可以从三个方面着手。一是明确通报事实的性质。二是分析通报事实产生的原因。三是分析通报事实的重要意义或者产生的严重后果。

3. 处理意见

这部分是针对通报的主要事实，给予通报对象表彰或者批评的具体措施。处理意见简单的，可以和"合理分析"部分篇段合一。内容较为复杂的，可以独立成段，按内在的逻辑联系，分条列项写作。

4. 要求或号召

这部分是通报写作的重点，也是通报写作目的的根本所在。一般写明发文机关单位的要求和希望，希望受文单位要学习的经验（精神）或者吸取的教训。

（四）落款

落款应该有发文机关的署名，并加盖印章。另起一行签署成文日期。

资料卡

通报写作的结构要素和内容要素

结构要素：标题、主送单位、正文、落款。

内容要素：主要事实、合理分析、处理意见、要求或号召。

范文赏析（一）

关于表彰20××年度先进单位和先进工作者的通报

各村、社区、部门单位、企业：

20××年全镇各村、社区、部门单位、企业和广大干部群众在市委、市政府的正确领导下，按照更高品质的生态、文化、活力的总体要求，紧紧围绕"推进五要工作、打造故事小镇、推动全城旅游"的工作目标，上下同心，攻坚克难，各项事业呈现出良好的发展态势，有力地促进了我镇经济又好又快地发展，涌现出一大批先进集体和先进工作者。经民主推荐，综合考核，镇党委、政府决定对××村等××个先进单位和×××等90名先进工作者给予通报表彰。

各村、社区、部门单位、企业、广大党员干部和人民群众要以先进集体和先进工作者为榜样，求真务实，开拓创新，扎实苦干，全面完成今年经济社会发展的目标任务，为加速推进××各项事业的发展，全面构建党建总揽、党建引领的大格局，实现乡村振兴做出新的贡献。

附件：20××年度先进单位和先进工作者名单

中共××市××镇委员会

××市××镇人民政府

20××年××月××日

简评：上述通报是一则表彰性通报，其撰写思路也是按照"主要事实、合理分析、处理意见、要求或号召"来写作的。

需要注意的是，该通报表彰的对象涉及多个单位和个人，为避免行文冗长，写作者以附件形式将名单列于通报之后，因此需要在正文和落款之间写上"附件说明"。此外，通报的发文机关若涉及党政两个以上的机关，则在落款时需注意主次。

范文赏析（二）

安全生产督查情况通报

各院、系、部、处、所：

按照市政府的安排，20××月××日至××日，由市政府副秘书长××带领市政府督察室、市安监局、市交警支队、市消防救援支队等单位负责同志，就全市安全生产责任书落实情况，特别是道路交通专项整治活动情况进行了专项督查。现通报如下。

一、全市安全生产主要指标执行情况

20××年以来，全市安全生产工作在市委、市政府的高度重视和正确领导下，围绕"推进新跨越，建设新××"的战略目标，全面贯彻落实全省安全生产工作会议和全市经济工作会议精神，坚持"安全第一，预防为主，综合治理"的方针，巩固"安全生产落实年"的活动成果，不断创新工作机制，进一步落实安全生产责任制，加强监管，强化宣传教育和"双基"工作，全市安全生产形势总体保持了基本稳定，但道路交通重特大事故频发，安全生产形势仍非常严峻。

二、当前要突出抓好的几项重点工作

一是认真组织实施道路交通安全专项整治。要认真贯彻落实市政府××月××日道路交通专项整治工作紧急电视电话会议精神，按照会议部署的各个阶段的工作任务，要进一步……

二是加强宣传教育培训，提高全民安全防范意识。积极倡导"以人为本"的安全发展理念，充分发挥主流媒体作用，宣传安全生产先进典型和经验，把安全生产作为媒介宣传的重点内容，强化舆论监督和社会监督……

三是加大监督检查力度。按照"谁主管、谁负责"的原则，重点抓好道路交通、煤矿、非煤矿山、危险化学品、建筑施工等工矿商贸企业的日常监管，定期组织开展安全检查，落实安全生产的各项预防措施。各县（区）、各安全管理部门要认真履行职责，抓好本地区、本行业、本领域的安全……

四是坚持预防为主，突出抓好重点行业的安全监管和专项整治。各专项整治牵头单位要认真组织抓好本行业专项整治工作，各级安监部门在抓好非煤矿山、危险化学品、烟花爆竹行业专项整治的同时，积极协调配合煤矿、道路交通、建筑施工、公众聚集场所消防等重点行业和领域的专项整治……

五是实施"三同时"制度。对各类新建、续建项目严格进行安全设施"三同时"审查、验收，坚决杜绝新建项目带着重大事故隐患投入生产经营；总结推广安全质量标准化活动试点工作经验……

六是加强应急管理，提高防范重特大事故能力。加快市、县（区）、重点行业和企业三级应急救援体系建设……

×××××××（印章）

20××年××月××日

简评：上述范文是一篇情况通报，标题采用的是准齐式标题。

此类通报的正文部分只需写清通报的依据和被通报情况的主要事实即可，详略可根据实际情况具体把握。

需要注意的是，因为该通报的内容涉及"全市"的安全生产情况，因此该通报并不仅仅下发写作者下属各单位和部门，很可能还涉及全市企事业单位、个体工商户等业务主管范畴内的平级和不相隶属单位与个人，因此可略去主送单位。此外，该通报以小标题、序号、段落中心句、统括等方式尽可能凝练文章内容，使行文条理清晰、简洁有力。

通报写作的参考模板

××关于××××××的通报

××〔××××〕×号

各××：

　　主要事实（被通报的对象，事件的发生、发展、结果）

　　合理分析（表彰通报：值得学习的精神；批评通报：事实性质、危害）

　　处理意见

　　要求和号召

×××××××（印章）

××××年××月××日

任务实施

练一练

1. 根据下面几则材料，撰写通报的标题。

（1）某市新区红村街道部分领导干部利用公款游山玩水，某市人民政府拟发文批评，以便达到教育全体干部和群众的目的。

（2）2013年1月8日，苏州市钢铁股份有限公司第一车间由于误送电，造成正在检修的泵突然启动，险些造成一名现场检修人员死亡。苏州市钢铁有限公司拟将该情况通报各车间、队、科室。

（3）上海建筑工程职业技术学院学生宿舍失火，胡群、董丽、李浩、杨梓四位同学英勇救火，行为可嘉，学校拟发文表彰。

改一改

2. 根据所学内容，思考"任务导入"中谢云的通报，总经理为什么会觉得该份通报还不完备，请你以谢云的身份重新写一份通报。

✍ 写一写

3. 上海市龙腾股份有限公司司机王小军在国庆假日期间，违反单位用车规定，擅自驾驶公车与家人出游。在沪宁高速公路因为超速行驶，发生与前车追尾的责任事故，致使前车两人重伤。为了教育全体员工，特别是驾驶员，公司决定将该事故通报各部门，开除该驾驶员并赔偿公司损失2万元。

请你代上海市龙腾股份有限公司撰写一则通报，要求格式正确、内容完备。

4. 2019年8月22日下午，李彬与妻子由市区乘788路公交车回郊区的家中。当车行至雨花台公园时，李彬突然晕倒，他的妻子看到丈夫头冒虚汗，身体僵直，大喊救命。同车乘客、江南集团有限公司中山分公司王刚同志立即奔到患者面前，掐患者的人中，见没有效果，马上让司机停车。王刚叫了一辆出租车，并陪同李彬妻子把患者送到南京市第四人民医院，为患者挂号，取化验单，忙前忙后，一直将患者安顿好后才悄悄返回家。

根据上述材料，请你为江南集团有限公司撰写一份表彰王刚同志的通报。提示：江南集团有限公司下属单位为各分公司、集团各部门。

任务三 请示

🔍 | 任务导入

小燕因为上级任务安排暂时被借调到市教育局办公室工作，由于最近县教育局要调整校办企业的管理模式，所以需要向市政府报告相关事宜。办公室主任让小燕撰写一份请示，小燕根据以前的工作经验，写了这样一份请示：

中山市教育局关于校办企业管理科更名的请示报告

市委、市政府：

经过局务会议讨论，决定将我局校办企业管理科更名为中山市校办工业总公司。同时，原校办企业管理科科长张华任校办工业总公司总经理，办公室设在人民中路22号吉祥大厦301室。

以上请求如无不当，请即批准。

中山市教育局

2023年7月20日

办公室主任看到后，皱起了眉头，告知小燕这份请示和报告混淆了，希望她修改。小燕觉得自己措辞诚恳，不明白哪里需要改正。

📋 | 任务要求

◎ 情感目标：培养学生遇事向领导请示的意识，采用正确的请示态度。

◎ 技能目标：掌握请示的内容要素和写作思路，能够独立撰写请示。

◎ 知识目标：了解请示的性质和分类。

知识准备

一、请示的性质

《党政机关公文处理工作条例》规定："请示适用于向上级机关请求指示、批准。"由此可见，请示是指下级机关单位向上级机关单位请求指示、批准的上行公文。

下级机关单位在超出本机关单位职权范围或者遇到在自己的职权范围内无法解决的问题、困难，需要上级机关单位给予答复、解决、批准时，可以用请示。

但不是事事皆要请示，凡是属于本机关单位职权范围内可以解决的问题，或者上级机关单位的政策中有明确规定的问题，则不需要请示。

二、请示的分类

在工作实践中，请示常见的类型有三种。

（一）求示性请示

求示性请示也称为"原则性请示"，这类请示主要是下级机关单位对政策、规定中难以理解或者在实际工作中难以把握之处，需要上级机关单位予以指示、答复才能执行。

（二）求批性请示

求批性请示也称为"事项性请示"，这类请示主要是下级机关单位请求上级机关单位批准、协调或帮助解决工作中涉及的人事、经费、物资、机构等问题。

（三）求转性请示

这类请示主要是下级机关单位对工作中涉及的、具有普遍性或者全局性的问题提出解决方案或者办法，需要上级机关单位批准，并转发给有关部门、有关单位共同执行。

三、请示的结构与写作

请示的结构由标题、主送单位、正文、落款和附注五个部分组成。

（一）标题

请示的标题一般采用完整式标题，即发文机关、事由、文种三要素俱全，例如《江苏省财政厅关于"总会计师"是职务还是职称的请示》。有时也可以采用准齐式标题，即标题中只有事由、文种两个要素。

请示的标题中不得出现"申请""请求"等词语，以免与文种"请示"在语义上重复。另外，在日常公文中，常出现"关于……的请示报告"之类的标题，其中"请示报告"是作者生造的文种，是文种"请示"的错误使用，应当避免。

（二）主送单位

请示的主送单位即负责受理请示的单位，是请示单位的行政或者业务隶属关系的上级单位。请示的主送单位一般只有一个，应该写明其全称或者规范化简称，如"江苏省人民政府""总公司"。

（三）正文

请示正文一般由请示缘起、请示事项、请示结尾三部分组成。

1．请示缘起

请示缘起是请示的开头部分，它主要写清楚请示的原因、依据、目的等，这部分中应该突出请示的事实原因，为上级单位批复请示事项提供有力的事实和数据支撑。

2．请示事项

请示事项是请示的核心，是请示的目的所在，要写明请求上级单位指示的问题或者批准的具体事项。

请示事项要力求单一具体，应该做到一文一事，以便于上级批复，切不可把两三件事情放在一则请示中。另外，请示的语气要恳切得体，一般写成"拟……""建议……"，不能出现"决定""必须"等字样。

3．请示结尾

请示结尾一般写明请求上级答复的结束语。常以"妥否，请批复""当否，请批示""特此请示，请批复"等惯用语结束。

（四）落款

落款处应该有发文单位的署名，并加盖印章，另起一行署上成文日期。

（五）附注

一般情况下，请示必须在"附注"处注明联系人的姓名和电话，以便上级单位及时对请示中的问题或者事项做进一步的了解。标注的位置及方法：居左空两个字加圆括号编排在成文日期下一行，如"（联系人：×××，联系电话：×××××××××）"。

范文赏析

江南集团有限公司委员会

**公司党委拟于2019年×月×日至×月×日在××召开公司党委的
"不忘初心、牢记使命"主题教育专题组织生活会**

××督导组：

根据中央、省委有关文件精神和《中共××市委关于在我市深入开展"不忘初心、牢记使命"主题教育的实施意见》（×××〔2019〕××号）《关于印发〈××市××党的"不忘初心、牢记使命"主题教育实施方案〉的通知》（×××〔2019〕××号）和《关于在党的"不忘初心、牢记使命"主题教育中开好专题组织生活会的通知》（×××〔2019〕××号）文件的统一部署，公司党委拟于20××年××月××

日（星期×）在××召开公司党委的"不忘初心、牢记使命"主题教育专题组织生活会，深入学习贯彻习近平新时代中国特色社会主义思想主题教育，增强"四个意识"、坚定"四个自信"，做到"两个维护"，全面把握守初心、担使命，找差距、抓落实的总要求。会期×天，参加会议人员包括××、××。敬请××莅临指导。

　　妥否，请批复。

　　附件：1.关于党的"不忘初心、牢记使命"主题教育实践专题组织生活会工作方案

　　　　　2.党的"不忘初心、牢记使命"主题教育实践专题组织生活会日程安排表

中共江南集团有限公司委员会（印章）

2019年××月××日

（联系人：×××，联系电话：×××××××）

简评：上述范文是一篇邀请某领导出席某活动的请示。

该请示的标题采用完整式标题，三要素俱全，使得标题无法容纳于一行，因此写作者将其分为两行书写。需要注意的是，将一个标题分成多行书写时需要注意断句，切勿将一个完整的词语切分成上下两行。比较稳妥的方法是将发文单位写在第一行，事由和文种写在第二行。

此外，由于该请示兼具邀请函的作用，需要让邀请对象了解该活动的具体内容和日程，因此写作者在正文和落款之间写上了附件说明，告知收文对象已将活动方案与日程安排表以附件形式列在请示之后。

请示写作的参考模板

××关于××××××的请示

×××：

　　请示缘起（或者依据或者目的）……

　　请示事项　……

　　妥否，请批示。

×××××（印章）

××××年××月××日

（联系人：×××，联系电话：××××××××××××）

任务实施

练一练

1. 以下关于请示的表述不正确的是（　　）。

　　A. 请示一般只有一个主送单位。

　　B. 请示应该一文一事。

　　C. 请示的结语一般用"妥否，请批准"。

　　D. 请示一般需要在附注处添加联系人的姓名和电话。

2．修改下列请示的标题。

（1）无锡市江南有限公司关于申请研发新产品所需资金的请示。

（2）江苏省神舟股份有限公司关于要求购买计算机的请示。

（3）广州银城房地产有限公司策划部关于申请更换广告公司的请示报告。

（4）无锡市工业学校关于申请购买"用友"财务软件的报告。

改一改

3．思考"任务导入"中小燕写的请示哪些地方有问题，请你帮助她撰写一份新的请示。

写一写

4．江南集团股份有限公司隶属于无锡市国有资产管理委员会，为了适应新能源汽车发展的需要，拟开发电动汽车。该产品科技含量高，市场前景广阔。但开发电动汽车需要投入5000万元。该公司经过努力，自筹资金3000万元，尚有2000万元的资金缺口。

请你代江南集团股份有限公司撰写一份文稿，希望无锡市国有资产管理委员会给予支持，解决资金问题。要求格式正确，内容完备。

5．根据下列材料，请你代中山市第一食品公司向中山市食品集团公司写一份请示。

（1）随着生猪、家畜饲养生产的发展，中山市第一食品公司原有的5辆2吨载重货车已经满足不了运输工作的需要。

（2）购买3辆"跃进"牌汽车需要资金20万元。

（3）该公司现有固定资产折旧资金10万元可以用于购车。

任务四 报告

任务导入

小于所在的天马纺织有限公司因为火灾事故需要向上级说明情况。公司总经理找到小于，请她写一份报告，向上级报告情况始末。小于根据以往的工作经验，写了这样一份报告：

天马纺织有限公司关于"6·15"火灾事故情况的请示报告

集团公司：

2019 年 6 月 15 日，我公司发生了一起重大火灾。由于生产经理安全防火不力，造成损失很大，烧毁织布车间两台设备和成品布匹十万米，经济损失达到 200 万元。事故发生后，我们立即进行了检查处理。

从调查情况看，这次火灾是一起严重的责任事故，其直接原因是工人李群违反公司规定，私自在车间吸烟，丢弃的烟蒂引燃成品布匹。我们虽然调集六辆消防车参加灭火，保住了厂房和部分原材料，但是因为我公司消防组织不健全，缺乏得力配合，所以致使火灾蔓延，造成严重损失。我们对这次火灾造成的损失极为痛心，决定采取以下措施。

一、……

二、……

三、……

我们一定要吸取教训，严格防范，防止类似事故的发生。

总经理看完以后，对小于说："难道连起码的落款都没有吗？"小于当即羞愧，觉得自己犯了低级错误，但是紧接着总经理又说："你再好好看看，还有其他问题吗？"

小于一下子被问蒙了，于是去向有经验的文书写作高手请教。

任务要求

◎ 情感目标：培养学生较好的报告写作能力，缜密的报告写作逻辑，正确的报告写作态度。

◎ 技能目标：掌握报告的内容要素和写作思路，能够独立撰写报告。

◎ 知识目标：了解报告的性质和分类。

知识准备

一、报告的性质

《党政机关公文处理工作条例》规定："报告适用于向上级机关汇报工作、反映情况，回复上级机关的询问。"由此可见，报告是下级机关向上级机关汇报工作、反映情况，回复上级机关询问的上行公文。

与 1996 年颁布的《中国共产党机关公文处理条例》第二章第七条"报告，用于向上级机关汇报工作、反映情况、提出建议，答复上级机关的询问"相比，报告的适用范围有所减小，取消了"提出建议"的功能。

另外，长期以来，报告和请示被列为同一类文种，直到 1993 年，报告与请示才分别独立，各自成为独立的文种。但是在实际运用过程中，仍然有许多人将报告和请示混淆，因此，运用这两种文种时，我们必须认真区分，体会两者的不同。

资料卡

报告与请示的区别

1. 行文目的不同

报告是陈述性公文，重在向上级汇报工作、反映情况，为上级决策服务。请示是请求性公文，重在请求上级指示或者批准，以便解决本机关或单位的工作困难。

2. 行文时间不同

报告的时间比较灵活，事前、事中、事后均可行文。请示只能事前行文。

3. 写作要求不同

报告写作既可以遵循"一文一事"原则，也可以"一文多事"。请示写作则必须严格遵循"一文一事"原则。

二、报告的分类

根据划分标准的不同，报告的分类也有所不同。

（1）按照报告内容的性质划分，可以分为工作报告、情况报告、答复报告、会议报告、报送（文件、物件）报告等。

（2）按照报告内容的范围划分，可以分为综合性报告、专题性报告。

（3）按照报告内容的时间划分，可以分为年度报告、季度报告、月度报告等。

三、报告的特点

（一）汇报性

"汇报性"是报告的最主要的特点，任何一份报告都是下级机关向上级机关汇报工作或者汇报情况，以便于上级机关能够全面、及时了解下级机关的工作情况，为上级机关做出正确的决策服务。

（二）陈述性

报告的目的是让上级机关能够全面、及时地了解本机关或者本单位的工作情况，因此，报告必须采用叙述的表达方式，将工作或者情况一一表述清楚。

四、报告的结构与写作

报告的结构由标题、主送单位、正文和落款四个部分组成。

（一）标题

报告的标题一般采用完整式标题，即发文机关、事由、文种三要素俱全，如《无锡市人力资源和社会保障局关于调整无锡市最低工资标准的报告》。有时也可以采用准齐式标题，即标题中只有事由、文种两个要素，如《关于审计整改工作情况的报告》。

（二）主送单位

报告的主送单位一般是报告单位的行政或者业务隶属关系的上级单位，报告的主送单位一般只有一个，写明主送单位的全称或者规范化简称。如果有必要，那么也可以"抄送"其他上级机关。

（三）正文

报告的正文一般由报告缘起、报告事项和报告结尾三部分组成。

1. 报告缘起

报告缘起是报告的开头部分，一般要简明扼要地交代报告的依据、目的等。写完缘起后，以"现汇报如下""现将有关情况报告如下"等惯用语过渡到下文。

报告的类型不同，其缘起写作的侧重点也有所不同。工作报告、情况报告侧重于交代报告的事实原因，就是简要地交代时间、工作内容或者发生的情况等。答复报告则侧重于交代报告的依据，因为上级机关询问问题常用函，所以答复报告的缘起一般要引述上级来函的文号和询问的问题，一般形式为"接××函〔××××〕×号文，询问××××问题。现答复如下："。

2. 报告事项

报告事项是报告正文的核心。报告的类型不同，其报告事项写作的内容要素也有所不同。

工作报告的内容一般以"主要成绩、经验体会、存在的问题、努力方向"为主。情况报告的内容一般以"情况、问题（原因）、打算"为主。报送报告的内容只要写清报送文件、物件的名称、数量等基本要素即可。答复报告要针对上级机关单位询问的问题，如实报告有关内容，不能答非所问。

报告事项的写作要陈述清楚，重点突出。篇幅较长的综合性报告一般要分条列项写作，且每个方面的工作尽可能拟制小标题，以便提高报告的实际效用和美学效果。另外，报告事项中一定不能夹带请示事项。

3. 报告结尾

报告结尾常以"特此报告""以上报告，请审阅"等惯用语结束，报送报告常以"请查收"作为结束语。

（四）落款

落款处应该有发文机关的署名，并加盖印章，另起一行署上成文日期。

范文赏析（一）

江南集团有限公司党委工作情况的报告

××党委：

20××年—20××年，江南集团有限公司一直坚持习近平新时代中国特色社会主义思想，开展"不忘初心、牢记使命"主题教育，在××市委和××的正确领导下，江南集团有限公司党委紧紧围绕公司中心工作，带领所属各级党组织和广大党员团结协作、勇于创新，积极发挥党委中的政治核心作用、基层党组织的战斗堡垒作用和党员的先锋模范作用，为公司的改革发展提供了强有力的保障，确保公司的健康、稳定、和谐发展。

一、以参与公司重大事项决策为主要渠道，积极发挥党委的政治核心作用

结合董事会建设试点、规范公司法人治理结构等工作，明确规范董事会、经营班子、监事会和党委会的权责。以党委会为重要载体，以党委会议事规则为指引，明确党委直接行使决策权和参与决策公司重大事项的范围和程序。党委会议事规则作为公司章程的配套制度，可有效推动企业决策规范化、科学化，形成公司董事会、党委会、经营班子和监事会各司其职、各负其责、有效制衡、协调运转的机制。三年来，共召开党委会××次，审议议题××个，有效地发挥了党委对公司重大事项的决策权。

二、以不断健全理顺基层党组织为重点，切实加强基层党的组织建设

（一）及时理顺党组织关系

根据公司改制、重组整合、划转接收、××××改革等工作进程，以产权为纽带，××××××。

（二）不断健全公司党组织

结合公司重组整合和班子换届工作，按照"双向进入、交叉任职"规定，×××
×××。

（三）全面推行公推直选换届选举

按照市委和市委组织部的有关规定，公司党组织换届一律实行公推直选。×××
×××

三、以主题教育为主线，不断推动基层党员干部的学习教育工作

（一）深入开展各种主题学习实践活动

按照市委和××党委的部署，深入开展以党的"不忘初心、牢记使命"主题教育实践活动，以学习贯彻党的二十大精神、创先争优等为主题的学习教育实践活动，使广大党员的素质能力不断提升，成为推动公司改革发展稳定的中坚力量。×××××
×。

（二）大力推进"五好"班子创建活动

公司领导班子坚持中心组理论学习制度，认真开好一年一度民主生活会和××专题组织生活会。大力弘扬××精神，不断增强领导班子干事创业的责任感、使命感。
××××××。

四、以党管干部、党管人才为原则，不断加强与规范公司领导班子建设

（一）建立分类分层管理公司领导人员制度

公司和系统企业分别履行不同的组织人事管理权限，××××××。

（二）不断完善落实公司领导人员选拔任用工作程序

认真贯彻执行上级组织人事工作制度和《江南集团有限公司选拔任用暂行规定》，形成了××××××等一套较成熟规范的公司领导人员选拔任用工作程序，×
×××××。

（三）落实××精神，积极推进董事会建设试点工作

按照××精神，开展××××××。

（四）积极探索符合公司发展需求的组织人事工作方式

推行×××、×××制度改革，××××××。

五、以构建廉洁公司为重大任务，保持班子和队伍廉洁从业本色

（一）着力打造廉洁××

从承接市政府××任务开始，始终将抓好××项目建设廉政防范，作为完成××任务的重要保障，并相继出台《××内部防控制度》《××承诺制度》等多项制度措施，××××××。

（二）扎实抓好系统企业廉洁从业

抓好"三重一大"顶层设计，制定××××××。

（三）深入开展廉洁从业教育监督

抓好重要节点、重大节日的教育防范和一年一度的纪律教育学习月活动，公司领导带头讲廉政教育党课。××××××。

（四）建立健全作风建设制度

制定《××管理规定》《××规定》和《企务公开办法》《××办法》等制度，×××××。

六、以强化公司文化建设为主要途径，不断增强公司的软实力

（一）着力塑造鲜明的公司文化理念

目前，××的公司精神、××价值理念深入人心。江南集团有限公司凝聚力、战斗力和软实力不断增强。

（二）推出一批具有影响力的公共文化活动

公司的×××、×××院的××大赛、××的××讲堂等活动持续开展，影响广泛。××××××。

（三）系统文体活动蓬勃开展

举办全系统乒乓球、羽毛球、×××、×××等活动，建设××、××网站和××系统，创办《××》公司内刊，建设××等宣传阵地，搭建企业文化交流平台。××××××，充分展示了企业员工积极向上、健康和谐的精神风貌。

七、以认真履行国企社会责任为己任，争当优秀企业公民

（一）积极开展对口帮扶工作

秉承××理念，接力对口帮扶××县××年，累计投入帮扶资金近××万元。

（二）大力开展志愿者活动

成立××系统志愿者联盟，注册志愿者超过××人，建立了××个志愿服务大队和××个志愿服务中队，联盟成员单位超过××家，××年开展各类志愿服务活动近××项，提供志愿服务××多人次，服务时间累计近××小时，惠及市民近××万人次，涌现出××××××，成为全市规模最大的国企团体义工组织和志愿服务生力军。

（三）开展系统内扶贫济困活动

组织开展××、××慰问困难员工、特困党员和××帮扶困难职工捐助等活动，

切实为困难员工办实事、办好事。

三年来，党委的工作受到了有关方面的肯定和认可，公司先后获得××、××荣誉称号。

特此报告

中共江南集团有限公司委员会
20××年××月××日

简评：这是一篇典型的工作报告，原文4000多字，范文为节选稿。

全文严格遵循先"报告缘起"后"报告事项"的写作思路，采取总分式的结构。先以概述式的开头，概括介绍了公司党委的工作业绩，随后通过层次分明的小标题，从不同方面详述工作情况和业绩。结尾以惯用语"特此报告"收束。报告内容全面，重点突出，行文流畅。

工作报告写作的参考模板

××关于××××××的报告
×××〔××××〕××号

×××：

工作情况概述……现在汇报如下：

一、经验一

取得的成效……

二、经验二

取得的成效……

存在的问题、努力的方向……

特此报告

×××××××××（印章）
××××年××月××日

范文赏析（二）

江南集团有限公司关于江南百货大楼重大火灾事故的情况报告
江集〔2015〕6号

市国有资产管理委员会：

2015年6月4日凌晨2时40分，我公司旗下的江南百货大楼发生重大火灾，经过两个多小时的扑救，于5时将明火全部扑灭。该大楼二层经营的商品及柜台、货架、门窗等全部烧毁，直接经济损失达500万元。造成此次重大火灾的直接原因，是二楼"诺伊顿"男装柜台经过二楼经理同意从总闸自接供电线路，夜间没断电导致电线起火。

　　这次火灾的发生暴露了大楼领导对安全管理工作极不重视，内部管理混乱，安全制度不健全，违章作业严重等问题，因此造成了惨重的经济损失，教训十分深刻。

　　火灾发生后，集团公司十分重视，三次派员到事故现场进行协同调查，并对事故进行认真处理，责令江南百货大楼总经理王春才书面检查，二楼经理刘纯停职检查，对"诺伊顿"男装柜台负责人李浩罚款50万元。

　　今后，我们要吸取教训，切实加强对安全工作的领导，尤其要加强对重点企业的安全管理，及时消除各种不安全的因素和隐患。

　　特此报告

江南集团有限公司（印章）
2015年6月12日

　　简评：这是一篇火灾事故的情况报告。

　　正文写作思路是"情况—问题（原因）—打算"。文章采用概述式开头，简要地介绍了火灾情况、损失和导致失火的直接原因。第二段重点分析火灾事故的深层次原因及存在的问题。第三段写对火灾的处理情况和结果。最后一段为发文单位的态度和措施。结尾以"特此报告"收束。文章构思周密、层次分明、行文简洁。

情况报告写作的参考模板

××关于××××××的情况报告
×××〔××××〕××号

×××：

　　情况概述……

　　情况发生的原因或者暴露的问题……

　　对该情况中涉及的相关单位或者人员处理的意见……

　　今后的打算……

　　特此报告

×××××××（印章）
××××年××月××日

任务实施

练一练

1. 关于报告，下列说法错误的是（　　　）。

A. 报告既可以做上行文，也可以做平行文。

B. 报告是下级机关单位向上级机关单位反馈信息，沟通上下级机关单位纵向联系的一种重要形式，因此，为各机关单位普遍使用。

C. 报告以议论为主要表达方式。

D. 报告与请示不能结合使用，在报告中不得夹带请求事项。

2．撰写工作报告的正文部分时一般应该分成（　　）部分。

A．概述工作进程与成绩，工作中的缺点与不足，今后的工作安排，以"特此报告"结尾。

B．概述工作进程与成绩，工作措施与经验（体会），工作中的缺点与不足，今后的工作安排。

C．工作情况，工作经验体会。

D．概述工作进程与成绩，工作措施与经验（体会），工作中的缺点与不足，以"特此报告"结尾。

3．根据下面几则材料，撰写出报告的标题。

（1）江南第一造船有限公司拟向江南造船集团公司汇报 2022 年取得的新成绩。

（2）伊牛有限公司无锡分公司向伊牛有限公司报送《伊牛有限公司无锡分公司 2023 年工作计划》。

（3）2012 年底，中共中央出台中央八项规定。2014 年 5 月，中共江苏省委专门向中共中央行文，汇报该省落实中央八项规定的情况。

改一改

4．思考"任务导入"中小于写的报告哪些地方有问题，请你帮助她修改形成一份新的报告。

写一写

5．下列材料为江南集团公司财务处 2023 年上半年的主要工作，假设你是财务处负责人，请你以江南集团公司财务处的名义给江南集团公司写一份工作报告。要求格式正确，所缺内容可以自行补充。

（1）完成年度的结账、过账工作，做好日常财务账务处理工作，季度做好公司财务分析工作及公司月度财务快报、清欠报表、亿元项目分析报告、季报和年度报表工作，每月向公司总经理、总会计师填报《财务处工作月报》等主要指标情况，建立会计档案室，对公司直管已经完工的项目进行会计档案清理，及时将档案运回公司总部归档管理。每月末对公司各部门职工备用金进行催报，在 6 月底基本完成备用金的清理工作。

（2）每季度末公司总部及分公司进行预算分析并形成分析报告，做好事中费用控制和总结。截至上半年公司总部管理费用 751 万元，加上上半年尚未入账的办公楼租金 40 万元，以及公司上半年绩效考核及 6 月工资估计约 70 万元，补助约 20 万元，共计约 130 万元未入账，上半年总部管理费用约为 870 万元，在年度控制目标 2000 万元的一半儿之内。

（3）按经济业务性质，完善经济合同台账、财务往来台账、项目管理台账、营销费用台账、保证金类台账五类台账及资金和承兑汇票。

（4）加强对合同额、营业额、利润、现金流量和应收款项指标财务信息的搜集、分析、评价，对照财务指标的标准值、历史值、同行值、预算值等，及时发出预警信号。

任务五　函

📑 | 任务导入

小于在前期的公文处理过程中，积累了丰富的经验，这次因为所在的公司需要向对方催缴货款，所以总经理要求小于写一份函，并给了小于以下一份案例。

> **钦州市人民政府**
> **关于报送中央环保督察典型案例的函**
>
> 中央环保督察广西整改办：
>
> 　　《关于落实国家环境保护督察办公室报送中央环保督察典型案例要求的函》（桂环督办字〔2018〕46 号）等文件要求，现将我市中央环保督察典型案例《钦州市整治"小散乱污"冶炼企业取得实效》随函报送，请审示。
>
> 　　　　　　　　　　　　　　　　　　　　钦州市人民政府　（印章）
> 　　　　　　　　　　　　　　　　　　　　　　2018 年 6 月 29 日

可是小于却觉得这份案例少了一些必备要件，她的直觉正确吗？

📋 | 任务要求

◎ 情感目标：培养学生使用函并达成合作交流的能力，培养良好的沟通能力。

◎ 技能目标：掌握函的写作思路，能够独立写作函。

◎ 知识目标：了解函的性质和特点。

🖋 | 知识准备

一、函的性质

《党政机关公文处理工作条例》规定："函适用于平级机关或者不相隶属机关之间商洽工作、询问和答复问题、请求批准和答复审批事项。"

函作为平行文，使用频率较高。主要是平级机关单位或者不相隶属机关单位之间使用。有时上级机关单位对下级机关单位询问一般性的问题可以用函；下级机关单位答复上级机关单位的询问，而不是汇报工作时，也可以用函。

二、函的分类

根据适用范围，函可以分为商洽函、询问函、请批函、答复函。

根据行文方向，函可以分为发函和复函。发函也称为"去函"，是发文机关单位主动发出的函，商洽函、询问函、请批函皆为主动性函。复函也称为"答复函"，用于回复对方来函所商洽、询问、请批的事项，是发文机关单位被动发出的函。

资料卡

不相隶属关系

"不相隶属关系"是指不属于同一组织系统的某个机关单位和另一个机关单位之间的关系，可以从"所属地域"和"职能性质"等几个方面来加以区分。常见的情况有以下5种。

（1）在职级上是上下级关系，但所属地域不同，如"安徽省卫生厅和无锡市卫生局"。

（2）在职级上是平级关系，但所属地域不同，如"江苏省卫生厅和安徽省卫生厅"。

（3）在职级上有上下级区别，但职能性质不同，如"江苏省卫生厅和无锡市教育局"。

（4）企业单位之间。

（5）行政事业单位和企业单位之间。

三、函的结构与写作

函的结构一般包括标题、主送单位、正文和落款四个部分。

（一）标题

函的标题一般由发文机关、事由、文种构成，如《中国科学院关于建立全面协作关系的函》。也可以由事由和文种构成，如《关于再次追索欠款的函》。如果是复函，那么在文种"函"前要写"复"字，如《无锡大学关于同意建立全面协作关系的复函》。

（二）主送单位

函的主送单位要明确，一般写明接受函单位的全称或者规范化简称。

（三）正文

一般"发函"和"复函"的正文部分写作有所不同。

1. 发函正文的写作

发函正文一般包括发函缘起、函的事项、结语三个部分。发函缘起主要写明商洽、询问、请求批准的依据、目的等。函的事项部分写明商洽、询问、请求批准的具体事项，并提出希望或者要求等。结语部分一般独立成段，以"盼复""请研究并复函""特此函告"等惯用语结尾。

2. 复函正文的写作

复函的正文一般包括复函的缘起、复函的事项、结语三个部分。复函的缘起又称为复函的"引语"，一般是引述对方来文，按照先引标题，后引文号的顺序，其一般形式为"贵单位《关于×××××××××的函》（××函〔××××〕×号）收悉"。复函的事项主要针对来函给予明确的答复，表明态度、阐明观点。当不能满足对方的要求时，应该加以解释，并表明立场。结语部分一般单独成段，以"此复""特此函复"等惯用语结尾。

（四）落款

落款处应该有发文机关的署名，并加盖印章，另起一行署上成文日期。

范文赏析（一）

关于催收货款的函

江兴机函〔2023〕10号

江阴市荣发商贸有限公司：

　　贵公司于2023年3月1日向我公司订购了H-200型印刷机10台，货款金额共计人民币100万元，发票编号为0000005。买卖合同约定5月10日前一次性付清所有货款，至今我公司仍未收到货款，请尽快将货款结算完毕，我公司开户行为中国工商银行江阴分行中山路支行，账号：320000000012。逾期将按照双方合同中的第23条规定，贵公司需要每日按合同价的0.5%缴纳补偿金。

　　如果有特殊情况，那么可以与我公司财务科联系，联系人：李阳，联系电话：0510-82158315。

　　特此函告

江阴市兴业机械有限公司（印章）
2023年5月8日

简评：这是一则催款函。

标题采用的是准齐式标题，即"事由+文种"的形式；发文字号"江兴机函〔2023〕10号"由单位代字——"江兴机"、年份——2023、序号——10号和文种——函构成，这不同于一般公文的发文字号，一般公文发文字号中不嵌入文种，函的发文字号中则要嵌入文种"函"。

正文遵循"依据—事项"的写作思路，先写明催款的原因，再写明发函的事项——催款，并提出己方的要求。文章直截了当，很好地体现了一函一事的原则。同时，文章的用语也十分讲究分寸，"贵公司""如果有特殊情况"等用语，体现了对对方的尊重和礼貌，有利于问题的解决。

范文赏析（二）

××区文化和旅游局关于赴周庄考察的函

×文旅函〔2023〕13号

昆山市旅游局：

为了学习古镇保护、旅游开发等先进经验，我区××镇人民政府拟由吴玺镇长带队，一行7人于2023年4月21日（周五）下午2点30分到达贵市周庄镇学习考察，届时我局杨逸舟副局长一同参加，联系电话1370617××××，恳请贵局予以支持。

盼复

××区文化和旅游局（印章）

2023年4月6日

简评：上述范文是一篇商洽函。

标题采用的是完整式标题，事由中写明了商洽的事项。

正文遵循"目的—事项"的写作思路，先写明商洽事项的目的，以表示目的的词——"为了"领起。再写发函的事项——拟赴周庄镇学习考察，恳请对方予以支持，"拟""贵市""恳请"等词，语气平和、态度诚恳，有利于工作的顺利开展。

范文赏析（三）

关于同意从事代理记账业务的复函

沪财会函〔2023〕21号

上海市圣力财务咨询服务有限责任公司：

你公司《关于申请从事代理记账的函》（沪圣函〔2023〕1号）收悉。经过审核，你公司符合《上海市代理记账管理实施办法》第二章第七条所列条件，设立代理记账机构申请材料真实有效。根据《中华人民共和国会计法》《中华人民共和国行政许可法》和《上海市代理记账管理实施办法》的规定，经过研究，现就有关事项复函如下：

一、同意你公司从事代理记账业务。

二、接本复函后，公司应该依法办理工商登记、税务登记、组织机构代码证，并及时将复印件报送我局会计处备案。

三、代理记账许可证正式证书待手续完备后下发。

特此函复

上海市财政局（印章）

2023年3月6日

简评：上述范文是一篇复函。上海市财政局和上海市圣力财务咨询服务有限责任公司是不相隶属单位，所以这里用"复函"是合适的。

标题采用的是准齐式标题，事由中"同意"一词是表明复函态度的词语，让收文者能够准确、迅速地把握复函的主要内容。

正文遵循"依据—事项"的写作思路，先引述对方来文（先引标题，后引文号），并具体介绍复函的主要依据，即复函的相关法律法规。再以"经过研究，现就有关事项复函如下"过渡到复函的具体事项。由于复函的内容较多，文章采用了分条列项的形式一一回复，让收文单位既明白了复函的态度，又明确了下一步的工作步骤，思路清晰，结构明了。

发函写作的参考模板

××关于××××××的函

×函〔××××〕×号

×××××：

　　发函的缘起……发函的事项……

　　盼复

××××××（印章）

××××年××月××日

复函写作的参考模板

××××××关于××××××的复函

×函〔××××〕×号

×××××：

　　贵单位《关于××××××××的函》（××函〔××××〕×号）收悉。经研究，……

　　特此函复

××××××（印章）

××××年××月××日

任务实施

练一练

1. 根据下面几则材料，撰写出函的标题。

（1）江阴市荣发商贸有限公司向江阴市兴业机械有限公司订购了 H-200 型印刷机 10 台，货款金额共计人民币 100 万元，买卖合同约定 2023 年 5 月 10 日前一次性付清所有货款。2023 年 5 月 8 日，江阴市兴业机械有限公司向对方写了一份函（见范文赏析一），对方没有做任何回复。为此，2023 年 5 月 12 日，江阴市兴业机械有限公司再次向对方行文，要求付款。

（2）2023年5月12日，江阴市荣发商贸有限公司收到江阴市兴业机械有限公司再次催款的公文，拟制了一份复函。

（3）江阴市大洋百货有限公司给江阴市仁爱服装有限公司行文，认为该公司2023年3月1日所发送的"仁爱"牌男士西服存在面料与样品不符、制作粗糙等问题，要求该公司派人处理。

改一改

2．思考"任务导入"中小于的直觉是否准确。请你替小于把缺少的要件补充完整。

写一写

3．江阴大惠超市有限公司获悉江阴市东方百货有限公司地下商场尚处于闲置状态，打算租借开设大惠超市东方百货店。请你代江阴大惠超市有限公司撰写一份公函。

4．根据第3题的材料，请你代江阴市东方百货有限公司撰写一份复函。

5．2023年2月1日，上海市圣发有限公司从上海市永安包装材料有限公司购得一批规格为20厘米×20厘米的塑料包装袋。到货后，经过检验，该批包装袋存在尺寸不符、厚度不够等问题，要求上海市永安包装材料有限公司派人处理。请你代上海市圣发有限公司撰写一份函。

项目四

职 场 精 英

📺 项目引领

小于，最近公司来了很多新员工，你也算过来人了，我想让你把咱们公司的规章制度修订后给新员工普及一下。

作为行政秘书，每次我都要记录会议内容，可是经常被批评记录得不好，我该怎么办呢？

职场风云变幻，在不断进步的道路上，新时代对职场人员提出了更高的要求。摆脱职场新手的稚嫩，终于可以以精英姿态正式成为公司的主人翁时，同学们身上的担子将会更重。为此，除了常用的公务文书，同学们还应该掌握社交类、事务类应用文的写作知识和写作能力，才能更好地提升职场竞争力。

💡 项目目标

知识目标

1. 了解邀请函、聘书、会议记录、简报、规章制度、调查报告、经济合同、述职报告、备忘录等应用文种的性质。

2. 掌握社交文书、事务文书类应用文写作的结构要素。

能力目标

1. 能形成社交文书、事务文书写作的思路。
2. 能独立完成社交文书、事务文书的写作。

情感目标

1. 能养成良好的问题意识，应对职场各项事务的变化。
2. 能形成按章归制的意识，养成保留工作痕迹的习惯。

任务一　邀请函

任务导入

江南集团有限公司行政秘书谢云，因为进入公司两年多次被表扬恪尽职守、爱岗敬业，故集团年终的晚宴便由谢云负责筹备。为了保持和客户之间的紧密联系，总经理让谢云邀请一批优质客户一起参加年终晚宴，建议让谢云给客户们发出邀请函。谢云很快就拿给总经理一个模板。

> ### 邀 请 函
>
> 某客户：
>
> 　　过往的一年，我们用心搭建平台。您是我们关注和支持的财富主角。
>
> 　　新年即将来临，我们真诚希望公司客户们能欢聚一堂。为了感谢您一年来对江南集团有限公司的大力支持，我们特于 2023 年 12 月 28 日举办 2023 年江南集团客户答谢会，届时将有精彩的节目和丰厚的奖品等待着您，期待您的光临！
>
> 　　让我们同叙友谊、共话未来，迎接来年更多的财富，更多的快乐！
>
> 2023 年 12 月 20 日

总经理看到这份邀请函之后，告诉谢云还需要修改。谢云心想：还有哪里需要修改呢？

任务要求

◎ 情感目标：培养学生在职场中具有良好的合作态度，养成成功共享的意识。
◎ 技能目标：掌握邀请函的结构和写作思路，能够独立撰写邀请函。
◎ 知识目标：了解邀请函的性质、作用和类别。

知识准备

一、邀请函的性质与作用

邀请函又叫邀请书或者邀请信，是邀请知名人士、专家或者亲朋好友等参加某项重要活动时所常用的请约性书信。

邀请函在国际交往及日常的各种社交活动中使用广泛。邀请函与请柬有相似之处，在使用中容易混淆，因此需要注意辨析其不同。

（一）两者内容的不同

请柬通常篇幅短小，内容简单；邀请函内容较多，信息量较大，除了如请柬一般表达邀请的意思，还可以在邀请函中向被邀请者交代相关信息或事项。

（二）装帧、款式不同

请柬的装帧、款式较为美观、精致；邀请函则无严格要求。

（三）邀请的对象不同

请柬的邀请对象一般为上级或者长辈、平级或者平辈；邀请函的邀请对象则较为宽泛。

二、邀请函的特点

（一）礼仪性

邀请函在实际应用中要体现对被邀请者的礼貌，表达尊重之意，以便达到传递信息、沟通感情的效果，具有较强的礼仪性。

（二）确指性

邀请函的主送对象一般是针对特定的单位或者个人，具有明确的指向性。

三、邀请函的类别

按照用途分类，邀请函大致可以分为以下三类。

（一）会议类邀请函

会议类邀请函专为召开庆祝会、纪念会、座谈会等而发出。

（二）活动类邀请函

活动类邀请函专为举办仪式、宴请等而发出。

（三）工作类邀请函

工作类邀请函专为开展成果评审、鉴定、决策论证等而发出。

四、邀请函的写作

邀请函的结构一般由四个部分组成，即标题、称谓、正文和落款。

（一）标题

邀请函的标题写作比较简单，一般有两种写法：一种是直接以"邀请函"为标题；另一种是由事由和文种共同组成的，例如《关于出席亚洲经济发展会议的邀请函》。

（二）称谓

在标题的下一行左侧顶格写被邀请者的称谓（个人姓名或者单位名称）。若被邀请者是个人，则在姓名之后可以加"经理""博士"等职务或者头衔名称，也可以加"先生""女士"等尊称。若被邀请者是单位，则要写明单位的全称，以示尊敬。

（三）正文

正文一般要写清楚邀请的事由、时间、地点，以及有关要求或者注意事项。如果是向单位发出邀请，那么还需要写明被邀请的具体对象和人数。

正文的结尾要体现邀请者邀请的诚意，通常用"敬请光临"、"敬请莅临"、"敬请光临指导"或者"恭候光临"等语句，以便表示对被邀请方的恭敬和礼貌。

（四）落款

落款处要写邀请者的姓名或者邀请单位的名称及发出邀请的日期。一般而言，单位要加盖印章，个人只需要署名。

资料卡

邀请函正文应该特别注明的内容

附券：如果有参观、文娱活动，或者有礼品赠送，就应该附上入场券，或者领取礼品的赠券。

宴请：如果有宴请，那么应该写明"敬备薄酌""沏茗候教"等字样，并注明宴席设在何处，以及入席时间。

特别提示：如果有特殊的着装要求那么也应该在正文里注明。如果相距较远，那么应该写明交通路线，以及来回接送的方式等。其他差旅费及活动费的开销来源、被邀请者应该准备的材料文件、节目发言等也应该在正文中交代清楚。

📇 范文赏析（一）

邀 请 函

尊敬的杨柳先生：

为庆祝我公司创立30周年，我们将于2023年6月2日（周五）17时30分在江南宾馆江南厅（××市××路888号）举行庆典宴会和文艺联欢活动。我们非常希望借此机会来感谢您多年来给予我公司的友善和支持。

敬请届时携夫人光临！

附：文艺联欢会入场券2张

江南集团有限公司（印章）

2023年5月2日

简评：这是一则活动类邀请函，正文首先交代了活动邀请的目的，随后将活动时间、地点用简单明确的语言表达清楚，最后分寸得当地表达了对对方的感谢及对对方的诚挚邀请。入场券附后，有助于宴会后入场参加联欢。

📇 范文赏析（二）

经营管理会议邀请函

尊敬的_____女士/先生：

您好！

××，从生存、竞争、胜出到有序经营的轨迹中走来，从揽储、关注客户、关注自身管理，到关注盈利能力的盘柜中寻找创革的利器。

××，在全球化、WTO、IPO、监管的压力下进步，在外来的竞争和冲击中获得成长的动力，在自我升华的驱动中实现步步发展的目标。

然而，行业的开放与市场化，迫使××必须思考生存与发展、盈利能力与最终的核心竞争力之间的种种问题。如何构建商业银行的盈利体系，提升核心竞争能力是从业者需共同思考的一个课题。

"掌控全成本构建商业银行盈利能力——××经营管理高层论坛"将汇聚商业银行界领军人物、资深行业专家、实战经验丰富的业界精英，站在××的过去、现在和未来，探讨在新形势下中外商业银行的发展历程和模式，以及商业银行应从何处入手构建盈利体系；业界资深银行家也将亲临现场分享商业银行财务管理、全成本管理、业绩考评及盈利能力等方面的成功经验。这些无疑是商业银行关键发展时期的信息化战略与最佳实践指南。

与成功者同行，获成功更易！诚邀您光临现场，学习前行者、交流成与败、碰撞创革的火花……成者更上一层楼，学者所获亦必丰！

主办方：××公司

协办方：××公司

支持方：××、××

参会者：××、××、××、××

时间：20××年××月××日

地点：××××

组委会联系人：××

电话：×××××××

传真：×××××××

附件：参会回执

××公司（印章）

20××年××月××日

简评：这是一则会议类邀请函。该邀请函正文首先交代了会议主办方的有关情况，随后主要说明会议的主题和意义，措辞文雅，用意深远，能很好地引发被邀请者的兴趣。为让会议的相关情况更加一目了然，写作者将会议的时间、地点等重要信息列于正文末尾，并附上参会回执，使被邀请者能更明确地表达是否参会的意愿，同时也有助于主办方做好会议筹备工作。

范文赏析（三）

> **关于××初稿征求意见的函**
>
> 尊敬的××：
>
> 　　您好！
>
> 　　在江南集团有限公司企业文化建设工作领导小组各位领导的亲切关怀和指导下，在工作小组各位同志的辛勤努力和积极配合下，在江南集团有限公司×××、×××的积极参与和支持下，课题组完成了《江南集团有限公司企业文化手册》初稿。现将手册初稿发给您，真诚地征求您的意见（重点为××××和××××）。
>
> 　　您的意见对课题组完善企业文化手册非常重要，非常感谢您在百忙之中对课题组的支持和帮助！
>
> ××课题组（印章）
20××年××月××日

　　简评：这是一则工作类的邀请函。这一类邀请的邀请方通常会与被邀请人提前联系，当被邀请人明确表示愿意接受此类邀请之后，才会发出邀请函。因此这一类邀请函的写作比较简单，在正文中只需要简单交代邀请的背景，并明确工作内容、时间、地点等信息即可。

任务实施

练一练

1．试分析"敬备薄酌""沏茗候教""敬祈光临"可以用于什么内容的邀请函。

2．请为下列材料排序，使其符合邀请函正文的行文思路。

（1）在此，特邀请您届时光临指导。

（2）感谢您一直以来对学院团委的关心和支持，促进了我院共青团工作的蓬勃发展。

（3）我委定于××××年××月××日（星期×）晚 7:30 在学院礼堂（西校区）隆重举行"××杯"第×届校园十佳歌手大奖赛决赛。

（4）为了丰富学生的课余文化生活，推动学院建设和谐健康的校园文化。

改一改

3．思考"任务导入"中谢云的邀请函到底有哪些问题，请你协助她修改一份。

写一写

4．企业文化是一个企业的灵魂。优秀的企业文化能够营造良好的企业环境，提高员工的文化素养和道德水准。对内能形成凝聚力、向心力和约束力，形成企业发展不可或缺的精神力量和道德规范，能使企业产生积极的作用，使企业资源得到合理的配置，从而提高企业的竞争力。为了更好地建设公司企业文化，江南集团有限公司打算邀请北京大学的孙凯教授来公司做一次关于企业文化建设的讲座，讲座的听众为公司中高层管理人员，时间为 2023 年 6 月 2 日（周五）上午 9 时至 12 时。

请你根据以上材料，代江南集团有限公司撰写一则邀请函。要求格式正确，内容完备，措辞热情文雅。

任务二　聘书

任务导入

江南集团有限公司财务部出纳兼公司行政办公室负责人古月被总经理叫到办公室，希望她撰写一份聘书来留住本公司的骨干人才。时间紧急，古月必须及时草拟出格式规范、内容完整的聘书。

古月很快就给总经理看了一份这样的聘书：

> 兹聘请赵栋同志为江南集团有限公司业务部经理。
> 特此证明
>
> 　　　　　　　　　　　　　　　　　　江南集团有限公司
> 　　　　　　　　　　　　　　　　　　2023 年 6 月

看到古月拿出来的聘书样稿，总经理告知古月这样的聘书连起码的时限都没有，怎么可以算合格呢？

古月羞愧地低下了头……

任务要求

◎ 情感目标：培养学生职场中的管理思维。
◎ 技能目标：掌握聘书的写作思路，能够独立撰写聘书。
◎ 知识目标：了解聘书的性质、作用和类别。

知识准备

一、聘书的性质与作用

聘书是聘请书的简称。它是用于一个单位、一家公司聘请有专业特长或者特殊技能的人来承担某项任务或者担任某个职务时的书信文体。

聘书除表达聘请单位对被聘人员的敬重，加强被聘者的责任感之外，还能起到一种凭证的作用。

二、聘书的适用范围

聘书除可以用于聘请他人来本单位工作之外，还可以用于在单位内部实行聘任制。

三、聘书与聘用合同的区别

使用聘书时往往会和聘用合同相混淆，因此需要注意两者的区别。

（一）两者的性质不同

聘书属于专用书信，而聘用合同属于合同。

（二）两者的法律效力不同

聘书由企业单方作出，只有企业一方签章，没有被聘人员的签字，内容不涉及双方的权利、义务。聘用合同是在双方平等、自愿的基础上达成的，双方签字或者盖章方可生效，内容涉及双方的权利、义务。

四、聘书的写作

聘书在结构上一般由四部分组成，即标题、称谓、正文和落款。

（一）标题

聘书常以"聘请书"、"聘书"或者"聘约"等为题，也可以加单位名称，写成"××公司聘书"。

（二）称谓

一般在标题下一行顶格写受聘者的姓名及尊称，例如"××先生""××女士"等。也有一些聘书没有称谓，而是在正文开头写上"兹聘请×××先生为……"之类的语句。

（三）正文

在称谓下一行，空两格起写正文，正文一般要求包括以下内容。

第一，交代聘请被聘人的原因、被聘人所要承担的工作或者拟聘的职务。

第二，写明聘请期限。例如"聘期×年""聘期自×××年××月××日起至××××年××月××日止"。

第三，聘任待遇。聘任待遇可直接写在聘书上，也可另附详尽的聘约或文书写明具体的待遇，这要视情况而定。

第四，对被聘者的要求或希望。这一点一般既可以写在聘书上，也可以不写，而通过其他的途径使受聘人切实明白自己的职责。

第五，在正文最后一行左空两格写上祝敬语结束。例如"致以敬礼""此聘"等。

（四）落款

聘书的落款由署名和日期两部分组成。

若是以单位名义聘请，则署名需要加盖印章，否则不生效。若是以单位负责人的名义聘请他人担任某职，则署名要由单位负责人签字并盖章，在姓名前还要加上职务名称。

在署名正下方写上日期，年月日要齐全、准确。

资料卡

写作聘书的注意事项

1. 聘书要郑重严肃，对聘请的原因和所要承担的工作、职务等内容要交代清楚。
2. 聘书一般要短小精悍，不可篇幅太长，语言要简洁明了、准确流畅，态度要谦虚诚恳。

范文赏析（一）

聘　书

　　兹聘请江苏法正律师事务所王钧律师担任我公司法律顾问。聘期自 2023 年 8 月 1 日起至 2024 年 7 月 31 日止。

　　此聘

江南集团有限公司（印章）

2023 年 7 月 20 日

　　简评：这份聘书的被聘任人的称谓在正文中嵌入，使此文干净利落。同时明确了职务和任期，起止时间十分具体。

范文赏析（二）

江南集团有限公司聘书

林语函先生：

　　为了有效提高公司党建引领创新发展水平，特聘您为我公司党建指导员，聘期叁年。

　　致以

敬礼！

党委书记：李栋梁（签名）

中共江南集团有限公司党委（印章）

20××年××月××日

　　简评：这份聘书的标题由公司名称与文种两部分组成。正文首先交代了聘请目的，即"有效提高公司党建引领创新发展水平"，然后写明了聘任职务、聘期。需要注意的是，该聘书在说明聘期时使用的是"聘期×年"这种形式。在写作这种类型的聘书聘期时，为了避免篡改，年份需要用汉字大写。而"叁年"聘期正式开始的日期，一般是从聘书落款时间的第二日开始算起。此外，本聘书的落款部分除了加盖单位印章，相关负责人还特别签名，以示聘任的庄重。

任务实施

练一练

1. 根据下列材料撰写聘书时，需要抓住哪些关键信息？又该补充哪些内容要素？试分析之。

（1）李桥，男，1996年3月8日出生，大专学历，网络管理专业。

工作经历：在校期间在麦当劳担任儿童活动的策划，毕业后任职于江南集团有限公司网络部，一年后任网络部副经理，2022年获得公司"杰出人才"奖。

（2）森里惠，女，日本籍，1995年1月24日出生，茂林工业大学本科毕业。

工作经历：毕业后任职于松岗株式会社，2016年4月被公司选派到中国担任业务公关员，2017年转职入江南集团有限公司担任游戏部副经理。

（3）乐俊，男，1998年1月2日出生，毕业于某工业学院。

工作经历：大学毕业后与他人共同创建俊越制衣有限公司，担任副总经理，后来其公司被江南集团有限公司全资收购，担任集团推广部副经理，2022年获得公司"优秀人才"奖。

由于这三位员工在工作中的表现突出，公司于2023年将给予他们晋升的机会，分别聘任他们为网络部、游戏部和推广部经理，任期两年。

改一改

2. 思考"任务导入"中古月的聘书中缺少哪些内容，请你以古月的身份再写一份聘书。

写一写

3. 请你根据本任务"练一练"的内容，撰写3份聘书。

4. 王琳为惠泉股份有限公司会计，于2022年10月离职，2023年1月进入江南集团有限公司财务部任职。工作半年后，该公司总经理谢元栋发现大家对王琳在工作中的表现和业绩评价都极高，经过考察后决定聘任她为财务部副经理。

根据上述材料，请你代江南集团有限公司撰写一封聘书。要求格式正确、内容完备。

任务三　会议记录

任务导入

　　为了对江南机械制造有限公司的安全工作形成行之有效的管理，公司决定召开安全工作会议，安全工作负责人刘经理让小燕参加会议并做好会议记录。小燕认真地与会并详细记录了现场情况，回家还进行了整理工作。

会议名称：安全工作会议

　　会议时间：　　　　年　月　日下午

　　会议地点：

　　出席人员：

　　会议内容：

　　本次会议由×××主持，会上根据总经理召开干部例会精神，以及近期监督检查工作发现的一些现象，对下一步的工作做了新的部署。

　　1. 安全监督检查

　　由原先的每月一次增加到每月两次，主要参加人员有安全员、主体负责人，根据检查情况下达整改指令。每月底召开安全例会，通报近期安全工作情况。

　　2. 安全巡检制度

　　现场巡检人员、安全员、管理人员等要根据制度对各个部位进行巡检并登记。若巡检频率较低，对不按制度执行的人员，要按照相关规定进行处罚。轧钢厂在稀油站加一个记录本，对人员检查等进出做好登记。

　　3. 厂内车辆管理

　　现在我们公司内车辆较多，有铲车、运输车、拉土车、挖掘机、商混车等，要加强对现场人员的监督管理，尤其是施工车辆，要勘查好施工现场，发现违章，一定要及时制止，或者通知保卫部处理。

　　4. 分区域设定安全责任人，特种岗位进行任前培训

　　特殊钢、高线投产在即，现在要着手制定各区域兼职安全责任人。各岗位安全操作规程要编制成册，对员工要进行针对性培训。

　　5. 作业票的使用

　　目前我们高空作业、动火作业、进入受限空间作业较多，但个别作业票的使用还是不到位，办理作业票各级人员签字，同时也是对作业人的一个告知，查看其防范措施并安排人员检查协助，这也体现了安全重视程度。下一步检查中发现未办理作业票的要按照规定进行处罚，若发现违章作业则加倍处罚。

　　6. 项目安全标志制作上墙

　　现在高线已经做了一部分，做完后要尽快使用，尤其是煤气站、配电室、操作台等部位，马上要试车了，对操作人员、外来人员起到警示作用。特殊钢部分安全标志搜集好以后也要进行制作。新厂房标志一定要根据下发的国家规定去做。

　　结束！

看到小燕拿来的会议记录，刘经理表扬了小燕工作的进步，告诉小燕她的概括能力提升了不少，但是细节处还是有漏洞，同时也缺少了一些必要信息。小燕决定找好朋友谢云看看哪里出现了问题。

任务要求

◎ 情感目标：培养学生学会聆听，并认知应用文的重要性。

◎ 技能目标：掌握会议记录的要素，能独立完成会议记录。

◎ 知识目标：了解会议记录的性质和作用。

知识准备

一、会议记录的性质

会议记录是如实记录会议基本情况及会议中的议程、报告、发言、讲话、决定、决议的一种记录类文书。

会议记录是按照会议议程的顺序，对发言人的发言、决定的事项进行记录，一般不允许加工，更不能掺杂记录人的好恶，所以会议记录反映了会议的本来面貌，是事后查对会议情况的真实依据，也是开展纪要写作的前提和基础。

二、会议记录的分类

会议的种类很多，因此会议记录的种类也很多，较为常见的是以会议的内容进行分类。一般有办公会议记录、座谈会议记录、联席会议记录、专题研讨会议记录等几种。

三、会议记录的写作

会议记录的结构一般包括标题、会议的基本情况、会议内容和结尾四个部分。

（一）标题

会议记录的标题一般由单位名称、会议主题（会议届次）和文种构成，例如《金山学院招生工作推进会议记录》《××城市职业技术学院院长办公会议记录》。如果采用专用的记录纸或者记录本，原本专用纸或者专用本上已经印有"会议记录"，那么只需要记录会议的届次或者会议的主题。

（二）会议的基本情况

这部分要写清会议时间、会议地点、出席人、缺席人、列席人、主持人、记录人等。上述内容一般要在会议召开之前写好，不可遗漏。

1.会议时间

要写明会议日期和具体时间，例如"2023 年 5 月 20 日 9:00 至 11:00"。

2. 会议地点

一般要写明开会的具体地点，例如"行政楼 2 楼会议室"。如果会议安排在公司之外的地方，就需要在具体地点前写明地名和单位名，例如"江苏省无锡市江南大学图书馆 3 楼专家报告厅"。

3. 出席人

出席人是应该参加会议的人员或者代表，要写清出席人的姓名与单位、职务。当出席人很多时，可以只写主要领导的姓名与单位、职务，同时写明参加会议的人数，例如"江南集团总经理王原、万豪集团副总经理杨新等 120 人"。

4. 缺席人

缺席人是应该参加会议而因故缺席的人，要写清缺席人的姓名、缺席原因。如果缺席人数较多，难以及时查明原因的，那么可以只写缺席人数。

5. 列席人

列席人是参加会议享有发言权而没有表决权的非正式成员或者代表。有些会议有明确的列席人，有些会议的列席人是不固定的，因此，应该将列席会议的人员的姓名及单位、职务写清楚。

6. 主持人

主持人是指主持会议的人，要写明姓名、单位、职务等。

7. 记录人

记录人是指记录会议情况和内容的人，要写明记录人的姓名、单位、职务等。

（三）会议内容

主要写会议的议题、会议议程及会议的过程和内容等。这部分是了解会议意图的主要依据，是会议成果的综合反映，是日后备查的重要部分，因此是需要重点记录的部分。

1. 会议的议题

会议的议题通常指会议所讨论的内容、中心或主题，一般包括普遍性议题、倡议性议题、局部性议题和专业性议题。

2. 会议议程

会议议程就是为了使会议顺利召开所做的内容和程序的总体安排，是会议需要遵循的程序。

3. 会议的过程和内容

这部分是会议记录的主体，应该根据会议的进程顺序，依次记录有关文件精神或者会议精神的传达情况、与会者的发言、讨论情况、主持人的总结讲话、会议决定和会议决议等。

（四）结尾

会议记录的结尾没有固定的格式，一般要另起一行，空两格写"散会"字样，并在会议记录的右下方，由会议主持人和记录人签名，以示负责。

四、写作会议记录的注意事项

会议记录的写作要求，主要有以下三点。

（一）做足准备

会议记录是原始凭证，所以贵在准确、齐全。事先要了解会议的议程，以便在记录过程中注意各有关方面的关系，将一些相关的事宜有机地联系起来，加快记录的速度，记准、记全。

（二）注重方法

会议记录可以采用速记和录音的办法。速记既可以采用符号速记，也可以采用文字记录。重要会议、重要领导人讲话可以速记，一般会议可以使用文字摘要记录的方法。

（三）注意整理

通常情况下，现场记录是原始记录，一般需要整理。整理的要求是，在原始记录的基础上增补遗漏，纠正错误，核实决议，纠正错字、错句，合理划定段落。

范文赏析（一）

城建工作会议记录

会议时间：2019年4月8日 9:00—11:00
地点：区管委会二楼会议室
主持人：李××（管委会主任）
出席人：杨××（管委会副主任）、周××（管委会副主任）、李××（市建委副主任）、肖××（市工商局副局长）、陈××（市建委城建科科长）及建委、工商局有关科室工作人员，街道居委会负责人，共计30人。
列席者：管委会全体干部共20人
记录：李××(管委会办公室秘书)
讨论的议题
1. 如何整顿城市市场秩序。
2. 如何制止违章建筑、维护市容市貌。
杨主任报告城市现状：我区过去在开发区党委领导下，各职能单位同心协力、齐抓共管，在创建文明卫生城市方面取得了一定的成绩，相应的城市市场秩序有一定的进步，市容市貌也较可观。可近几个月来，市场秩序倒退了，街道上小商贩逐渐多起来，水果摊、菜摊、小百货满街乱摆……一些建筑施工单位沿街违章搭棚，乱堆放材料，搬运泥土遗撒在大街上……这些情况严重地破坏了市容市貌，使大街变得又乱又脏，社会各界反应很强烈。因此今天请大家来研究如何整顿市场秩序，如何治理违章建筑、违章作业、维护市容……
发言
肖××：个体商贩不按照规定到指定的市场经营，管理不得力、处理不坚决，我们有责任。这件事我们坚决抓落实：重新宣传市场有关规定，坐商归店、小贩归市、农民卖蔬菜副食到专门的农贸市场……工商局全面治理，也希望街道居委会配合，具体行动方案我们再考虑。

罗××（工商局市管科科长）：市场是到了非整不可的地步了。我们的方针、办法都有了，过去实行过，都是行之有效的，现在的问题是要有人抓、敢于抓，落到实处，只要大家齐心协力问题是能够解决的。

秦××（居委会主任）：整顿市场秩序我们居委会也有责任，我们一定发动群众配合好，制止乱摆摊、乱叫卖的现象。

李××（市建委副主任）：2018 年上半年创建"文明卫生城市"时，市里出了一个 7 号文件，其中规定施工单位不能"乱摆战场"，工棚、工场不得临街设置，更不准侵占人行道，沿街面施工要有安全防护措施……今年有的施工单位不顾市里的文件，在人行道上搭工棚、堆器材。这些违章作业严重影响了街道整洁、美观，也影响了行人安全。基建取出的泥土，拖斗车装得过多，外运时沿街洒落，到处有泥沙，破坏了街道整洁。希望管委会召集施工单位开一次会，重申市政府 7 号文件，要求他们限期改正，否则按照文件规定惩处。态度要明确、执行要坚决。

陈××：对违规者一是教育，二是惩罚。"不教而杀谓之虐"，我们先宣传教育，如果施工单位仍然我行我素不执行，那就按照文件规定处理，他们也就无话可说了。

周××：城市管理我们都有文件、有办法，现在是贵在执行，职能部门是主力军，主导抓，其他部门配合抓。居委会把居民特别是"执勤老人"（退休职工）都发动起来，按 7 号文件办事，我们市区就会文明、清洁、面貌改观……

与会人员经过充分讨论、协商，一致决定：

1. 由工商局牵头，居委会和其他部门配合，第一周宣传，第二周行动，监督实施，做到坐商归店，摊贩归点，农贸归市，彻底改变市场的紊乱状况。

2. 由管委会牵头，城建委等单位配合，对全区建筑工地进行一次检查。随后召开一次施工单位会议，对违章建筑、违章工程限期改正。一个月内改变面貌。过时不改者，坚决照章处理。

散会

审阅人：　　　（签名）

记录人：　　　（签名）

简评：这是一则文件式的会议记录。

会议记录中的会议时间、会议地点、出席人、列席人、主持人、记录人等基本情况分条列项，简明、清晰。会议内容部分紧紧围绕管委会辖区城建工作，按会议中与会人员的发言顺序逐条记录，真实、完整。文后的审阅人和记录人的签字，以示对会议情况和会议内容的确认，严肃、规范。

📖 范文赏析（二）

会议名称	江阴职业技术学院财经专业教学咨询委员会第二次全体会议				
会议时间	2023 年 3 月 30 日下午 2:00				
地点	行政楼三楼东会议室		主持人	李亮	记录人	周杰
出席人	×××、×××、×××、×××、×××、×××、×××				
列席人	×××、×××、×××、×××				
缺席人及原因	无				
会议议题	人才合育、产教合作、研发合创、资金合股等问题				
会议过程	一、学院领导致辞 二、××事务所××所长 　　江阴职业技术学院能紧跟市场需求，为社会培养了大量的财经专门人才。20 世纪 90 年代前期，学院的毕业生供不应求。其主要原因是江阴职业技术学院的学生具有很强的操作技能和吃苦耐劳的品格。目前，我单位也有多名江阴职业技术学院的毕业生，有几位已经担任项目经理，成绩斐然。今后，希望学院多派毕业生到我单位实习，增强我们事务所的活力。 三、江阴市财政局会计处××副处长 　　江阴职业技术学院的财会专业在江阴市范围内享有很高的声誉，为我市培养了大量的财务人员。目前，经济快速发展，财会人员需求量相当大，希望学院能加快课程改革力度，提高财会专业办学水平，培养更多的财会人员。 四、江阴市人才服务中心××科长 　　江阴职业技术学院自建校以来，相当多的毕业生取得了很大成就，一部分人才已经成为企事业单位的财务主管或者主办会计。近几年，全国高校扩招，给学生就业带来了很大的压力。希望学院注重对学生基础技能、心理素质、沟通能力等方面的培养，使他们在职场上更有竞争力。 五、江阴石化总厂财务处××处长 　　我们石化总厂曾经录用 7 名江阴职业技术学院的毕业生，目前有 4 名在职。这几位同志有很强的会计操作技能，动手能力强。一个星期内，他们已经能够很好地胜任出纳工作。目前，有两位同志已经是我厂财务处的总账科员。 六、江阴市××会计师事务所××所长 　　在办学质量上，江阴职业技术学院处在江阴市职业院校的前列，学生素质相对而言也是比较高的。我们事务所也录用了几位江阴职业技术学院的学生，他们勤学上进，都取得了全国注册会计师资格，比一些名牌院校的本科生都"牛"。 七、工商银行江阴分行的代表 　　江阴职业技术学院为工商银行提供了大量的优秀毕业生。20 世纪 90 年代以来，工商银行每年都招聘咱们学院的毕业生，平均每年二三十人。他们的珠算、点钞、汉字录入等技能相当熟练，因此，这些学生进入银行的适应能力很强。目前，他们当中有很多已经成为我行的业务骨干，甚至是中层干部。 八、交通银行江阴分行的代表 　　交通银行有三分之一的员工是江阴职业技术学院的毕业生，他们大多数已经成为我行的业务骨干。目前，我行的副行长也是江阴职业技术学院的毕业生。希望学院今后加强学生的综合素质，增加学生就业的竞争力。				
记录审核人	李亮			审核结果	同意

简评：这是一则表格式的会议记录。

会议记录中的会议时间、会议地点、出席人、列席人、主持人、记录人等基本情况，以及会议议题、会议过程都以表格的形式呈现，清晰、简明。

任务实施

练一练

1. 阅读下面的会议记录，依据规范格式和写作要求，说说它在写法上的问题，并重新写作。

12月21日13时，会计系金融专业《金融学》第一学习小组组织全体组员，包括李刚（组长）、周清、范红、张佳、王正、金淇等在第一食堂讨论《金融学》第一学习小组的论文写作范围。

李刚作为主持人说，今天我们小组会议的内容是确定我们第一学习小组的论文写作范围，大家根据你们准备的相关资料，说一下你们的想法，王正负责记录。周清说，我觉得应该写与金融市场相关的内容。范红说，我觉得我们可以写与宏观政策相关的内容。张佳说，那太难了，我觉得我们应该写与我们自己相关的东西。金淇说，我也觉得我们应该这样写。金淇说，那我们写大学生诚信问题怎么样？王正附和说，我觉得可以。

最后，会议一致同意以"大学生诚信"为写作范围。

写一写

2. 阅读下面的会议记录，依据规范格式和写作要求，重新写一则会议记录。

9月30日上午，集团召开了集团财务工作例会。本次会议对近期集团财务工作进行了总结和交流。

财务总监王丽同志指出，财务的签字复核、记录应该形成规范的工作流程，对相应的合同应该进行评价和分析，了解合同的内容，准确掌握合同的价款、回款期及每次回款的金额，对每次到账金额与合同进行核对。若出现不符，则应及时予以提醒，尽心做好服务。

财务经理陆元同志指出，要把强化资金管理作为重要内容，贯彻落实到集团的各个子公司。由于资金的使用和周转是关系到集团各子公司的大事，所以财务经理要在工作中管好、用好、控制好资金流。她提出集团可以先还150万元贷款，平衡好各方的资金压力。

财务科长王巧同志指出，目前，集团要做好账户管理工作，抓好预算工作，努力提高资金的使用效率，使资金运用产生最佳的效果。为此，首先要使资金的来源和动用得到有效配合。其次，准确预测资金收回和支付的时间，要做到心中有数，否则容易造成收支失衡，资金拮据。最后，合理地进行资金分配，流动资金和固定资金的占用应该有效地管控。

财务科员李丽同志指出，下一个阶段，集团应该加强对应收账款的管理。加强应收账款管理是重要的解困措施，对赊销客户的信用进行调研，定期核查应收账款，制定完善的收款管理办法，严格控制账龄。

会议一致认为，近期，财务工作要增强财会监督意识，提高理财能力，加强自我素质的培养和教育，努力改善企业的管理状况，积极完善公司的财务管理。

任务四　简报

任务导入

为了加强集团各部门、各分公司之间的信息沟通，江南集团有限公司设有简报制度。这天，古月接到所在的无锡分公司总经理的指示，要求她就最近分公司开会通过最新考勤制度的情况写一份简报。古月以为简报就是简单的新闻报道，很快就将它写好并交给领导审核。

> **无锡分公司召开会议，通过最新考勤制度**
>
> 2022 年 11 月 20 日，江南集团有限公司无锡分公司召开会议，讨论并通过了新的考勤制度。分公司总经理、各部门主管及全体员工参加会议。
>
> 在会议上，人事部门首先公布了各部门 2022 年的考勤情况，指出一些部门存在考勤制度不严格，个别员工不履行请假手续就不来公司上班的情况，认为这些情况严重影响了公司的整体工作氛围，对公司的管理造成了不良影响。对于人事部门的批评，其他部门表示虚心接受，认真整改。但与此同时，一些部门也认为过于严格的考勤制度限制了员工的行动自由，会对顺利推进工作产生负面影响。尤其是业务部门认为，联系业务需要频繁拜访客户，原本的考勤制度不够灵活，以至于削弱了业务员跑外勤的积极性。
>
> 根据各部门反映的情况，在分公司总经理的协调下，会议对原考勤制度进行了修订。修订内容如下：
>
> 一、……
>
> 二、……
>
> 三、……
>
> 经过修订的考勤制度受到了与会人员的广泛支持，并获得通过。

看到古月拿来的这篇报道，分公司总经理笑着对她说："你这篇报道写得不错，但不符合简报的格式，需要修改一下。不用太复杂，加上报头、报尾和按语就可以了。"

古月被总经理口中吐出的几个专业术语"砸得"头晕眼花。一时间，她有些迷惑，简报到底该怎么写？它和新闻报道有什么区别呢？

任务要求

◎ 情感目标：培养学生提炼概括的能力，应对职场各项事务的需要。

◎ 技能目标：掌握简报的写作思路。

◎ 知识目标：能够根据相关的要求独立编制简报。

知识准备

一、简报的性质及分类

简报就是信息和情况的简要报道。它是机关、团体、企事业单位为了迅速反映工作情况和会议情况而编发的具有汇报性、交流性和指导性的行政事务文书。简报有很多名称，例如"简讯""情况交流""情况反映""内部参考"等。简报和新闻是两种非常相似的应用文，它们都可以及时报道发生的事实，只不过，简报只向一定的范围内报道，也只报道与本单位或者本部门工作有关的事实，新闻报道的角度、范围、内容远比简报来得广而多。

简报是一个统称。从不同的角度，简报有不同的分类。从内容来看，简报可以分为工作简报和会议简报两大类，其中工作简报又可以分为业务简报、中心工作简报和问题简报等，会议简报又可以分为综合性简报和专题性简报两大类。

二、简报的特点

（一）简

简报，顾名思义，要"简"，篇幅一般都限于千字以内。每篇简报一般只反映一件事情。

（二）快

简报是单位内部编发，内容简明扼要，形式简便灵活，反映情况、传递信息迅速及时。"快"是简报的最大特点，如果时过境迁，也就失去了报道的价值。

（三）新

简报报道的应该是单位内部的新情况、新问题、新经验，这才能使人们从这些最新的信息中得到启示，起到"以小见大"的作用。

（四）实

简报所报道的各种数据和事件都应该是真实可靠的，既不夸大，也不缩小，认真核实，严守真实准确的原则。同时，简报还要善于抓住工作中存在的问题，对事件的评价要客观恰当。

资料卡

简报的分类

工作简报：业务简报——重在情况和问题的介绍，不做过多的分析、推论。
　　　　　中心工作简报——重在反映影响较大的中心事件的全部过程。
　　　　　问题简报——重点在问题的汇报上。
会议简报：综合性简报——某个方面的情况或者问题的综合反映。
　　　　　专题性简报——一个问题或者一件事，也可以是它们的一个侧面。

三、简报的写作

简报是财经应用文中规范性较强的文种，被称为"准公文"，它有一定的格式，一般包括报头、报体和报尾三个组成部分。

（一）报头

简报的报头在首页的上方，一般占全页的三分之一，用间隔线和报体隔开。报头的内容一般包括简报名称、简报期号、编发单位和编发日期。

简报名称一般用套红印刷、居中、字号稍大，例如"××简报""××信息""××情况"等。

简报期号位于简报名称的正下方，一般按照年度依次排列期号，有时可以使用统编的累计期号，也可以写清"第×期／总第×期"。

编发单位应该用全称，标注在简报期数的下方，间隔线之上的左侧，例如"××公司办公室""××领导小组办公室""××会议秘书处"等。

编发日期写在简报期数的下方，间隔线之上的右侧，与编发单位平行，例如"××××年××月××日"。编发日期以领导人的签发日期为准。

此外，简报若需要标注密级，则标在简报名称的左上方，例如"秘密""机密""绝密"等，也可以写"内部刊物，注意保密"的字样。如果简报需要编号，那么可以标在简报名称的右上方，例如"001""002""003"等。

（二）报体

报体又称为报核，是简报的主体部分，它位于间隔线以下的中间部分，主要包括导语、主体和结语三个部分。有的简报还会写上本期要目、标题和按语。也可以在结语后的右下方加括号注明供稿单位或者供稿人。

1. 导语

导语是简报正文的开头部分，用简洁的语言概括全文要点或者提出主要问题，或者点明文章主旨，它关系着主题的表达、结构的安排、思路的发展，要求新颖而不故弄玄虚。写法可以是叙述式、提问式、结论式等。

资料卡

简报导语的写法

叙述式：类似新闻的导语，写清楚时间、地点、人物、事件、原因。

提问式：鲜明、尖锐地提出问题，然后在下文用事实来回答。

结论式：提出结论意见，然后在下文再做具体阐述。

2. 主体

主体是简报报体部分的重点，是简报的核心，具体阐述简报所要报道的主要内容。要用富有说服力的典型材料，把导语中所概括的主旨和内容加以具体化。内容要紧接导语，观点鲜明，材料详略得当。由于内容较多，所以必须恰当地分出层次和段落。在结构上可以采用纵式结构，按照事情发生、发展的时间顺序安排层次。也可以采用横式结构，即将材料归纳成若干类，按照逻辑顺序来安排层次。有些简报的内容比较复杂，还可以采用纵横交错的结构形式，有时还可以用小标题的形式概括每个层次的内容，使主体部分脉络清晰。

3．结语

结语一般是最后一段或者最后一句话，用于对简报内容的概括小结，也可以指出事物发展的趋势，或者提出希望，或者对简报内容加以评述。撰写结语要注意不要与开头和主体重复，如果内容在主体部分已经全部撰写清楚，那么也可以不要结语。

此外，有些简报还会在报体部分加上本期要目、按语和标题。

本期要目的编写方式如下。

本期要目：

- 我校隆重举行区人大代表选举大会
- 我校图书馆工程建设进展顺利
- 我校顺利通过上级部门年度考核

按语是由简报的编发部门加写的说明性或者评论性材料。目的是表示发文单位对本期简报所反映的情况或者提出问题的倾向性意见，帮助读者加深对简报内容的认识和理解。按语在简报中的位置没有固定，常常放在间隔线以下，标题之上，加上"编者按"或者"按语"的字样。按语大体上有三种类型，即说明性按语、提示性按语和批示性按语。

说明性按语——说明发此份简报的根据、意义等。例如：

按语：对河道管理范围内建设项目的管理是法律赋予水利行政主管部门和流域机构的重要职责，是加强社会管理、依法行政的重要工作，是确保防洪安全和河流健康生命的有力措施。为了进一步规范河道管理范围内建设项目的管理，强化涉水事务的社会管理，提高公共服务水平，最近湖南省人民政府办公厅印发了《关于进一步加强和规范河道管理范围内建设项目的管理的通知》（湘政办函〔2007〕1号）。现予以全文刊登，供参阅。

提示性按语——提示简报的要点、经验、教训。例如：

编者按：省审计厅行政事业审计处党支部召开支部专题组织生活会准备周密，党性分析和自我剖析切实结合自身实际，开展批评与自我批评认真，达到了团结同志、增强凝聚力、提高战斗力的目的。现将他们的做法刊发，供借鉴。

批示性按语——对简报内容作评价、提要求。例如：

按语：三封患者的表扬信，字里行间充满了患者对医护人员的尊重、感激及祝福，这是对我们工作的鼓励，更是对我们工作的鞭策。

标题写法灵活自由，既可以用新闻式标题，也可以用文章式标题或者公文式标题。标题要求简短醒目，形象生动，能引起读者的注意，例如"拼搏候佳绩　从容赢未来——无锡城市职业技术学院2015年会计从业资格考试通过率95%"。如果简报有按语，那么标题放在按语的下方、居中的位置。如果没有按语，那么标题放在间隔线下方、主体之上的居中位置。

资料卡

按语的类型

说明性按语：对编发简报的原因、根据、目的和材料的现实意义作简要说明，文字简短。

批示性按语：对简报材料做评论，提出看法和意见或者对下级的要求，是最常用的按语。

提示性按语：扼要地介绍简报的要点，帮助读者抓住中心，适用于较长的简报。

（三）报尾

简报的报尾位于简报最后一页下方，一般占三分之一的位置，也用间隔线与报体分开。报尾部分要注明简报的发送范围和简报份数。

简报的发送范围位于左上方项格位置，分三行排列，按照受文单位和部门的不同级别，有报、送、发三种形式（报：上级机关。送：平级或者不相隶属机关。发：下级机关和部门）。

简报份数位于简报发送范围的右下方，注明"共印×份"。

四、写作简报的注意事项

（一）反应要快

简报类似新闻报道中的"消息"，所以撰写要及时，内容要新鲜，要强调其时效性。

（二）内容要真实

简报的材料必须是现实中的真实情况，不可随意编造，也不需要"合理想象"，简报的所有材料必须准确无误，实事求是，这样才具有交流与传达的价值。

（三）文字要简洁、朴实

简报是一种简短、灵便的文书，写法要直截了当，开门见山，简明扼要，短小精悍。简报不同于文学作品，一般不用描写，更不需要抒情，文字要朴实无华，干净利落。

范文赏析（一）

简报

（20××年第××期）

××办公室编	20××年××月××日

××党委"三项措施"扎实推进纪律教育学习月活动

在今年纪律教育学习月活动中，××党委围绕"深入学习贯彻党的二十大精神"主题，采取三项措施，扎实推进活动的深入开展。

一、抓好学习教育，提高廉政意识

一是集中学习与个人自学相结合。通过召开廉政教育专题讲座，邀请×××对国企职务犯罪作了预防讲解，让全体党员在思想上有触动、在认识上有收获；通过召开专题组织生活会，组织观看党风廉政教育专题片《××××》，传达学习全市"三纪"教育大会精神，让打造×××"廉洁城市"品牌的理念深入人心，激发了广大党员在×××中建设廉洁企业的热情。发放《党的二十大报告辅导读本》《党的二十大报告学习辅导百问》等学习材料，采取个人自学的方式，实现学习与工作的两不误、两促进。

二是正面教育与反面教育相结合。按照×××党员的标准，民主选举出在政治上靠得住、在作风上过硬、群众信得过的××名优秀共产党员，通过正面典型的示范作用，让广大党员学有榜样，干有方向，营造了浓厚的"比学赶超"氛围。在党员大会上通报了公司×××期间出现××人盗卖公司财产的违法案件，严肃处理了×××的案件，通过反面的警示教育，增强了广大党员拒腐防变的能力。

二、突出制度建设，筑牢廉政防线

一是突出内控制度建设。加强对管人、管钱、管物、管事等重点岗位和关键环节权力运行的监督管理制度建设，真正把制度变成防治腐败的"高压线"和"防火墙"。结合公司今年建章立制工作的整体规划，实施了《×××》《×××》等××项规章制度，起草了《×××》《×××》等××项规范性文件，进一步推进了内控制度建设，使公司形成了规范管理的良好局面。

二是突出民主决策制度建设。按照《×××廉洁从业若干规定》的要求，突出公司的民主决策制度建设，出台了《×××》，明确了×××、×××、×××等多种会议的议事规则，保证了决策的民主、规范和高效；把民主生活会、述职述廉、民主评议等多项活动作为加强班子成员廉洁从业的手段，并进一步规范化、制度化，增强了党组织为公司科学发展保驾护航的作用。

三、完善监督机制，构建监督网络

一是整合监督资源。建立了以×××为组长的内部监督工作领导小组，整合公司内部的×××、×××、×××、×××等监督力量，形成内部监督的强大合力。每季度召开一次内部监督工作联席会议，进一步督促企业规范运作、健康发展，确保国有资产保值增值。

二是成立×××督查组。为进一步擦亮×××这张"城市名片"，首次成立了由×××任督导、×××任组长的×××督查组，设立部门联络员，在×××会前及会期一个月内，每日召开督查会议、编写督查简报，及时反映×××筹备情况，杜绝隐患、堵塞漏洞，确保×××顺利、安全、圆满进行。

报：×××、×××、×××主管部门

送：×××、×××

发：各部室、各下属企业

（共印××份）

简评：上述范文撰写的是一篇较为复杂的简报。范文严格按照简报的常规格式撰写，分为报头、报体、报尾三个部分。

报体部分由标题、导语、主体、结语四个部分构成。主体部分更是用小标题将简报内容进行了归纳整理，层次清晰。

范文赏析（二）

江南学院简报

第 10 期

（总第 50 期）

江南学院办公室编　　　　　　　　　　　　　　　　　　2023 年 1 月 16 日

本期要目

● 学院顺利通过市卫生局年度综合目标考核

● 学院隆重举行区人大代表选举大会

● 学院重点工程建设进展顺利

● 学院隆重举行新年元旦联欢会

● 学院顺利通过市物价局年检

学院顺利通过市卫生局年度综合目标考核

2023 年 1 月 9 日下午，市卫生局副局长贾××一行 8 人对江南学院 2022 年度综合目标、党风行风建设及教育教学业务等综合工作进行了全面考核，采取情况汇报、查看资料、现场咨询等方式分项进行。在汇报会上，校办公室主任康彩凤同志首先代表卫生学校做了年度全面工作汇报，校党总支书记王洪岗同志做了补充并提出下一步的工作打算，三位校领导依次作了述职述廉报告……

（办公室）

学院隆重举行区人大代表选举大会

2023 年 1 月 5 日上午，学院在学校大礼堂隆重举行了区人大代表选举大会，学校工会主席邵正侠同志主持……

（办公室）

学院重点工程建设进展顺利

学院重点工程综合楼主体进展顺利，将于 2023 年 1 月 20 日四层封顶。附楼基础于 2023 年 1 月 8 日破土开挖，2023 年 1 月 15 日进行基坑验收，2023 年 1 月底将进行主楼三层主体验收和附楼基础验收。体育场工程于 2023 年 1 月 10 日正式开工，计划春节前完成 80%的工程量……

（总务处）

学院隆重举行新年元旦联欢会

为了欢庆 2023 年元旦，展示我校学生能歌善舞的艺术才华和团结奋进的精神风貌，2022 年 12 月 28 日下午，在学校礼堂举办了一台以"青春无限、激情飞扬"为主题的元旦联欢会。本次晚会以沟通感情、增进交流、增强集体凝聚力和丰富校园文化生活为宗旨……

（团委）

学院顺利通过市物价局年检

12 月 4 日至 5 日，市物价局由胡家坤主任带队，对我校 2021 年 10 月至 2022 年 9 月学生收费情况进行了检查。校财务科按照有关规定积极配合检查……

（财务科）

报：江苏省教育厅职业教育与社会教育处、无锡市卫生局、无锡市教育局

送：附属医院

发：学校各处、室、所，各二级学院

（共印 20 份）

简评：上述范文撰写的是一篇较为复杂的简报。除了有简报的常规格式报头、报体、报尾三个部分，还用了本期要目来划分简报的主要内容。主体部分更是用小标题将简报内容进行了归纳整理，层次清晰。

简报写作的参考模板

密级　　　　　　　　　　　　　　　　　　　　　　　　编号：

×× 简报

第 × 期

编发单位　　　　　　　　　　　　　　　　　　　　印发日期

标题

正文（分段落）

报：

送：

发：

（共印 × 份）

任务实施

✎ 练一练

1. 根据下面的内容完成习题。

西柏坡纪念馆举办"诗歌中的西柏坡"
——纪念中共中央和解放军总部移驻西柏坡75周年主题朗诵会

2023年5月25日晚，"诗歌中的西柏坡"——纪念中共中央和解放军总部移驻西柏坡75周年主题朗诵会在西柏坡纪念馆广场前举行。来自全国各纪念馆的嘉宾、当地消防官兵、中小学师生、干部群众以及游客到场观看，现场掌声不断、气氛热烈。

据了解，本次朗诵会打破传统个人诵、集体诵的常用套路，选择运用多媒体手段，以影像的方式还原历史，通过综合语言、音乐、舞蹈等多种艺术形式，塑造出鲜明的人物形象，带领观众穿梭到历史背景中，再现了毛泽东移驻西柏坡时发生的重要历史事件，表现出新时期在实现民族伟大复兴中国梦征程上中国人民奋勇前进的精神风貌，为现场观众带来了一场精彩纷呈的视听饕餮盛宴。

隆化县举行纪念董存瑞壮烈牺牲75周年大会

2023年5月25日上午，纪念董存瑞牺牲75周年大会在董存瑞烈士陵园隆重举行。承德市退役军人事务局、承德市旅游和文化广电局、承德军分区、县四大班子领导、驻隆武警部队、董存瑞烈士亲属、董存瑞生前部队代表及社会各界群众代表等1000余人参加纪念大会。通过默哀缅怀烈士、少先队员代表献唱《我们是共产主义接班人》、参会代表向烈士纪念碑敬献花篮、参观董存瑞纪念馆等内容，学习先烈英勇顽强、勇于奉献的革命精神与高尚品质。

留法勤工俭学运动纪念馆推出
《忠诚印寸心 浩然充两间 中国共产党早期卓越领导人——蔡和森生平事迹展》

2023年5月16日上午，由留法勤工俭学运动纪念馆、蔡和森纪念馆联合主办的《忠诚印寸心 浩然充两间 中国共产党早期卓越领导人——蔡和森生平事迹展》在留法勤工俭学运动纪念馆开展，展期一个月。

据介绍，该展览分为"带领全家投身革命""党的理论先驱""致力国共合作""革命危急关头的斗争""人民永远记着他"五个部分，通过百余幅珍贵的历史图片翔实地展示了蔡和森赴法勤工俭学、推动党的建设和领导中国革命的光辉事迹。

（1）以上三则报道将汇编为一份简报，请为这份简报拟定一个目录；

（2）为这份简报写一条批示性按语；

（3）制作规范的报头——简报名称为"河北红色旅游简报"，编发单位为"河北省文化和旅游厅"。

📖 改一改

2. 请你根据所学的内容，想一想"任务导入"部分中古月的简报有何问题，并帮她改正。

3．就学校近期举办的某项活动或者发生的某件事，撰写一份简报。要求格式正确、内容完备。

任务五 规章制度

◉ 任务导入

新的考勤制度在公司会议上通过，并已经撰写成简报告知各个部门，但没过几天，又有员工不按照公司会议决议随意请假。公司决定按照会议决议的内容处罚该员工，却没想到该员工一纸诉状将公司告到了劳动仲裁委员会，认为公司处罚无据，要求撤销并赔偿。劳动仲裁委员会支持了该员工的主张，理由则是新的考勤制度只是在会议上讨论通过，还没有形成规章制度并正式公布。公司领导吸取教训，要求古月立刻将会议决议撰写成规章制度。

可是，规章制度该怎么写呢？古月又犯了难。

◉ 任务要求

◎ 情感目标：培养学生按照规章办事的意识，养成制度约束的习惯。

◎ 技能目标：掌握规章制度的要素，能够编制简单的规章制度。

◎ 知识目标：了解规章制度的特点和作用。

◉ 知识准备

一、规章制度的性质及分类

规章制度是党政机关、企事业单位、社会团体为了规范人们在一定范围内的行为而制定的一种具有法规性和约束力的文书。文书中所做出的规定，就是有关人员必须共同遵守的行为准则或者办事规程。

规章制度是一个总的称呼，日常所见的各种制度、

公约、章程、条例、规定、规则、细则、守则、办法、标准、须知等均属于规章制度。

按照性质功能的不同，规章制度大致上可以归纳为五类，即法规类（例如条例、规定、办法）、规章类（例如部门规章、政府规章）、章程类、制度类（例如制度、规则、细则、守则、规程、须知）、公约类。

按照对象作用及约束力来分，规章制度大体可以分成三种。

（1）由国家机关、社会团体、企事业单位根据实际需要，以单位名义制定的规章制度。这种规章制度具有较强的约束力，例如条例、制度、规则、规定、办法等。

（2）单位或者社会团体为了明确组织的性质、宗旨、任务、组织机构、成员条件、权利、义务及活动方式等，使其成员遵循和执行而制定的条文。这类条文具有一定的约束力，但不具有行政上的强制性，例如章程等。

（3）群众在自觉自愿的基础上，经过充分讨论而订立的共同遵守的条文。这类条文具有自我约束和相互监督的作用，例如公约、规定等。

二、规章制度的作用

（一）规章制度是群体安定有序的保证

无论是一个国家、社会还是一个企业，都是由无数个个体组成的。在群体中，人与人之间的相处需要一定的行为准则，这样才能使人们友好相处，促进群体的安定团结。如果没有任何规章制度，就会给群体造成混乱。

（二）规章制度是执行方针政策的保证

大到党和国家的方针政策，小到企事业单位、社会团体的经营活动策略，在执行时都需要辅之以相应的规章制度，对各个部门和个人应该遵守的事项、职责范围、违规的处罚等事项加以明确和规范。如此，各项方针、政策与策略才能得以有效执行。

（三）规章制度是加强管理工作的保证

规章制度是有效管理的手段。各单位为了保证工作正常有序地进行，必须制定必要的、应该遵守的制度，以便明确各个部门和个人的职责，规范人们的行为，增强各自的责任感，使工作更有效、更健康地开展。

三、规章制度的特点

（一）约束性

规章制度是出于规范人们行为的目的而制定的。规章制度一经公布，就对有关单位或者个人的言行举止具有约束性乃至强制力，必须遵守执行，违反则要受到相应的处罚。

（二）周密性

规章制度在内容上要求能面面俱到，对所涉及的各个方面，都必须做出相应的规定。该怎样做，不该怎样做，哪些情况该奖罚等，细致而周到，不能有遗漏和疏忽，不能有歧义，不能含混不清、似是而非或者自相矛盾。具有逻辑的严谨性，力求做到无懈可击。

（三）条款性

为了便于表述、援引和记忆，规章制度在表达上采用条理分明的章断条连式结构或者条文并列式结构。章断条连式正文分为总则、分则和附则三个部分。内容复杂、条文较多的规章制度多采用这种结构。条文并列式的正文从头到尾皆用条文组织内容。内容简单、条文较少的规章制度多用条文并列式。

（四）广泛性

规章制度涉及的对象非常广泛，与国家机关、企事业单位、社会团体、集体和个人都有关。而使用范围上可至国家最高领导机关、管理部门，下可至基层单位、科室、车间班组乃至群众自治组织。

四、规章制度的写法

（一）结构与写法

规章制度一般由标题、正文、署名和日期三部分构成。

1. 标题

标题一般由制定者、事由（或者内容）、文种三部分构成，例如《××公司财务管理制度》。

有的可以省略制定者，例如《营销规定》。有的可以省略事由，例如《中国企业营销协会章程》。

如果规章制度是草案或者暂行的、试行的，那么既可在标题内写明"暂行""试行"等，也可以在标题下加括号，注明"试行""草案"等。

2. 正文

（1）正文的构成。

正文是规章制度的主要组成部分，写作时本着先总后分、先原则后具体的方法，其内容可以大致分为以下几方面。

①开头。规章制度的开头因为种类不同而稍有差异，一般是简明概括地说明制定的依据、目的及基本原则。有的条文不多的文种不需要开头，直接罗列规章条款。

②主体。这是规章制度的具体内容。内容较简单的，一般用条文表述；如果内容比较丰富，可先分章节，再分条款表述。

③结尾。一般写明规章制度的适用范围、实施时间、解释权限等，部分文种不需要结尾。

（2）正文的形式。

①分章列条式（章断条连式）。即将规章制度的内容分成若干章，每章又分若干条。第一章是总则，中间各章叫分则，最后一章叫附则。

总则一般写原则性、普遍性、共同性的内容，包括的主要内容有制定依据、制定目的（宗旨）和任务、适用范围、有关定义、主管部门（该项有时也可以视具体情况置于分则或附则中）。

分则是指接在总则之后的具体内容。通常按照事物之间的逻辑顺序，或者按照各部分内容的联系，或者按照工作活动程序及惯例分条列项，集中编排。表述奖惩办法的条文也可以单独构成罚则或者奖罚则，作为分则的最后条文。

附则包括的主要内容有施行程序与方式、有关说明（该文书与其他文书之间的关系，规定附则的效用、数量及不同文字文本的效用等）和施行日期。

②条款式。这种规章制度只分条目不分章节，适用于内容比较简单的规章制度。一般开头说明缘由、目的、要求等，主体部分分条列出规章制度的具体内容。其第一条相当于分章列条式写法的总则，最后一条相当于附则。

3．署名和日期

署名和日期写在正文末的右下方。如果标题中已经写明单位名称，那么署名可以省略。

（二）常见规章制度的格式

不同的规章制度有不同的格式要求，下面对几种常见规章制度列出一个简要的格式。

1．章程的格式

×××章程
（××××年××月××日×××会议通过）

第一章 总纲（概述一个组织的性质、地位、任务）

第二章 ×××（以下数章为细则，在总纲的基础上进一步具体化指导思想、奋斗目标等）

第×章 ×××

2．办法的格式

××××××办法
（××××年××月××日×批准，××××年××月××日发布）

第一章 总则（分条阐述制定办法的目的和根据，具体内容）

第二章 ×××（以下数章为分则，分别阐述办法的具体内容及其他原则事项）

第×章 附则（实施说明）

3．细则的格式

细则的写法有三种。

（1）既分章又分条。

（2）不分章只分条。第一条阐述制定细则的目的和根据，写成"为了×××，根据×××，结合×××实际，制定本细则"；中间数条阐述细则的具体内容；最后一条或者几条阐述实施说明。

（3）把制定细则的目的和根据视为一个"前言"来写，然后从第一条开始阐述细则的具体内容，最后一条或者几条阐述实施说明。

```
              ××××××细则
   (××××年××月××日×批准，××××年××月××日发布)
   第一章　总则(分条阐述制定细则的目的和根据，具体内容)
   第二章　×××(以下数章为分则，分别阐述细则的具体内容及其他原则事项)
   第×章　附则(实施说明)
```

4.规则、规程的格式

规则、规程的写法有两种。

(1)格式如下。

```
             ××××××规则(规程)
   为了×××，根据×××，特制定本规则(规程)。
   (分序阐述具体内容)

                              ×××
                              ××××年××月××日
```

(2)也可以把"前言"去掉，直接分序阐述具体内容。

5.通则、准则、守则、公约、须知、制度的格式

通则、准则、守则、公约、须知、制度的写法有两种。

(1)格式如下。

```
        ××××××通则(准则、守则、公约、须知、制度)
   为了×××，根据×××，特制定本通则(准则、守则、公约、须知、制度)。
   (分序阐述具体内容)

                              ×××
                              ××××年××月××日
```

(2)也可以把"前言"去掉，直接分序阐述具体内容。有时，通篇均使用匀称句式。

范文赏析(一)

江南集团有限公司章程

第一章　总则

第一条　为了坚持和完善以公有制为主体、多种所有制经济共同发展，以按劳分配为主体、多种分配方式并存的社会主义市场经济体制等社会主义基本经济制度，推动经济高质量发展，活跃市场，方便人民生活，特成立江南集团有限公司。

第二条　江南集团有限公司(以下简称公司)是在江苏省无锡市国有资产管理委员会直接领导下的独立核算全民所有制企业。地址在无锡市××路××号，法人代表是×××。

第三条　公司是为商品流通服务，方便购销、方便群众生活的经营机构。

第四条　公司的宗旨是：客户至上、信誉第一、优质服务、严格管理，不断地提

高经济效益和社会效益。

第二章 组织体制

第五条 公司直接对外进行经营业务活动。在经济活动中具有法人地位，经理是法人代表。

第六条 本公司干部、职工的来源是省商业储运公司，经营的资金由无锡市国有资产管理委员会拨款，注册资金为××万元。

第七条 公司实行经理负责制，经理是行政负责人，由无锡市国有资产管理委员会聘用，接受委托负责本公司的经营管理。

第八条 公司内部设置××部、××部、××部、××部。

第九条 选出代表参加公司职工代表大会，树立职工主人翁责任感，保障职工当家作主的权利。

第三章 经营范围

第十条 本公司经营范围：主营××、××、××、××；兼营：××、××、××。

第十一条 生产经营方式是：××、××、××、××。

第四章 经营管理

第十二条 本公司在无锡市国有资产管理委员会指导下进行经营业务活动并遵守国家政策法令，制定各项规章制度，并严格执行。

第十三条 各项营业收费按照国家物价部门规定的标准执行，不得乱收费。

第十四条 在业务活动中以与对方单位签订合同的形式来明确各自的责任，如果发生违约，就按照《中华人民共和国合同法》的有关规定处理。

第十五条 公司内部各部门之间坚持团结协作、平等互利、利益均衡的原则。凡是涉及某个班组的利益情况，必须及时协商妥善解决，不允许任何一方利益受到损害。

第五章 财务结算和收支分配

第十六条 收入、费用、付款结算按照人民银行制度规定办理。

第十七条 本公司会计核算按照《中华人民共和国会计法》和《成本条例》及上级规定的财务、会计制度进行账务处理，按照国家规定照章纳税，做好审计工作。

第十八条 本公司实行经营承包责任制，由无锡市国有资产管理委员会下达财务承包任务，所创超额利润由无锡市国有资产管理委员会定出留成比例，其余上缴无锡市国有资产管理委员会统一上缴国家财政。

第十九条 本公司对职工的劳动报酬实行"各尽所能，按劳分配"。

第六章 附则

第二十条 加强对干部职工思想政治教育和业务培训，提高服务质量和业务水平。

第二十一条 公司领导必须关心职工生活福利，在力所能及的范围内解决职工的实际困难。

第二十二条 定期对干部、职工进行考核，奖励和惩罚按照《企业职工奖惩条

152

例》和无锡市国有资产管理委员会《人事管理制度》执行。

第二十三条　本章程未有规定的事宜及在实践中有不完善之处，其修订、补充权归本公司主管单位。

简评：这是一部公司章程。该章程按照分章列条式的结构，将全文分成六章二十三条，各章内容互相独立，先后位置安排有序，条款清晰分明。

在结构上，它分成"总则""分则""附则"三部分。总则是章程的纲领，对全文起统率作用。分则即基本规则部分，指总则和附则之间的各章。附则作为补充说明部分，说明了章程条款的解释权、修订权、与其他法规或者章程之间的关系及其他未尽事宜。

范文赏析（二）

门卫管理制度

一、门卫是本校精神文明的窗口。门卫工作人员在值班时间必须衣饰整洁，对来访者以礼相待，态度和蔼。

二、门卫工作人员必须坚守工作岗位，做好安全保卫工作。

三、传达室是工作场所，外来人员不准在室内聊天闲坐。外来联系工作的人员必须出示身份证件，并进行来访登记，方可进校。

四、集体参观必须持上级主管部门介绍信，并事先与本校有关部门联系，经过同意后才能进入校园。

五、本校教职工及学生进入校园必须衣冠端正，携带校园卡刷卡进校，未携带者需要登记上报。外包工、临时工、外来学习培训人员进校应出示凭证。

六、凡是本校教职工及学生迟到者必须登记。上课期间，学生外出，应该持出门条。所有持出门条的人员必须在门卫登记后才能出校门。对无出门条出校门的学生，门卫有权登记并及时上报学生科。

七、各种车辆按照指定地点停放，未经批准不准进入校门。

江南学院

2023 年 1 月 21 日

简评：这是一部内容较为简单的制度文书。因为其内容比较简单，所以在结构上采用的是只分条目不分章节的条款式结构。在该制度的标题没有列出制发单位名称，因此在落款部分需要签署制发单位名称。又因为正文部分没有写明该制度的生效日期，因此落款部分的日期既可以视为发布日期，也可以视为生效日期。

资料卡

规章制度的写作与使用注意事项

1. 必须符合国家的政策、法规，且不能违反社会公序良俗。
2. 应该做到实事求是，切实可行。
3. 应该不断地完善，并保持相对稳定。
4. 制定时应该广泛征求意见，并在制定后及时发布，否则在法律上视为无效。

任务实施

想一想

1. 简述规章制度的基本特征。
2. 常见的几种规章制度的基本结构有何不同？

写一写

3. 请你根据下面的材料，撰写一份《××烟酒糖业公司批发部仓库安全保卫规定》。

××烟酒糖业公司批发部仓库要求外人一律免进仓库，以防发生事故。其做法是固定发货地点，严禁提货人出入库房，亲友也不得在库房内逗留。下班后安排值班人员留守库房，注意检查库房周围的环境、库房大门关锁、灯火管制、进出库房人员等情况，交接时向交接人员交代明白，以便分清责任。库房内严禁吸烟、生火，严禁存放非保管的其他物品。同时，还要加强对消防器材的检查，对拆除的易燃包装、废屑，要及时清除。要求保管员和值班人员提高警惕，以身作则地带头认真贯彻执行安全保卫制度，注意防火，防止坏人的破坏活动。

4. 请你根据所学的内容，思考"任务导入"中古月所遇到的问题，并帮助古月撰写一份公司考勤制度。

任务六　调查报告

任务导入

公司制定并发布新的考勤制度已经有一个多月时间，公司领导希望能够了解公司各部门、各层级员工对新考勤制度的感受及制度执行情况。领导将该任务交给古月，要求她在一周内向总经理办公室提交一份相应的调查报告。

可是，要完成这份调查报告，古月该从何处着手呢？

任务要求

◎ 情感目标：了解调查报告的性质、作用、特点及类别。

◎ 技能目标：掌握调查报告的内容要素及写作思路。

◎ 知识目标：能够根据相关要求独立撰写调查报告。

知识准备

一、调查报告的性质及作用

调查报告就是为了一定的目的，深入实际，了解、掌握所需的材料，经过分析、研究，得出揭示事物本质和客观规律的结论后所形成的书面材料。

调查报告是经济活动和管理工作中获取信息、解决问题常用的一种重要手段。它主要有四个方面的作用。

一是能为领导者正确决策和指导工作提供依据。二是能传播经验，推动工作。三是能揭露问题，引发关注。四是能澄清事实，消除影响。

二、调查报告的特点

（一）材料的客观性

调查报告必须以客观事实为基础，掌握和分析客观真实的材料，由此得出正确的结论。如实反映客观事实和结论，调查报告才有价值。

（二）主旨的针对性

调查报告要有的放矢，带有一定目的、有针对性地调查了解社会、基层、市场等情况，把好的工作方法和典型经验及时加以研究推广，将人们普遍关心的问题或尚未引人注意的问题加以披露，让人引以为戒。

（三）观点的科学性

调查报告不只是把调查得到的事实材料公之于众，而是要从事实中引出带规律性的观点和结论，使读者得到科学的正确的指导。

三、调查报告的类别

按照性质划分，调查报告可以分为反映社会情况的调查报告、推广典型经验的调查报告和揭露问题的调查报告。

按照内容涉及的范围划分，调查报告可以分为综合调查报告和专题调查报告。

四、调查的方法

（一）调查的基本方法

调查的基本方法有普遍调查、典型调查、重点调查、抽样调查、个案调查等。普遍调查是全面性的调查，花费大、时间长，不仅不经济，而且调查的结果往往因为时间长而失去意义。在社会发展迅速，各方面情况变化速度较快的当代，一般不采用普遍调查的方法，而大多采用典型调查、重点调查、抽样调查、个案调查的方法。

1. 典型调查

典型调查是指从调查对象的总体中选取一个或者几个具有代表性的单位，例如个人、群体、组织、社区等，进行全面、深入的调查。其目的是通过直接地、深入地调查研究个别典型，来认识同类事物的一般属性和规律。

正确地选择典型是进行典型调查的关键。典型选得适当，调查的结果可以真实地反映同类事物的一般属性。典型选错了，调查的结果就不可能真实地反映同类事物的共性，只会得出错误的结论。典型是客观存在着的，不是调研者主观选就的。调查者选择典型的过程，是根据调研目的，在调查对象中发现和确定典型的过程。

典型调查的目的不在于认识少数的几个典型，而在于借助典型认识它所代表的同类事物的共性。这就要求对典型进行深入的、全面的直接调查。

2．重点调查

重点调查是通过对重点样本的调查来大致掌握总体基本数量情况的调查方式。所谓"重点"，是指总体中那些在某个或者某些数量指标上占有较大比重的单位或者个体。

重点调查与典型调查一样，它们都不是采取随机抽样的方法确定具体的调查对象，因此，选点都容易受主观因素的影响。但它们调查对象的数量都较少，因此都比较省时、省力、方便易行。两者的差异在于：重点调查的具体对象是重点，重点不一定要有代表性或者典型性，而要求在总体中具有重要地位或者在总体的数量总值中占有较大的比重，而典型调查的对象则要求其具有代表性或者典型性。另外，重点调查主要是数量认识，而典型调查主要是性质认识。

3．抽样调查

抽样调查是指从调查对象的总体中抽取一些个人或者单位作为样本，通过对样本的调查研究来推论总体的状况。

与典型调查相比较，抽样调查一般是标准化、结构式的社会调查，它具有综合定性研究和定量研究的功能，因此，抽样调查已经成为现代社会调查的主要方式。

抽样调查的调查对象一般要求采取随机抽样的方法确定。随机样本的代表性较少受到抽样者主观因素的影响，其代表性是由随机抽样方法来保证的。因此抽样调查的信度和效度首先依赖于科学的抽样方法。

根据调查任务的具体要求，确定总体的范围，这个范围就是抽样的范围。如果不能明确抽样的具体范围，就不能采取随机抽样的方法进行抽样。

4．个案调查

个案调查有两种情形。一是专项调查，即调查的对象只有一个个体，调查的目的只是了解这个个体的状况。二是从某个社会领域中选择一两个调查对象进行深入细致的研究。这种研究的主要目的就是认识所选调查对象的现状和历史，而不要求借此推论同类事物的有关属性。因此，个案调查如果需要选择具体的调查对象，那么并不要求其具有代表性或者典型性，但是要求个案本身具有独特性。

（二）调查的具体方法

具体的调查方法可以分为以下三种。

1．观察法

观察法是调查者亲临现场，对被调查者的行为、言谈不直接提出问题，而是在被调查者无所感知的情况下进行调查。这种调查方法可以细致地观察被调查者的行动、神态、所处的环境等。通过这种调查所搜集的资料比较真实可靠，推断出来的结论非常接近实际，效果比较好。它的不足之处是调查面较窄，花费时间较多，所接触的只是一些事物的表象，有时不能深刻地揭示事物的内在因素。

2．询问法

询问法是调查者事先确定好调查内容，通过与被调查者的接触、交流，取得调查资料。交流可以用书面、电话、面谈等方式进行。

3．实验法

实验法是调查者有目的、有意识地通过改变某些重要因素来认识被调查对象的本质及其发展规律的方法。例如当商品设计、包装、品质、价格、广告、陈列方式等因素改变时，就经常通过这种调查方法来了解它们的效果如何，是否有发展前途，还存在哪些问题，等等。市场上经常举办的展销会、新产品试销活动等都是实验法的具体表现。

以上三种调查的具体方法既可以单独使用，也可以结合起来使用。

五、调查报告的写作

调查报告的结构一般由三部分组成，即标题、正文和落款。

（一）标题

调查报告的标题一般有以下三种写法。

1．公文式标题

公文式标题常用介词"关于"引出调查的对象、内容或者范围，再加"调查报告"。例如《关于××企业文化建设情况的调查报告》《关于××公司推行人事制度改革的调查报告》。公文式标题能使读者对调查对象和调查内容等有一个大概的了解。

2．文章式标题

文章式标题一般是概括调查内容或者提示调查结论、表明观点，例如《改善经营管理，提高经济效益》《××农民是如何脱贫致富的》。这类标题便于读者抓住调查报告的中心。

3．新闻式标题

新闻式标题又叫复合式标题，即同时使用上述两种标题。上一行是正题，用文章式标题点明调查内容或者主要观点，下面一行是副题，用公文式标题补充说明调查对象、内容或者范围，使读者在阅读正文前就对调查报告的有关情况有初步了解，例如《深化改革，走出困境——关于××市××厂改革经营方式的调查》。

（二）正文

调查报告的正文一般分为前言、主体和结尾三部分。

1．前言

前言也叫开头、引言、导语。内容不同，写法也不同。常见的写法有以下几种。

（1）交代基本情况，例如调查的时间、地点、对象、范围、方式、目的等。

（2）概括全文内容，或者揭示主旨。

（3）介绍主要经验或者成果。

无论是哪种写法，都要为主体的开展做好准备，打下基础，都要求写得言简意赅，明确醒目，引人注意，富有吸引力。

2．主体

主体部分是调查报告的主干、核心，主要运用整理出来的材料，展示事物发生、发展、变化的过程，揭示事物的本质和规律。从材料的分析中，揭露事物的矛盾，抓住问题的关键，阐明正确的观点，获得正确的结论，找出解决问题的途径和方法。

不同的调查报告包括的内容有所不同。反映社会情况的调查报告的内容包括"情况""分析"，推广典型经验的调查报告的内容包括"做法""效果"，揭露问题的调查报告的内容包括"问题""原因"。

调查报告的类型不同，主体的写法也随之而异，但合理地安排结构，则是共同的要求。调查报告的主体通常按照下面三种结构方式进行写作。

（1）纵式结构。

纵式结构即按照事件发生、发展的顺序写，材料前后连贯。

（2）横式结构。

横式结构即把材料概括为几个方面分别阐述。

（3）纵横结合式结构。

材料总体上分为并列的几个部分，在每个部分内又按照事件发生、发展的顺序写，材料前后连贯；或者材料总体上分为连贯的几个部分，在每个部分内又是互为并列的。

3．结尾

结尾要根据调查报告的不同种类来写。反映社会情况的调查报告结尾可以针对情况提出建议；推广典型经验的调查报告结尾可以阐述重大意义，提出希望；揭露问题的调查报告结尾可以提出处理意见和改进措施。如果主体部分已经包含上述内容，那么可以不加结尾部分。但不管写什么，都要写得简明扼要，不要单纯地重复主体的内容，更不能"画蛇添足"，说一些与主题无关甚至损害主题的话。

（三）落款

正文结束之后，一般在正文右下方写明调查报告作者的名称，以示对调查报告所反映的内容负责，并写上成文日期。

资料卡

写作调查报告的步骤

1．确立调查目标，制订调查计划。

2．深入实际，认真调研，广泛收集资料。

3．认真研究，分析整理，得出结论。

4．编写提纲，提炼观点，形成报告。

5．修改润色。

范文赏析

××国企党组织开展创先争优活动情况的调查报告

××开展创先争优活动以来，各××企业党组织高度重视，以创建××、争当×

×和××为主题，紧紧围绕企业改革发展稳定大局，服务生产经营中心工作，精心设计活动载体，采取有力措施，在各基层党组织和广大党员中迅速掀起了开展创先争优活动的热潮，为基层党组织注入了新的活力。今年××月，××党委办公室对各××党组织、××个"党建工作示范点"企业开展创先争优活动情况进行了调查，现将调查情况报告如下。

一、各××党组织开展创先争优活动的基本情况

（一）领导重视，组织动员扎实有效

一是成立领导小组，明确组织架构。自××党委系统××动员会议召开以来，各××党组织高度重视，迅速行动，成立领导小组，明确组织架构，各级党组织负责人为本单位创先争优活动的第一责任人，领导组织本单位、本系统开展创先争优活动。党员领导干部带头建立基层联系点，截至今年××月，各级党领导干部挂点联系的基层党建示范点有××个。部分企业同时设立多级指导检查组、领导小组办公室等，形成了多层面的沟通协调机制。

二是制定实施方案，深入宣传发动。各××党组织结合企业实际，制定本系统企业基层党组织和党员开展创先争优活动的实施方案，明确具体创建目标。如××党委提出"五个一批"的目标要求，即创建一批基层党建工作示范点、打造一批科学发展带头人、培育一批推动企业科学发展的优秀人才、建设一批凝聚力和战斗力强的党务工作部门，以及形成一批"四好"领导班子、"四强"党组织及"四化"共产党员。各××党组织通过召开动员大会、党员大会、党办主任会议、专题组织生活会等，层层动员部署，使发动面达到了100%。同时，各级党组织充分利用网络、内刊、板报橱窗等方式反映活动动态，截至今年××月，××党办共收到各××党组织上报的创先争优情况简报近××篇，编写《××国企党建》××期共××篇，向××报送简报××篇，在《××市深入开展创先争优活动简报》刊发××篇，营造了良好的舆论氛围。

（二）对照标准，创建工作扎实推进

创建××是我市创先争优活动的重点，××党委根据市委要求，在全系统确立了××家××。各××党组织按照创建标准，积极做好××的培育工作。其中，××、××、××的××还对创建标准做了细化。除××党委确定的××外，××、××、××、××等企业党组织还确立了本系统内的带头人××名。通过××的选举，以点带面，推进创先争优活动深入开展。

二、各××党组织开展创先争优活动的主要特色及存在的不足

（一）开展创先争优活动的主要特色

各××党组织在开展创先争优活动中，按照"推动科学发展、促进社会和谐、服务人民群众、加强基层组织"的总体要求，紧密结合企业实际，围绕中心工作，精心设计活动载体，重点突出"四个结合"，使创先争优活动成为推动企业科学发展的有力抓手。

1.与企业中心工作相结合，推动企业科学发展。××紧紧围绕企业改革发展和生产经营的中心工作，坚持贴近实际，突出"三个围绕"，抓特色、出亮点，精心设计活动主题和载体。截至今年××月，各级党组织共确定创先争优主题活动××个，初步形成了组织创先进、党员争优秀、企业上水平、员工提素质的良好局面。

一是围绕战略目标，促进企业跨越发展。××党委结合经营管理实际，围绕××计划，以××为主题，提出在五个方面创先争优，即在××、××、××、××、××上创先争优。××集团以"××新一轮发展"为主题，激发广大党员和职工群众投身"二次创业"的激情和斗志。××、××、××、××等企业党组织也分别围绕战略目标，确定了创先争优活动主题，在促进企业跨越式发展方面发挥了积极的作用。

二是围绕降本增效，促进企业转型发展。各市属企业把创先争优活动与企业中心工作紧密结合，在推动节能减排、实现战略转型上创先争优。××党委紧扣企业中心工作，以××、××为切入点，创新活动载体，实施节能减排对标管理，推动公司战略调整和结构优化，促进企业××。××以争当"科学发展排头兵"为载体，在打造××、××模式上创先争优，加快建设现代化××。下属××、××、××、××等企业纷纷转变经营思路，创新业务模式，不断推动产品交易的信息化、现代化发展进程。

三是围绕重点任务，确保活动取得实效。各××企业紧紧围绕××的主题，在服务和筹备××上创先争优。××成立了以总经理为组长的××服务工作领导小组，扎实推进各项筹备和服务任务的落实。××通过开展"讲党性、比贡献、做表率"活动，建立"党员先锋模范岗"，积极发动党员提合理化建议，争分夺秒开展××、××、××、××等工作，全力迎接××的保障服务工作。××公司党支部在××的总体原则下创先争优，号召全体党员在×××的具体要求中创先进、争优秀。另外，××、××、××、××等企业党组织也分别在服务和筹备××上制定活动方案，创新活动载体，使广大党员争创先进有目标，争当优秀有方向。

2. 与增强企业凝聚力相结合，调动党组织和党员的积极性。各××企业准确把握创"先进"、争"优秀"的本质要求，结合企业实际，创新活动载体，通过"三个紧扣""三个增强"，使创建目标看得见，工作能落实，党员好参加，有效激发了党员的内在动力，增强了党组织的凝聚力，让活动真正为企业所需要、党员所拥护、职工群众所认可。

一是紧扣破解企业生产经营难题，增强活动的实效性。各××企业把创先争优作为推动企业科学发展的经常性动力，融入经营发展全过程，在完成重大任务、破解发展难题中创先争优。截至今年××月，各级党组织和党员共提出××条合理化建议。××党支部以创先争优为载体，争当××排头兵，通过开展党员亮牌活动、划分党员专属责任区、建立党员攻坚队、签订党员承诺书等方式，让每位党员牢记责任，接受监督，做到了关键岗位有党员，急难险重找党员。××集团通过开展"我是党员我承诺"活动，使创先争优活动落实到每位党员身上，为广大党员搭建了展现风采、建功立业的载体和平台。公司党支部书记××带头履行承诺，引进××管理成效显著，××项目的推进使××报废率从原来的××%降至××%，解决了长期以来未能解决的重大质量难题，经济效益显著提高。

二是紧扣服务职工群众，增强企业的凝聚力。截至今年××月，各××党组织和党员共为群众和社会办实事和好事××件。××公司党委在创先争优活动中创新服务模式，为××员工开展"关爱季"活动，以深切关爱××员工健康和成长为突破口，让××员工在工作和生活的每一个细节切身感受到"××是我家"的温暖。××党支部在创先争优活动中深化学习实践科学发展观活动，加快推进学习型党组织建设，在全公司范围内大力开展"三对照三查找三制定"活动，全力以赴为广大员工办实事、办好事，包括解决××、××、××、××等一系列员工最关心的问题，让学习实践活动成果在创先争优活动中继续延伸和扩展，真正体现了"科学发展上水平、党员干部受教育、广大员工得实惠"的目标要求。

三是紧扣企业文化建设，增强企业发展软实力。各××企业充分认识到企业文化对提升企业核心竞争力的重要性，在创先争优活动中突出企业文化建设，以文化力增强企业的凝聚力，提升企业发展的软实力。××集团坚持文化就是生产力的理念，确立了独具特色的"××文化观"，创新企业文化建设载体，通过组织实施"党员先锋岗"创建评选、"××之星评选大赛"等一系列具有行业影响力的企业文化建设成功案例，逐渐形成了企业特有的文化。今年××月，××集团被第××届中国××企业文化年会组委会评为"中国××系统企业文化建设××领军企业"。××集团围绕"建设一流的××运营商"的企业愿景，突出抓好文化强企战略，从××、××、××三个方面推广××企业文化精神体系，使集团独特的××、××、××、××等特色文化融入企业经营管理、潜移默化员工的行为，成为推动企业科学发展的强大动力。××集团从提炼核心价值观、开展特色文化活动、营造活动氛围和制度建设四个方面，从战略高度定位企业文化建设，有效传承并创新了××教育与关怀员工的文化传统。另外，××、××、××等企业党组织在创先争优活动中突出抓好企业文化建设，增强了员工队伍的凝聚力，提升了企业发展的软实力。

3.提升党员和员工素质，造就高素质的企业员工队伍。各××企业在创先争优活动中，注重实际，精心组织，通过发挥党员的先锋模范作用，引导广大员工立足本职岗位，争创一流业绩，形成了"比、学、赶、帮、超"的良好局面。

一是开展岗位练兵，提升员工综合素质。××集团围绕"创建一流队伍，争当岗位先锋"的主题，开展××活动，进一步提高党员和员工岗位技能，提升服务水平，重塑××的品牌形象。××公司党支部为保证工程建设顺利进行，组织开展了劳动竞赛、全员培训和技术练兵比武等特色活动，激发了广大党员和职工群众"敢打硬仗、勇于攻关"的工作热情。公司优秀党员、总工程师××同志，在××技术攻关方面做出了突出贡献，××、××、××、××等多项技术为国内××业界第一，充分发挥了党员的先锋模范作用。××、××、××、××等多个企业党组织，广泛开展岗位练兵、岗位达标、业务竞赛等活动，将创先争优活动的立足点和着眼点放在基层党支部身上，重在解决问题和取得实效。

二是选树先进典型，突出示范引领作用。××企业各级党组织在创先争优活动中，选树、表彰了一批先进党组织和优秀共产党员，充分发挥先进典型的示范带动作用，利用网站、企业内刊、党委办公系统、手机短信、板报橱窗等方式，大力宣传企业先进基层党组织和优秀共产党员的先进事迹，形成了学习先进、崇尚先进、争当先进的良好风气。截至今年××月，各级党组织共学习宣传先进典型××个。××集团运营分公司为激发广大员工创业的热情，开展了一系列评先树优活动，并评选出标准班组××个、技术能手××名、服务明星××名和安全生产标兵××名，将广大员工引领到确保××运营及文明服务中去。今年"七一"期间，××、××、××

等多个企业组织了丰富多彩的庆祝建党××周年活动，隆重表彰了一批先进基层党组织和优秀共产党员、优秀党务工作者，用身边人、身边事引导和激励广大员工立足本职，使员工学有榜样，干有方向，不断推动创先争优活动深入开展。

4.与做好经常性党建工作相结合，增强党组织的政治核心作用。各××企业以开展创先争优活动为契机，大力推进基层组织工作创新，优化组织设置，进一步扩大党组织和党的工作覆盖面，创新活动方式，增强基层党组织的凝聚力、创造力和战斗力，在推动企业改革发展中建功立业。

一是优化组织设置，进一步扩大党的工作覆盖面。各级党组织围绕中心、服务大局、拓宽领域、强化功能，努力实现党的组织、党的活动、党的工作全覆盖，增强党员队伍的生机和活力，使党的基层组织充分发挥推动发展、服务群众、凝聚人心、促进和谐的作用。××集团党委在主营××企业开展"项目党建"活动，在工程建设部门坚持"项目建设到哪里，党组织的作用就发挥到哪里"，使每一个项目都成为经得住考验的优良工程。××公司党委针对××员工中党员分散、管理困难、组织生活不便等问题，自主开发创办××在线网站，实现了党的工作全覆盖，探索了新时期党组织建设的新模式。

二是突出党群共建，形成工青妇组织齐争共创的局面。各×××党组织在创先争优活动中坚持党建带工建、带团建、带妇建，促使创先争优活动成为党内带党外、党员带群众的生动实践。××集团工会召开以"××"为主题的工会会员大会，以××的方式选举第××届工会委员会，并在各××公司推广，深化了企业民主管理。××团总支积极引导广大青年为公司科学发展建功立业，开展多项活动。如"我为团旗添光彩，团员身边无差错"主题活动，鼓励一线青年团员在本职岗位上创先争优，××连续××年保持国家级"青年文明号"荣誉。××、××、××、××等多个企业党组织以创建"职工之家"、"青年文明号"和"巾帼文明示范岗"为抓手，强化员工的服务意识，增强服务理念，形成工青妇组织齐争共创的良好局面。

（二）存在的不足

目前，××企业党组织创先争优活动开局良好，进展顺利，取得了阶段性成果，但与××的总体要求和广大党员群众的期望相比，还有一定的差距，主要表现在以下三个方面。

1.××不够平衡：……

2.××力度不够：……

3.××工作不够及时：……

三、推进创先争优活动的工作思路

为进一步推进××企业党组织创先争优活动深入扎实开展，根据××及××党委的要求，创先争优活动第二阶段的工作将继续以创建××、争当××为主题，围绕××企业××计划和××改革发展实际，突出抓好"四个结合"，在促进企业科学发展、增强企业凝聚力、提升党员和员工素质、做好经常性党建工作上进一步发挥作用，不断细化和丰富活动载体，并重点做好以下四项工作。

（一）深入开展××大提升活动

具体内容略。

（二）做好先进典型的选树工作

具体内容略。

（三）组织开展经验交流活动

具体内容略。

（四）组织考核评比

具体内容略。

简评：这篇调查报告篇幅较长，原文近万字，经删节，保留其结构和内容。这篇调查报告的标题采用典型的公文式标题，这也是调查报告最常用的标题形式。正文部分，该报告采用了典型的"前言—主体—结尾"的结构。前言部分简要介绍了本次调查的依据、背景、调查主体、调查对象和范围等基本情况，随后以"现将调查情况报告如下"引出正文主体。在正文主体部分，该报告以小标题、序号和中心句的形式，有条有理地介绍调查结果，先谈优点和成绩，后谈不足，内容客观而全面。结尾部分以"推进创先争优活动的工作思路"为标题，根据前文调查所得提出合理建议。从这篇报告可知，一篇调查报告的字数通常在数千到一万字左右，其庞大的体量注定无法以空洞的辞藻堆砌而成。因此，要写好调查报告，必须在动笔前做好调查和分析工作。

任务实施

想一想

1. 根据所学的内容，思考"任务导入"中古月所遇到的难题，帮她想一想，要完成这份调查报告，她该采用什么样的调查方法？从哪些方面入手？

写一写

2. 请与同学组成小组，从下列题目中选择一项，进行调查并写作调查报告。

（1）调查本校（或者本系、本班）同学的课外阅读情况。

（2）调查本校（或者本系、本班）同学的手机使用情况。

（3）调查本校（或者本系、本班）同学的睡眠质量情况。

（4）调查本校（或者本系、本班）同学的校内用餐情况。

（5）调查本校（或者本系、本班）同学的生活费来源与使用情况。

（6）调查本校（或者本系、本班）同学的课外兴趣爱好情况。

（7）调查本校（或者本系、本班）同学的人生规划与就业意向情况。

（8）调查本校（或者本系、本班）同学的体育锻炼与身体素质情况。

（9）调查本校（或者本系、本班）同学的人际交往情况。

（10）调查本校（或者本系、本班）同学对课程或教师满意情况。

任务七 经济合同

任务导入

古月的工作单位与自己家并不在一个城市，她需要租一间房子作为自己的住处。通过某网络平台，古月看中了公司附近的一间房子。作为一个刚刚毕业的大学生，古月身上没有多少钱。如果通过中介与房主联系租房，通常要给中介缴纳与一个月房租等额的中介费。古月决定绕开中介，自行和房主联系。房主也很爽快地答应了古月的租房请求。但这个时候，他们遇到了一个问题：因为没有中介参与，他们双方需要自行拟定租房合同。

那么，古月和房主应该如何拟定这份合同，才能保证双方的权益呢？

📑 | 任务要求

◎ 情感目标：培养学生职场中的商业判断能力和依法办事的意识。

◎ 技能目标：掌握经济合同的基本内容及结构形式。

◎ 知识目标：能够根据相关要求独立撰写经济合同。

📖 | 知识准备

一、经济合同的性质及意义

经济合同也叫经济契约，它是商品经济的产物。新修订的《中华人民共和国民法典》（以下简称《民法典》）自 2021 年 1 月 1 日起施行，原《中华人民共和国合同法》被调整纳入《民法典》"第三编 合同"。

根据《民法典》第四百六十四条规定：【合同的定义和身份关系协议的法律适用】合同是民事主体之间设立、变更、终止民事法律关系的协议。

我国经济管理体制改革中，推行经济合同制就是一项主要内容，这充分说明了经济合同在国民经济中的重要意义。首先，它有利于保护当事人的合法权益。订立合同的当事人之间的法律地位是平等的，任何一方不得把自己的意志强加给另一方。其次，它有利于当事人实现一定的经济目的。经济合同的本质内容，在于确认和调整当事人之间在商品生产和流通过程中相应的经济利益关系，经济合同充分体现了当事人之间的协作关系，也是保证合同双方完成经济任务、达到一定经济目的的有效办法。最后，它有利于维护社会经济秩序。经济合同的订立必须遵循国家相关法律法规，合同一经订立生效，就具有法律的约束力，任何一方不履行或不适当履行合同规定的义务，都要承担相应的法律责任。因此，合法有效的经济合同有助于经济活动健康、有序地进行。

二、经济合同的种类

由于经济合同主要适用于债权、债务关系，不允许带有人身性质的内容，因此，婚姻、收养、监护、继承等有关身份关系的协议不是合同法的调整对象，不能以订立合同的形式来确定。此外，用人单位与员工之间的雇佣关系，其所涉及的权利义务由《中华人民共和国劳动合同法》专门予以规定。

《民法典》"合同编"列举了以下 19 种典型合同：买卖合同，供用电、水、气、热力合同，赠与合同，借款合同，保证合同，租赁合同，融资租赁合同，保理合同，承揽合同，建设工程合同，运输合同，技术合同，保管合同，仓储合同，委托合同，物业服务合同，行纪合同，中介合同，合伙合同。

三、经济合同订立的程序

《民法典》第四百七十一条规定：当事人订立合同，可以采取要约、承诺方式或者其他方式。也就是说，经济合同订立的两个步骤是要约和承诺。

要约是指一方当事人以缔结合同为目的，向对方当事人提出合同的条件，希望对方当事人接受的意思表示。发出要约的一方称"要约人"，接受要约的一方称"受要约人"。

承诺是指受要约人同意接受要约全部条件的意思表示。

订立合同是双方当事人的法律行为，只有双方当事人协商一致才能成立，也就是说，订立合同是一个动态的过程，但不论以何种方式订立合同都必须经过要约和承诺这两个阶段，以要约开始，承诺生效即告合同成立。可见《民法典》在合同订立上的一个重大变化是将要约和承诺这两个习惯性程序变为法定程序，标志着中国合同立法的健全和完善，这必将促进社会主义市场经济健康有序地发展。

四、经济合同的基本内容

经济合同的性质决定经济合同的主要内容。不同种类的经济合同，应根据不同的需要来规定必要的条款，当事人可以参照各类合同的示范文本订立合同。根据《民法典》第四百七十条规定，合同的内容由当事人约定，一般包括以下基本条款。

1. 当事人的名称（或者姓名）和住所

经济合同当事人必须具备法人资格，包括当事人的名称、法人代表、地址等。

2. 标的

标的是合同当事人的权利和义务所共同指向的对象。一般包括实物标的、行为标的和工程标的。写作时，必须明确和具体。

任何合同必须要有标的，没有标的，双方的权利和义务就不能落实，合同就无法履行。另外，标的还必须合法，武器、弹药、麻醉药、金银等限制流通物，不能作为一般意义上的合同标的物。

3. 数量

标的的数量是标的的数额和计量单位，是确定合同当事人双方权利和义务大小的依据。

标的的数量除数额的具体、准确外，还要有正确的计量单位。计量单位要按国家或上级主管部门规定的统一标准执行；没有规定，按双方商定的执行。

4. 质量

标的的质量包括产品质量和包装质量。质量要明确、具体和规范，一般按国家标准或行业标准履行；如是协商标准，必须另附协议书或提交样品。

5. 价款或酬金

价款或酬金是经济合同权利的体现。价款是合同当事人为取得对方产品而支付的代价；酬金是合同当事人为获得对方的劳务或智力成果所支付的报酬。签订合同时必须明确规定价款或者酬金的具体数额、计算标准及支付方式。

价款或者酬金不明确的，按合同履行地的市场价格履行；依法应当执行政府定价或者政府指导价的，按规定履行。

6. 履行期限、地点和方式

履行期限是指交付标的物和支付价款或酬金的时间界限。是否按期履行，直接或间接影响着当事人的经济利益能否实现，所以订立合同时必须明确规定具体的履行日期。

履行地点是指经济合同双方交、提标的物的地方。按照惯例，交付建筑物在建筑物所在地履行；给付货款的，在接受给付的一方所在地履行；其他义务，在履行义务一方所在地履行。

履行方式是指交付标的物的手段、工具。对上门自提或委托交通运输部门托运、运送工具等应在合同中做明确规定。履行方式不明确的，按照有利于实现合同目的的方式履行。

7. 违约责任

违约责任又称"罚则"，是对当事人不按合同规定履行义务的制裁措施。违约责任包括违约金、赔偿金、没收或双倍返还定金等制裁方法。这一条款必不可少，对维护合同的法律严肃性，督促当事人信守合同义务，具有重要意义，也是解决纠纷的主要法律依据。标的数量与合同不符，质量不合要求，交货时间、地点、方式违约等，都要承担违约责任。

8. 解决争议的方式

订立合同的双方当事人在履行合同的过程中，一旦双方发生纠纷，自行协商不成时，可向仲裁机构申请仲裁，也可向人民法院起诉。

以上是经济合同的主要条款，由于合同种类繁多，标的复杂，有些条款未必适用，有些内容在这些条款中又包容不了。因此，在订立合同时应根据具体情况灵活变动，还可注明"本合同未尽事宜，由双方协商解决"的条款。

资料卡

经济合同的主要条款

当事人的名称（或者姓名）和住所，标的，数量，质量，价款或者酬金，履行期限、地点和方式，违约责任，解决争议的方法等。

五、经济合同的结构和写法

经济合同的体式有三种：条款式、表格式、条款表格结合式。不论哪一种体式的经济合同，它的结构一般包括合同名称、当事人名称或姓名、合同条款、落款四项内容。

（一）合同名称

合同名称，也可称合同的标题，揭示了合同的性质。一般由事由和文种组成，事由必须写明经济活动的性质，如"买卖合同""粮食定购合同""技术转让合同"等，而"经济合同""××合约""××协议"的名称不能作为合同的名称。

（二）当事人名称或姓名

在当事人名称或姓名前可依照合同内容标明"借方"或"贷方"、"供方"或"需方"、"卖方"或"买方"等，合同当事人的名称要写全称，不能使用简称或代称。为了表述方便，一般在双方当事人名称或姓名前面注明"甲方"或"乙方"，也可在其后面用括号注明"甲方"或"乙方"。在合同中不能用"我方""你方"等简称，以免引起混乱和误解。

如果要注明合同编号、签约时间、签约地点，则可在双方当事人名称的右侧或下方排列。

在表格式合同中，合同编号、签约时间和地点也可放在标题的右下方，上下排列，用小一号字体。

（三）合同条款

这是合同的主体部分，主要包括以下几个内容。

1. 扼要说明订立合同的目的和依据

如"为了……，双方经过充分协商，特订立本合同，以便共同遵守。"

2. 选用恰当的合同体式写明当事人共同议定的具体条款

包括标的、数量、质量、价款或者酬金、履行期限、履行地点与方式、违约责任、解决争议的方法等。

3. 明确合同生效日期（有效期）、合同的份数和保存方式

例如：

"本合同自签订之日起生效，任何一方不得擅自修改或终止。"

"本合同一式四份，甲乙双方各执一份，副本两份，送双方上级主管机关备查。"

"本合同有效期自××××年××月××日至××××年××月××日，过期作废。"

有些合同还有附件，如有附件，应注明合同附件的效力。如"本合同附件、附表均为本合同的组成部分，且具有同等的法律效力。"

附件、附表均写在合同条款的最下方，并要注明附件序号、名称和份数。

（四）落款

落款包括以下几项内容。

1. 署名和印章

署名要写明双方当事人姓名或全称、法定代表人、代表人等，单位名称应加盖公章或合同专用章，双方当事人代表必须亲自签字。

2. 日期

日期指签订合同的具体日期。

3. 附项

附项指合同当事人的地址、开户银行及账号、邮编、电话、传真等信息。

六、经济合同写作的要求

订立经济合同是经济工作中的一项常见工作，其关系重大，要求严格。在订立经济合同时，要做到格式规范、条款完备、内容合法、表述严密等。

📇 范文赏析

房屋租赁合同

出租方（甲方）：＿＿＿＿＿＿　　承租方（乙方）：＿＿＿＿＿＿

联系地址：＿＿＿＿＿＿＿　　　　联系地址：＿＿＿＿＿＿＿

身份证号：＿＿＿＿＿＿＿　　　　身份证号：＿＿＿＿＿＿＿

电话：＿＿＿＿＿＿＿＿＿　　　　电话：＿＿＿＿＿＿＿＿＿

其他联系电话：＿＿＿＿＿　　　　其他联系电话：＿＿＿＿＿

联系人姓名：＿＿＿＿＿＿　　　　联系人姓名：＿＿＿＿＿＿

与出租方的关系：＿＿＿＿　　　　与承租方的关系：＿＿＿＿

授权代表人：＿＿＿＿＿＿　　　　授权代表人：＿＿＿＿＿＿

身份证号：＿＿＿＿＿＿＿　　　　身份证号：＿＿＿＿＿＿＿

电话：＿＿＿＿＿＿＿＿＿　　　　电话：＿＿＿＿＿＿＿＿＿

根据《中华人民共和国合同法》和无锡市政府有关规定，甲、乙双方在自愿、平等、互利的基础上协商一致，订立本合同，承诺共同遵守。合同内容如下。

一、出租物业坐落地点及设施情况。

1. 甲方将其拥有的位于无锡市梁溪区央城里小区 12 号楼×××室的房屋（以下简称"该房屋"）租给乙方使用，用途为住宅，房屋建筑面积为 60 平方米；结构：1室 1厅 1卫；装修情况：精装；房屋产权证号：XC201305261×××。

该房屋现状为：【√】空房整租；【　】房东自行居住，出租部分房间；【　】共同合租，转租部分房间。

2. 该房屋现有装修及设施情况见附件。除双方另有约定外，该附件作为甲方按照本合同约定交付乙方使用和乙方在本合同租赁期满交还该房屋的验证依据。

二、租赁期限

1. 该房屋租赁期限共 12 个月，自 2019 年 11 月 21 日至 2020 年 11 月 20 日止。

2. 租赁期内，甲乙双方未经协商一致均不得提前解约。

3. 租赁期满，甲方有权收回该房屋，乙方应如期交还。乙方若要求续租，则必须在租赁期满前一个月内通知甲方，经甲方同意后重新订立租赁合同。

三、租金及支付方式

1. 该房屋租金为人民币贰仟元（大写）/月，共计￥24000 元（此价格不含相关税费），乙方应于签订本合同时支付首期租金陆仟元（大写）给甲方。

2. 该房屋租金按季支付，支付时间为自签约日起每三个月的 15 日，以甲方实际收到为准。

3. 乙方若逾期支付租金，每逾期一天，则须按月租金的 0.5% 支付滞纳金。拖欠房租超过 15 天或甲方不能根据乙方提供的联系方式催促乙方缴租，甲方有权收回该房屋，乙方须按实际居住日交租金并承担违约责任。

四、关于押金

为保证乙方合理并善意地使用该房屋及其配套设施，乙方应在签订本合同并交纳首期租金时支付给甲方人民币贰仟元（¥2000）作为押金。待租赁期限届满，甲乙双方结清费用并验房后，乙方将该房屋钥匙交与甲方，同时甲方将此押金全部归还乙方。

五、租赁条件

1. 甲方应向乙方出示该房屋的《房屋所有权证》或有权决定该房屋出租的相关证明。

2. 甲方应保证该房屋的出租不违反国家法律法规的相关规定并保证自己有权决定此租赁事宜；签订本合同后双方当事人应按国家规定进行备案。

3. 乙方不得在该房屋内进行违反法律法规及政府对出租房屋用途有关规定的行为。

4. 未经甲方书面同意，乙方不得将该房屋部分或全部转租他人。若擅自转租，甲方有权终止合同，由乙方承担对甲方及第三方的违约责任。

5. 乙方承担租赁期内电话费、水费、电费、煤气费、物业管理费等实际使用的费用，若有特殊约定则从其约定。

6. 因乙方使用不当或不合理使用该房屋或其内部设施出现损坏或发生故障，乙方应及时联系进行维修并负担所发生的费用。由于不可抗力及非乙方原因造成的损失由甲方负责承担有关维修的费用。

7. 租赁期内乙方因使用需要对出租房屋或屋内设施进行装修或改动，须经甲方同意并经政府有关部门批准，甲方有权对装修或改动情况进行监督。合同期满时乙方不得移走自行添加的结构性设施，甲方也无须对以上设施进行补偿。

六、合同的终止

1. 租赁期限届满时或经甲、乙双方协商一致时，本合同终止。

2. 乙方应在期满当日将房屋钥匙及正常使用状态下的房屋附属物品交付甲方。

3. 若甲、乙双方中的一方违约，另一方有权终止合同，并向对方提出赔偿要求。

七、违约的处理

1. 甲方违约的处理

（1）甲方未按合同规定的时间将能正常使用的该房屋及相关附属设施提供给乙方使用的，每逾期一天，甲方应按月租金的 0.5% 向乙方支付补偿金；若逾期 15 天仍不履行，乙方有权终止合同，同时甲方须按实际逾期天数支付相应补偿金并支付两个月的房屋租金给乙方作为违约金。

（2）合同期内若非乙方过错甲方擅自解除本合同并提前收回该房屋的，甲方应向乙方支付双倍的合同月租金作为违约金，若违约金不足以弥补乙方损失的，甲方仍需要对不足的部分承担据实赔偿责任，同时乙方有权终止合同。

2. 乙方违约的处理

（1）未经甲方书面同意，乙方擅自将房屋转租、转借，擅自拆改结构或改变用途的，利用该房屋进行违法活动的，乙方应向甲方支付合同月租金的双倍金额作为违约金；若违约金不足以弥补甲方损失的，乙方仍需要对不足的部分承担据实赔偿责任，同时甲方有权终止合同。

（2）合同期内乙方逾期缴纳水费、电费、煤气费、电话费及物业管理费等相关费用累计达半个月租金时，甲方有权用保证金支付上述费用，乙方应承担造成的一切后果，同时甲方有权终止合同。

（3）合同期内若造成该房屋的相关附属设施（含家具、家电）的损坏，将由乙方负责维修或赔偿。

（4）合同期限届满，若乙方未能及时将设施完好的房屋及时交给甲方，乙方应按原日租金的两倍按实际天数向甲方支付违约金；同时甲方不予以退还乙方押金，并有权收回该房屋。

（5）合同期内若乙方中途擅自退租，则所预付的租金及押金甲方不予退还。

八、免责条款

房屋及其附属设施由于不可抗力造成的损失，甲乙双方互不承担责任。

九、争议的解决

凡因执行合同而发生的或与本合同有关的一切争议，双方均以友好协商的方法解决，如协商未果，则任何一方均有权提请房屋所在地仲裁委员会仲裁，仲裁结果是终局的，双方均应自动履行，仲裁费用由仲裁庭指定方承担。

十、其他

1.本合同一式二份，由甲、乙双方各执一份，具有同等法律效力。

2.本合同附件作为本合同不可分割的一部分，与本合同具有同等法律效力。

附件：房屋附属设施清单

出租方（甲方）：_____   承租方（乙方）：_____

代理人：_____   代理人：_____

_____年___月___日   _____年___月___日

房屋附属设施清单

1.基本设施

项目	数量	状态	表数
水表	1	正常	
电表	1	正常	
煤气表	无		

2.电器

电器	品牌及状态	数量	电器	品牌及状态	数量
电视		1	热水器		1
冰箱		1	音箱		
VCD / DVD			电话		
洗衣机		1	饮水机		1
空调		1	机顶盒		1
微波炉					

3. 家具

家具	品牌及状态	数量	家具	品牌及状态	数量
单人床			椅子		
双人床		1	茶几		1
写字台					
沙发		1			
餐桌					

出租方（甲方）：_____ 承租方（乙方）：_____

代理人：_____ 代理人：_____

确认日期：_____年____月____日

简评：上述范文是一份根据合同法及无锡地方规定制定的房屋租赁合同。合同内容完善，法律要件清晰。合同主体部分为条款式，便于详尽地阐明合同双方的权利和义务。合同附件采用表格式，使零散信息清晰明了。

任务实施

练一练

1. 填空题

（1）经济合同又叫_____，它是指平等民事主体之间_____、_____、_____的协议。

（2）新《合同法》规定了订立合同的程序："当事人订立合同，采取_____、_____方式"。

（3）经济合同的书面形式（体式）主要有三种，即_____、_____、_____。

（4）不管哪种体式，经济合同的基本结构形式主要由四部分组成：_____、_____、_____、_____。

（5）经济合同的基本内容主要包括_____、_____、_____、_____、_____、_____、_____等内容。

（6）标的是合同中当事人双方_____和_____所共同指向的对象。

（7）甲、乙两企业订有购销合同，为保证合同的履行，甲企业按约给乙企业 4 万元定金，后乙企业违约，甲企业依法有权要求乙企业偿付_____万元。

（8）《中华人民共和国合同法》是自_____起施行的。

2. 判断题

（1）以欺诈、胁迫的手段订立的合同应该属于无效合同。（　　　）

（2）婚姻、收养、监护、继承可以作为合同的对象。（　　　）

（3）标的必须合法，武器、麻醉药、金银等流通物可作为一般意义上的标的物。（　　　）

（4）某合同"违约责任"一项中写道"每延期一天，甲方应偿付乙方 5% 的违约

金"。（　　）

（5）违约责任又称"罚则"，是对不按合同规定履行义务的制裁措施。（　　）

（6）某合同中规定："交货地点：上海"。（　　）

（7）合同当事人必须履行合同规定的义务，任何一方不得擅自变更或解除合同。（　　）

（8）某合同中规定的货物包装标准为"袋装"。（　　）

改一改

3．分析下面这篇经济合同，指出其错误。

> **经济合同**
>
> 甲方：××汽车制造厂三车间
>
> 乙方：××建筑公司生产科
>
> 甲方需建一座大楼，经双方反复协商，共同订立本合同。
>
> 一、甲方委托乙方建造大楼一座，由乙方负责建造。
>
> 二、全部建造费用大概为人民币××万元，甲方在订立合同生效后的一个月左右，先付给乙方全部费用的百分之五十左右，其余部分在楼房建成验收后一次付清。
>
> 三、建房所需的各项费用，由乙方根据需要自行分配。
>
> 四、大楼从合同签订之日起，用一年以内时间完工后交付使用。如未能保质保量完成，每月将按总建筑费用的百分之五左右罚款。
>
> 五、合同一式两份，双方各执一份为凭，并作为检查督促的依据。
>
>
> ××汽车制造厂三车间
>
> ××建筑公司生产科
>
> 2023年××月××日
>

写一写

4．根据范文赏析的内容，选择其中的核心条款撰写一篇简单的房屋租赁合同。要求格式规范、条款完备。

任务八　述职报告

任务导入

古月毕业后进入江南集团有限公司工作已经有半年了，其认真的工作态度和优异的工作实绩有目共睹，深得公司领导的赏识。快到年底的时候，古月的领导找她谈话，透露上级领导有意提拔古月，让她好好准备年底的述职报告。谈话结束的时候，领导提醒古月："一定要好好准备，千万别把述职报告写成总结。"

听到这话，古月顿时有些傻眼。她本以为述职报告和总结是一回事。这两者有什么区别呢？如何才能写好述职报告呢？

任务要求

◎ 情感目标：培养学生在职场中获得晋升资格的能力，增强学生适时表达自我的意识。

◎ 技能目标：掌握述职报告的内容要素和写作思路，能够独立撰写述职报告。

◎ 知识目标：了解述职报告的特点和作用。

知识准备

一、述职报告的性质及作用

述职报告是领导干部依据自己的职务要求，就一定时期内的任期目标，向选举或者任命机构、上级领导单位、主管部门以及本单位的干部群众，汇报自己履行岗位责任情况的书面报告，是干部管理考核专用的一种文体。

述职报告在近年来企业管理中使用得越来越多，已经逐渐成为企业提拔管理人员的重要考核内容之一。

二、述职报告的特点

述职报告最初曾以"总结"或者"汇报"的形式出现，经过一段时间的使用，逐步形成了独具特色的格式，其主要特点是自述性、自评性、报告性。

（一）自述性

自述是报告人以第一人称回顾自己在任职期内履行岗位职责的情况。

（二）自评性

自评性是报告人依据岗位规范和职责目标，对自己在任期内的德、能、勤、绩、廉等方面的情况，做出实事求是的自我评价、自我鉴定、自我定性。

（三）报告性

报告性是报告人在述职时，是以被考核、接受评议的身份做履行职责的报告。语言需要注意得体、礼貌、谦逊和诚恳，需要把握好角色的分寸。

资料卡

述职报告与总结的区别

述职报告在内容上包括工作者在任职期间所取得的工作成绩、不足和失误，以及存在的主要问题，跟工作总结有不少相似之处。但两者有两个不同。

1. 写作主体不同

工作总结的撰写者既可以是单位、集体，也可以是个人；而述职报告的撰写者只能是个人。

2．写作角度不同

工作总结的写作角度是全方位的，即凡是属于重大的工作业绩、出现的问题、经验教训、今后的工作设想都可以写；而述职报告要求侧重写个人执行职责方面的有关情况，往往不与本部门、本单位的总体业绩和问题相掺杂。

三、述职报告的分类

可以从几个不同的角度对述职报告进行划分，因此存在着交叉现象。

（一）从内容上划分

1．综合性述职报告

综合性述职报告是指报告内容是一个时期所做工作的全面、综合的反映。

2．专题性述职报告

专题性述职报告是指报告内容是对某个方面的工作的专题反映。

3．单项工作述职报告

单项工作述职报告是指报告内容是对某项具体工作的汇报。这往往是临时性的工作，又是专项性的工作。

（二）从时间上划分

1．任期述职报告

这是指从任现职以来的总体工作进行报告。一般来说，时间较长，涉及面较广，要写出本届任期的情况。

2．年度述职报告

这是一年一度的述职报告，写本年度的履职情况。

3．临时性述职报告

临时性述职报告是指担任某一项临时性的职务，写出其任职情况。比如，负责了一期的招生工作，或者主持一项科学实验，或者组织了一项体育竞赛，写出其履职情况。

（三）从表达形式上划分

（1）口头述职报告。
（2）书面述职报告。

四、述职报告的写法

述职报告没有固定的写作模式。根据不同的类型和主旨，可以灵活安排结构。一般由标题、抬头、正文和落款四个部分组成。

（一）标题

述职报告的标题，常见的写法有以下三种。

1．文种式标题

此类标题只写"述职报告"四个字。

2．公文式标题

由姓名+时限+事由+文种名称组成，如《×××2022 年试聘期述职报告》《20××年述职报告》《××公司总经理述职报告》。

3．文书式标题

用正标题或者正副标题配合，如《思想政治工作要结合经济工作一起抓——××公司总经理王××的述职报告》。

（二）抬头

1．书面报告的抬头

写主送单位名称，如"××人力资源处"等。

2．口述报告的抬头

写对听者的称谓，如"各位代表""各位同志"或者"各位领导、同志们"等。

（三）正文

述职报告的正文由开头、主体和结尾三部分组成。

1．开头

开头又叫引语。一般交代任职的自然情况，包括何时任何职、变动情况及背景；岗位职责和考核期内的目标任务情况及个人认识；对自己工作职责履行的整体评价，确定述职范围和基调。这部分要写得简明扼要，给听者一个大体印象。

2．主体

主体是述职报告的中心内容，主要写实绩、做法、经验、体会或者教训、问题，要强调写好以下几个方面：对党和国家的路线方针政策、法纪和指示的贯彻执行情况；对上级交办事项的完成情况；对分管工作任务完成的情况；在工作中出了哪些主意，采取了哪些措施，做出了哪些决策，解决了哪些实际问题，纠正了哪些偏差，做了哪些实际工作，取得了哪些业绩；个人的思想作风、职业道德、廉洁从政和关心群众等情况；写出存在的主要问题，并分析问题产生的原因，提出今后改进的意见和措施。

这部分要写得具体、充实、有理有据、条理清楚。由于这部分内容涉及面广、量大，所以宜分条列项写出"条""项"，要把内在逻辑关系安排好。

3．结尾

结尾一般写结束语。用"以上报告，请审阅""以上报告，请审查""特此报告，请审查""以上报告，请领导、同志们批评指正"等做结尾。

（四）落款

述职报告的落款，写上述职人的姓名和述职日期或者成文日期。署名既可以放在标题之下，也可以放在文末。

📖 范文赏析

××局挂职锻炼述职报告

××局：

××年××月，受××委派，我有幸到××局挂职任××。××局党委决定由我分管××、××、××等工作。尤其让我感到惊喜的是××局没有把我当成"临时工"，而是让我切实参与××党委的相关决策、重大问题研究、工作谋划等，这是对我极大的信任和鼓励，也为我学习和锻炼搭建了最好的平台。我十分感谢××局对我的关照、包容，同时也更加珍惜这难得的机会。一年来，在××党委的正确领导和同志们的大力支持下，我始终坚持加强学习、努力实践、恪尽职守、务实创新，扎实抓好分管工作，全面补充了基层工作阅历，较好地完成了各项工作。下面我将在××局的工作和学习情况汇报如下。

一、加强学习，努力提高政治素养和理论水平

本人始终重视加强自身思想政治建设和业务能力的学习，无论是在××还是在××局这一新的岗位上，都能坚持以良好的学风、坚强的党性、较强的大局意识和过硬的作风保持政治上的清醒坚定，具体体现在如下几个方面。

一是始终注重加强学习。一方面，认真学习党的路线、方针、政策，提升自身的政治素养。在实际工作中能做到讲政治、讲大局、讲团结；在处理问题上，始终保持头脑清醒，立场坚定，旗帜鲜明地执行××局党委的各项决议，对待工作不讲条件。另一方面，全面学习各种业务知识，使自己能快速适应角色的转变。我分管的工作主要是解决××问题，包括××、××、××等，每项业务都具有极强的专业性，所有业务都需要从头学起。我通过阅读材料、查阅档案、实地调研等方式，不断增强自学能力，丰富自身业务知识；通过向领导、同事勤于请教，并与××局中的相关部门及时沟通交流，不断拓宽解决问题的思路；通过虚心向年轻同志学习专项知识，并到社区、一线岗位实地走访调查，及时掌握相关工作情况。目前，我已经系统地掌握了相关的业务知识，可以实实在在地为××事业发展贡献自己的力量。

二是始终突出服务好中心的大局。在实际工作中，我坚持树立政治意识、大局意识、责任意识，善于从大局的角度和讲政治的高度，观察、分析、处理问题，在大是大非面前经得起考验。能够坚决拥护局党委做出的各项决策部署，积极维护局班子的团结，以分管工作的创新发展为××的经济社会发展打基础、建队伍、聚人才、鼓干劲。

三是始终树立坚强的党性。我分管的××、××、××等工作，都关系到群众的切身利益，向来比较敏感、责任较重。我时刻提醒自己要加强党性修养，严于律己，坚持原则。尤其在业务问题上，有话当面讲，不隐瞒自己的观点，不搞小动作，不怕得罪人。在思想上、行动上能始终与上级保持高度一致。同时政治立场坚定，敢于说实话、办实事；具有较强的组织纪律意识，树立了正确的世界观、人生观、价值观，严格按先进党员标准规范自己的言行。

四是始终保持过硬的作风。面对组织的信任和新的岗位、新的要求，我不敢有丝毫懈怠，始终要求自己做到对党的事业、对分管工作充满感情、充满激情、充满热

情，并做到公道正派、全身心投入，以高度负责的精神做好本职工作，全力以赴履行好岗位职责。

二、认真履职，勇于开创工作新局面

到××局挂职锻炼以来，在××党委的正确领导下，我和××同志一道，坚持以服务中心工作为根本，以促进××和谐稳定为目标，牢记××的要求，突出重点、统筹兼顾，扎实推进各项分管工作，较好地完成了各项工作任务。

（一）加强宣传培训，夯实基层工作基础

一是抓好宣传工作，增强民众法律意识。在××深入宣传××、××、××等法律法规，加强舆论引导，提高民众对××工作的认知度；开办了××、××简报约30期，及时向上级反馈××动态。一年来，共开展各项××大型现场咨询活动××场，共举办××讲座××场，近××人听取讲座，发放××、××、××等宣传资料近××份，在加强××方面起到很好的宣传教育作用。

二是强化员工培训，提高工作人员技能。为提高工作人员公文写作技能，举办了××期培训班；为增强工作人员的办案技能，成功举办疑难案例研讨会××期。

三是完善工作制度，严格工作纪律。将各种业务制度、日常管理制度汇编成册发放给全体工作人员，严抓工作纪律和作风建设；编制工作流程及××办理情况，接受群众监督，提高工作效率。

（二）狠抓重点业务，确保职工群众满意

××工作是实践解民忧、惠民生的具体体现，是对领导干部有无驾驭全局工作和处理复杂局面能力的检验，是检测领导干部能力和素质的重要标准，因此我始终把××工作作为重要工作来抓。××年，共接收××件维权事件，为××多名工人追回被欠工资××多万元，有效维护了企业和员工双方的合法权益。××、××在基层劳动争议调解工作中发挥"就近受理、就地调解"的积极作用，共受理劳动争议投诉案件××件，涉及人数××多人，涉及金额××多万元。我通过以下两个方面来落实工作。

一是健全"×级联创"机制，提高部门履职能力。组织××部门加强与对口部门的工作联系，建立健全"×级联创"机制和制度，深入开展"×级联创"活动，进一步提高本部门的履职能力。

二是坚持上门服务，倾听民声民意。企业员工由于在上班时间不便电话联系政府部门，对无法咨询有关问题感到无奈。为此，本人通过××，让企业及外来务工人员感觉到政府与企业没有距离，做到贴心服务，真心实意地为企业外来务工人员做实事。

（三）做好案件审理，保障员工合法权益

认真贯彻落实××，完善劳动争议处理制度。贯彻××的方针，积极推进××的建立，进一步健全××网络，及时排查××隐患。坚持××的原则，维护××双方合法权益。一年来，××共受理××案件××件，结案××件，涉及劳动者××人，案件标的××多万元；受理工伤认定案件××件；调解工伤案件××件，涉及金额××万元。及时化解矛盾，降低××的发生，有力地维护了社会的稳定。

（四）促进群众就业，切实解决民生问题

以××为依托，为××提供全方位、多层次的劳动就业服务。一年来××失业率控制在××%，零就业家庭始终处于动态归零状态，就业困难人员的安置率达××%……

三、廉洁自律，始终做到勤政廉政

在廉洁自律方面，我能够认真落实《廉政准则》，做到以身作则、加强修养、严格自律、廉洁从政，自觉抵制社会上的不良风气，严格执行党风廉政建设责任制，做到了踏踏实实做人，干干净净做事。一年来，我坚持一切从实际出发，带头真抓实干，做到求实、求是、求真。对分管的工作敢抓敢管，一抓到底，抓出成效。能够始终保持满腔热情、积极主动的工作状态，勤勤恳恳，兢兢业业，加班加点，节假日基本无休息。经常深入企业、社区实地了解情况，主动为企业员工、社区居民排忧解难。能慎重对待社会交往，不被浮华名利所动，不被人情面子所累，努力保持党员干部应有的气节和情操。能严格要求家人及身边的工作人员，多提醒、常勉励、勤监督，要求他们不做假公济私、损公利己的事情，更不能有违法违纪的行为。

通过一年的学习锻炼，我深刻体会到在基层工作的责任感、使命感与紧迫感。在总结成绩的同时，我也深知，自己在工作中还存在一些不足：××还不够系统，尤其是××；××要继续加强，××力度不够。下一步，我将进一步××，更多地深入实际，解决新问题，勤勉务实、勇于进取，为创造××尽自己最大的努力。

述职人：×××

20××年××月××日

简评：这是一篇挂职干部的述职报告。该报告紧扣述职者自身的岗位职责和定位，将正文主体分为"政治思想""工作实绩""廉洁从政"三个部分，分条列项地进行讲述，既符合上级部门对挂职干部考核评价的项目分类，又清晰明了，易于理解。在结尾部分，述职者并未使用惯用的结束语，而是言简意赅地指出自己工作中存在的问题和未来努力的方向，虽打破常规，却也落落大方，显示了述职者的自信和决心。

五、写作述职报告的注意事项

（一）实事求是

述职报告要务实，要既讲成绩又讲失误，既讲优点又讲不足，不能揽功诿过。对具有较大影响，能显示自己工作能力和水平的工作业绩，要写得深入透彻；对一般性工作、常规性工作可以尽量少写或者一笔带过。述职报告还要处理好主管与协管工作之间的关系，要注意把个人成绩和集体成绩分清，处理好个人与集体、个人与上级以及同级之间的关系。述职报告重点应该阐述主管工作的情况，要做到公正、准确，既不拔高，也不贬低，更不能有失公允，力求反映工作的真实面貌。对于协管的工作，要讲清楚参与程度、发挥的作用，投入的精力和时间，解决的困难等。

（二）突出特点

同岗位、不同级别、不同行业的领导有不同的工作内容和方法，即使同一职务的领导也会因为分工的不同有不同的工作重点，至于工作方法，就更是各具特色了。鉴于这种情况，述职者要突出自己工作的特点，显示自己的工作个性，尽量避免千篇一律，没有特点、没有个性的写法。

（三）抓住重点

不论是按照工作内容分类，还是按照时间顺序叙述，述职报告都不要事无巨细、面面俱到，否则很容易写成一篇平淡冗长的流水账。要有意识地抓住核心问题，突出重要成绩，总结经验教训。凡是重点部分，要写得详细、具体、充分、全面。次要部分，则可以捎带提及，一笔带过。

（四）虚实结合

"虚"指理论观点，"实"指具体的工作情况。述职报告应该以叙事为主，论理为辅，用叙议结合的方式来表达。既不能像大事记或者记流水账那样就事论事，堆砌材料，也不能像理论文书一样，通篇理论阐述，缺乏事实根据。最好的方法是叙议结合，在事实的基础上加以概括总结，使理论与事实二者有机地结合起来。

（五）语言精练

述职报告的语言要精练，要尽量写简短一些。述职报告的撰写需要一定的综合概括和文字表达能力，切忌数字化和概念化，也不必过于追求文字的华美。要尽量少用形容词和诸如"大体上""差不多"之类模棱两可的词语。对情况的交代、过程的叙述以说明问题为宜，切忌冗长空泛，拖泥带水。

📋 任务实施

💡 想一想

1. 如果让你做一次述职报告，那么除了撰写述职报告文稿，还需要做什么？

✍ 写一写

2. 结合校园生活，请你以某个学生干部的身份写一份述职报告。

任务九　备忘录

🔎 任务导入

随着古月越来越受到领导器重，职务越来越高，她发现自己需要关心的工作任务越来越多。原本只需要凭着大脑就能记忆的工作任务，渐渐需要凭借及时记录才不会遗漏。而同事小李因为工作繁忙以至于忘记一项工作任务，最终让公司遭到了经济损失，也给古月提了一个醒：在工作过程中一定要及时做好工作记录，防止遗忘或疏漏。

📋 任务要求

◎ 情感目标：培养学生在职场中良好记录的意识，养成

处理事务留痕迹的工作习惯。

◎ 技能目标：掌握备忘录的内容要素，能够独立编制备忘录。

◎ 知识目标：了解备忘录的特点和作用。

知识准备

一、备忘录的性质与作用

备忘录是说明某个问题事实经过的一种记事性文本。备忘录既可以是备忘或者保留准备将来用的非正式的记事录，也可以是帮助唤起记忆的记录。备忘录可以是一种正式的外交文件，在外交场合中经常用到，近年来也常被作为商务会谈或者业务合作的记录。

就个人工作而言，备忘录不仅能够起到提醒的作用，而且可以帮助工作者梳理工作内容，有效地提高工作效率。此外，备忘录在一定的场合还能起到凭证的作用。

二、备忘录的分类

（一）个人备忘录

个人备忘录是记录个人事务的备忘录。

（二）交往式备忘录

交往式备忘录是记录业务往来或者人际交往之间的事务，要求记录真实具体。

（三）计划式备忘录

计划式备忘录主要是记录将来的事，起到提醒作用。

三、备忘录的写法

备忘录的要素有时间（年、月、日、星期、时）、地点、人物和事件。

个人备忘录和计划式备忘录没有固定的格式，只要能把要记的事情要点及时地记下来就可以了。

下面重点介绍正式公务交往式备忘录的写作。

（一）标题

标题一般可以直接写文种，如"备忘录"；或者是公文式标题，包含单位、事由和文种等要素，如"关于加快××经济区建设会谈备忘录"。

（二）正文

1. 导言

导言记录双方交往或者会谈的基本情况，包括双方单位名称、谈判代表姓名、会谈时间、地点、会谈事项等。

2. 主体

主体一般分条列项记录双方会谈的主要内容，包括商议的事项、达成的意见或者共识、相关的承诺等。

备忘录一般不安排结尾部分，由正文自然结尾。

3. 落款

标注会谈各方的单位名称及代表姓名，并署上日期。

📇 范文赏析（一）

备忘录

2023 年 3 月 24 日（星期五）

晴

上午去××分公司，负责人不在，未听取报告。午后返回。下午总公司部门会议，作《本周工作汇报及总结》及听取各部门意见报告。4点，分部门讨论。

简评：这是一则个人备忘录，记录内容属于个人具体事务，文字简洁。

📇 范文赏析（二）

湖南省岳阳市与澳大利亚科克本市政府会谈备忘录

9月24日，由市长史蒂芬·李率领的澳大利亚科克本市政府代表团在湖南省岳阳市市长罗碧升、市委副书记孔根红、副市长康代四的陪同下结束了在我市为期三天的正式友好访问。为了增进两市人民的友谊，加强两市今后的合作交流，促进两市友好关系的发展，当天上午，经过近两个小时的友好会谈，岳阳市市长罗碧升、科克本市市长史蒂芬·李联合签署了两市政府会谈备忘录，达成如下共识。

一、两市为了进一步加深友城之间的经济合作，双方同意开展加工技术、农业和畜牧业的合作。科克本市协调澳大利亚有关企业，促进此项互利互惠的合作。

二、积极推动两市之间的友好交流和实质性的合作。每隔两年各派一个由4名人士组成的政府代表团互访。组织两市企业团体进行实质性互访，促成产业投资和经济贸易往来。互派教师教授英文和中文，互派实习生学习有关专业技术，为双方留学生提供便利。共同推动两市民间交往，促进观光旅游业的发展。互派龙舟队参加两市组织的重大赛事。

三、两市友好关系的具体工作，岳阳市由岳阳市人民政府外事办公室负责；科克本市由科克本市科克本·岳阳友好城市委员会负责。双方负责部门保持密切联系，力促友城关系在更加广阔的领域向纵深发展。

中国湖南省岳阳市人民政府　　　　　　　　澳大利亚科克本市

市长：罗碧升　　　　　　　　　　　　　市长：史蒂芬·李

20××年××月××日

简评：这是一份政府间正式交往的会谈备忘录。内容庄重严肃，先交代双方商谈的背景情况，而后言简意赅地表述会谈内容，主要是两地政府在交往过程中所达成的共识。内容具体，语言朴实，格式规范。

资料卡

写作备忘录的注意事项

1. 内容提纲挈领，不记事件的细枝末节和具体过程。
2. 文字简明扼要。
3. 语言朴实准确，不用议论、描写和抒情手法。

任务实施

想一想

1. 结合个人经历，想一想我们为什么需要备忘录。

写一写

2. 个人备忘录并没有固定的格式，请你参考不同备忘录的样式，设计一款单独属于自己的个人备忘录。

项目五

行业专才

项目引领

古月，公司近年来业务拓展方向很多，你可要好好充实自己，才能胜任接下来的工作。

我学的明明不是这个专业，但现在领导经常给我布置一些非本专业的工作。唉！我该怎么办？

随着经济社会的发展，越来越多的行业表现出交叉性、融合性的发展特征。一个适应当今经济社会发展趋势的人，必然也是一个对不同的行业领域有所了解、具备一定的行业交叉性、融合性的复合型人才。

项目目标

知识目标

1．了解财务分析报告、内部审计报告、管理建议书、资产评估报告、名胜解说词、产品说明书、文化创意稿的性质、意义及种类。

2．掌握财务分析报告、内部审计报告、管理建议书、资产评估报告、名胜解说词、产品说明书、文化创意稿写作的基本内容。

能力目标

1. 对不同行业的专业文书具备一定的认识，形成相关文书写作的思路。
2. 能根据相关的要求写作简单的专业文书。

情感目标

1. 培养会计专业的学生对企业财务与资产进行分析、审计、规划的能力。
2. 培养学生多元化的职业观，形成交叉性、融合性的复合型人才发展观。

任务一　财务分析报告

任务导入

江南集团股份有限公司财务部出纳兼公司文员古月已经在公司工作了两年多，积累了一定的经验，平时踏实勤奋，赢得了领导和同事的一致肯定，所以财务部经理将撰写上半年财务分析报告的任务交给了古月。这是古月第一次独立撰写财务分析报告，请你帮帮古月吧！

任务要求

◎ 情感目标：培养会计专业学生分析财务的能力，增强其在企业中的核心竞争力。

◎ 技能目标：掌握财务分析报告的内容要素和写作思路，能够撰写财务分析报告。

◎ 知识目标：了解财务分析报告的特点和作用。

知识准备

一、财务分析报告的性质及分类

财务分析报告属于经济活动分析报告的范畴，是在对一定时期内企业财务活动状况进行分析的基础上反映分析结果和评价意见的应用文体，又称为财务情况说明书。

财务分析报告按照时间可以分为定期分析报告和非定期分析报告，定期分析报告的具体时限可以根据公司需要和要求来定。按照编写的内容范围分，可以分为综合分析报告、专题分析报告和简要分析报告。

此外，财务分析报告还有典型财务分析报告和财务预测报告。前者是分析与财务活动有关的、重大突出的、有普遍意义的典型事例所写的报告，常用第三人称。后者也称为可行性预测报告，是企业在某个特定时期或者对某个经营业务的财务成果进行预测时所写的报告。

> **资料卡**
>
> ### 财务分析报告的分类
>
> 　综合分析报告：又称为全面分析报告，内容丰富，涉及面广，影响深远。
>
> 　专题分析报告：即单项分析报告，是针对企业经营管理过程中的关键问题、重大经济举措或者薄弱环节等专门分析形成的书面报告，不受时间限制，易于被经营管理者接受，收效快。
>
> 　简要分析报告：对主要经济指标在一定时期内存在的问题进行概要分析而形成的书面报告。

二、财务分析报告的特点

财务分析报告和其他经济活动分析报告相比较，有其自身的特点。

（一）同比性

财务分析报告的同比性即以实际资料与企业经营财务状况的标准资料进行对比，寻找企业实际与标准指标或者资料的差异。财务分析报告最常用的方法就是比较法。

（二）真实性

财务分析报告的主要作用是供领导正确决策之用，所以，材料的真实性至关重要。任何虚假的材料都会导致判断的失误，进而导致决策的错误而给企业带来经营风险。

（三）议论性

财务分析报告的主要表达方式是议论，其他的记叙、说明等都是为议论服务的，最后的结论也是建立在议论分析基础上的，所以，夹叙夹议是最佳的表达方式。

三、财务分析的方法

财务分析的方法主要有比较分析法、因素分析法和比率分析法。

（一）比较分析法

比较分析法是对两个或者几个有关的可比数据进行对比，揭示差异和矛盾的一种分析方法。按照分析比较对象的不同可以分为与本公司历史比（趋势分析）、与同类公司比（横向比较）、与计划预算比（预算差异分析）等。

（二）因素分析法

因素分析法是通过分析影响财务指标的各个因素，并计算其对指标的影响程度，同时说明本期实际与计划或者基期相比，财务指标发生变动或者差异产生的主要原因的一种分析方法。因素分析法适用于多种因素构成的综合性指标的分析。由于在分析时要逐次进行各因素有序替代，所以又称为"连环替代法"。

（三）比率分析法

比率分析法是指同一个会计报表的不同项目之间，或者不同会计报表的有关项目之间进行对比，用计算出的比率来反映各个项目之间的相互关系，借此来评价企业的财务状况和经营成果的一种分析方法。采用比率分析法，可以把某些在不同条件下不同次比较的指标，变为具有可比性的指标，因此在企业经营分析中具有特殊的重要意义。

四、财务分析报告的写作

财务分析报告一般由标题、正文和落款三部分构成。

（一）标题

财务分析报告的标题一般由单位或者企业的名称、时限、分析内容和文种四项构成，如《××公司 2023 年年度财务分析报告》。有时也可以根据需要省略其中的某个部分。有的专题分析报告为了突出重点，也会直接用建议或者意见作为标题，如《关于节支增收、扭亏增盈的意见》。

（二）正文

正文是财务分析报告的主体部分，一般由开头、主体和结尾三个部分组成。常用的格式是条文与表格相结合的综合样式。

1. 开头

正文的开头又称为引言，是以简练的语言概括介绍报告期内财务活动所取得的主要成绩或者存在的主要问题，并做总的评价。这部分内容以概述为主，同时要用具体的数据和指标进行说明，为下面的分析做好铺垫。

2. 主体

主体是财务分析报告的核心部分，主要是对各项指标完成情况及相关的工作加以说明，对影响指标增减变化的原因进行分析。

主体部分可以分为说明段、分析段、评价段。说明段主要是对公司运营及财务现状的介绍。该部分要求文字表述恰当，数据引用准确。分析段是对公司的经营情况进行分析研究。在说明问题的同时还要分析问题，寻找问题的原因和症结，以便达到解决问题的目的。评价段是做出财务说明和分析后，对于经营情况、财务状况、盈利业绩，从财务角度给予公正、客观的评价和预测。

资料卡

财务分析段的内容

盈利能力分析：指对报告期内企业利用经济资源获取收益能力的分析，指标主要包括销售毛（净）利率、总资产报酬率、净资产收益率等。

营运能力分析：指企业资产管理效率的分析。主要指标包括应收账款周转率、营运资本周转率和总资产周转率。

偿债能力分析：指企业偿还到期债务（包括本息）能力的分析。偿债能力分析包括短期偿债能力分析和长期偿债能力分析。由于债务按照到期时间分为短期债务和长期债务，所以偿债能力也分为短期偿债能力和长期偿债能力。短期偿债能力的指标包括流动比率、速动比率、现金比率等。长期偿债能力的指标包括资产负债率、利息保障倍数。

发展能力分析：销售增长率、资本积累率、总资产增长率。

3．结尾

结尾是财务人员在对经营运作、投资决策进行分析后形成的意见和看法，特别是对经营运作过程中存在的问题所提出的改进建议。

（三）落款

财务分析报告的落款包括撰写财务报告的部门名称和日期，写在正文的右下方。

五、写作财务分析报告的注意事项

（一）要明确报告阅读的对象及报告分析的范围

报告阅读对象不同，那么报告的侧重点和语言都应该因人而异。报告分析的范围不同，分析的内容也应该稍作调整。

（二）要了解读者对信息的需求

在撰写前要充分领会领导所需要的信息是什么。财务分析报告是要为业务服务的，没有针对性的财务分析报告起不到应有的作用。

（三）要有清晰的框架和分析思路

财务分析报告的框架一般为报告目录——重要提示——报告摘要——具体分析——问题重点综述及相应的改进措施。

（四）要与公司经营业务紧密结合

撰写者只有深刻领会财务数据背后的业务背景，才能切实揭示业务过程中存在的问题，提出有针对性的建议、措施，从而有效地挖掘企业潜力，提高管理水平。

资料卡

财务分析报告的框架

报告目录：告知阅读者报告所涉及的内容及所在的页码。

重要提示：对报告中新增的内容或者必须引起重大关注的问题做提前说明。

报告摘要：报告的高度浓缩，一定要言简意赅。

具体分析：分析要条理清楚，层层分解，环环相扣，各方面内容有着紧密的联系。

问题重点综述及相应的改进措施：对之前报告中问题的跟踪汇报和对本期报告中问题的集中阐述。

范文赏析

××公司2019年年度财务分析报告

××公司董事会：

2019年，我公司在全市经济持续稳步发展的形势下，坚持以提高效益为中心，以搞活经济、强化管理为重点，深化企业内部改革，进一步完善了企业内部经营机制，实现销售收入××万元，比 2018 年增长××%，实现净利润××万元，比 2018 年增长×%，并在取得良好经济效益的同时，取得了较好的社会效益。

一、主要经济指标完成情况

2019 年度商品销售收入为××万元，比 2018 年增加××万元。净资产收益率为××%，比 2018 年的××% 略有提高。全年毛利率达到××%，比 2018 年提高××%。销售费用率 2019 实际为××%，比 2018 年升高×%。全年实现利润×× 万元，比 2018 年增长×%（注：以上可以列表说明）。

二、财务情况分析

（一）销售收入情况

2019 年全年销售收入总额比 2018 年增加××万元，增长率为×%。销售收入增加中，因为价格下降导致收入减少××万元。价格下降的原因主要是为了扩大销售量，提高公司产品竞争力。

（二）销售成本情况

公司 2019 年销售成本总额比 2018 年增长××万元，增长率为×%。因为销售成本增长××%而导致成本增加××万元，因为生产成本增加而导致销售成本增加×× 万元。

（三）管理费用（销售费用）水平情况

公司管理费用总额比 2018 年增加××万元，费用水平上升××%。其中，运杂费增加××万元，职工薪酬增加××万元。从变化因素看，主要是由于公司政策因素的影响。

（四）资金营运情况

2019 年 12 月 31 日，全部资金占用额为××万元。

三、财务情况总体评价

（一）经营情况综合评价（略）

（二）盈利能力评价（略）

（三）财务风险评价（偿债能力评价、现金流）（略）

（四）资产管理能力评价（略）

（五）未来发展能力评价（略）

四、存在的问题和建议

问题一：资金占用增长过快，结算资金占用比重较大。

建议：各级管理部门要引起重视，应该抽出专人成立清收小组，积极回收，也可以将奖金和工资与回收货款挂钩，调动回收人员的积极性。同时，要求各部门经理严格控制赊销商品管理，严防新的三角债产生。

问题二：经营性亏损部门有增无减，亏损额不断增加。全公司未弥补亏损额高达××万元，比 2018 年大幅度上升。

建议：公司管理层要加强对亏损子公司的整顿和管理，做好扭亏转盈工作。

问题三：产品生产成本控制不力，存在不同程度的生产浪费情况。

建议：略

××公司财务部

2019 年××月××日

简评：上述范文撰写的是一则财务分析报告，虽然省略了很多内容，但是基本的思路很清晰，按照财务分析报告的一般格式来写，条理清楚，格式规范。

写作财务分析报告的参考模板

××公司××××年度财务分析报告

开头：内容概述

主体：说明段

　　　分析段

　　　评价段

结尾：建议段

×××××××

××××年××月××日

任务实施

练一练

1. 根据财务分析报告的写作方法，分析下面这篇财务报告有何优点，又有哪些不足。

××公司 1—7 月份财务分析报告

×××有限公司董事会：

我公司于××××年××月份正式投产，在董事会的正确决策及总经理的经营管理下，公司业务稳步增长，自×月投产至 7 月末，累计生产外贸服装××万件，销售服装××万件，实现销售收入×××万元，总资产规模由年初的×××万元增长到×××万元，翻了一番。

一、主要经济指标完成情况

1—7 月实现销售收入×××万元，其中经销收入××万元，加工收入×××万元。实现销售利润××万元，销售利润率为×%，三大费用（经营费用、管理费用、财务费用）为××万元，经营性亏损为××万元，应收账款周转天数×××天，存货周转天数×××天，总资产增长率为××%。

二、主要财务情况分析

（一）盈利能力分析

　　×××年 1—7 月份，实现销售收入××万元，销售成本××万元，销售毛利为×万元，毛利率为 10%，低于 15%的行业平均毛利率水平，三大费用合计额为××万元，占销售收入的×%。从费用水平看，比正常水平偏高了一点，但考虑到三大费用具有一定的刚性，维持企业正常运转，必然会产生一定的营业费用、管理费用和财务费用。随着业务量的拓展，从绝对值来看还会进一步增长，所以说单纯降低费用消耗水平，并非提高企业经济效益的主要途径。若结合应收账款周转率、存货周转率及流动资产周转率等指标（详见营运能力分析），则可以看出，加速资金周转，减少存货及应收账款资金占用，才是当前企业经营管理亟待解决的一个关键问题。从 7 月末存货资产占用×××万元来看，远远高于维持企业生产经营所需要的水平。从 10%的毛利率水平来看，确实不高，但考虑到我公司是新开办企业，生产经营还处在磨合期，尤其 4 月份是外贸服装企业的淡季，所接订单的工价不甚理想，只求维持一定的生产业务量，稳定员工队伍。另外，从成本角度来看，以缝制车间为例，我公司职工的劳动生产率水平（或者单位生产水平）并不高，根据测时记录与车间实际完成工时比较来看，1—7 月份缝制车间平均只能完成标准工时（即测时工时）的 90%还不到。为了稳定员工，还是给予了员工较高的工资水准，增加了单位产品的人工成本，从而降低了毛利率水平。

　　这里面有新老工人技能水平差异的问题，也有经营与生产脱节，经营计划与生产调度不协调的问题。经营与生产本来就是一对矛盾体，是企业生存发展的双刃剑。在以经营为中心的前提下，如何协调和处理好两者之间的关系，这是企业经营管理层应该研究的一个重要课题。

　　同时我们也应该注意到，经过近半年的不断磨合、调整，缝制车间的生产稳步增长，标准工时完成程度由起初的 82%左右提升到目前的 97%左右，提升了约 15 个百分点。但同时由于进入夏季高温季节，水电等费用成倍增长，所以抵消了一部分劳动生产率提高所降低的成本，毛利率水平并没有显著提高。

　　因此我们认为，目前的经营亏损是暂时性的，在正常合理的范围之内，是可控的，通过提高技术和管理水平、加强经营与生产的协调，实现计件考核制，合理拉开职工收入差距，调动职工的积极性，进一步提高劳动生产率，发展优良客户，缩短结算周期及加快资金回笼速度，确保到×××年年末达到盈亏平衡，力争略有资金积累。

　　（二）营运能力分析

　　由于我公司没有自营进出口，是单纯的服装加工型企业，所以结算周期较长，这也是此类企业的特点。再加上我公司投产初期，正处于服装行业的淡季，为了维持企业的正常生产水平，稳定员工队伍，甚至接三手订单，导致资金回笼慢，周转失衡。另外，由于企业基本建设及设备投资超支，平均每个月至少要××万元资金来支付基建及设备欠款，所以给企业生产经营带来了很大的资金压力。虽然 5 月份向××行融资××万元，但是也只能解燃眉之急、一时之渴。

　　从应收账款周转速度来看，我公司 1—7 月份应收账款平均周转率为 1 年 6 次不到。从周转周期来看，应收账款平均周转天数为××天，远高于 30～45 天的行业正常水平，导致资金周转困难，经常出现资金缺口。

　　从企业发展态势来看，从 5 月开始，我公司经营逐渐走向良性循环，订单工价提高，资金回笼加快。至 7 月末，××万元的应收账款中有一半是 3 月份生产出运的订单

（其中，××客户×万元，××客户×万元，××客户×万元），当前只有将这部分应收账款尽快解决，企业资金压力才能有所减轻，资金周转速度才能显著提高。

（三）偿债能力分析

如果说营运能力指标体现了企业的经营风险，那么偿债能力指标则体现了一个企业的财务风险。从流动比（流动资产与流动负债的比值）这个指标来看，7 月末我公司的流动比为 0.65，表明企业的流动资产不足以支付流动负债，但考虑到流动负债中有×××万元是母公司投入的资金（暂未办理验资增资手续），不是实际对外负债。扣除股东借款后的流动比将近 1，即流动资产勉强能够支付流动负债，企业的短期债务偿还能力存在一定的风险。

事实表明，我公司自开业至今流动资金一直处于紧张状态，这也是处于扩张期的新办企业普遍存在的问题。目前也只有通过缩短结算周期，加速资金回笼才能缓解这个矛盾。如果企业能按照目前的趋势正常发展，计划至今年年底将基建及设备款项基本支付完毕，那么明年企业即能轻装上阵。

结论：综上所述，我公司自投产开业以来，生产业务量稳步增长，正处于飞速扩张阶段，在不到半年的时间里，总资产规模较年初翻了一番，但同时也面临着资金短缺、劳动生产率较低、经营与生产失调、存在着一定的经营风险与财务风险。只要管理层及全体职工同心协力，不折不扣地落实董事会的经营方略，沿着磨合、调整、稳定、发展的经营思路，弘扬团结、创新、务实、高效的企业精神，在技术、管理、经营上更上一层楼，力争到本年底实现扭亏为盈，为明年公司的进一步发展打下良好的基础。

报告人：××

××××年××月××日

2．请分析上题中的财务分析报告用到了哪些财务分析方法。

💡 想一想

3．请你思考一下，如何才能写好一份财务分析报告。

✍ 写一写

4．江苏省无锡市江南集团股份有限公司财务处古月，要写一份第二季度的财务分析报告，董事会需要了解公司本季度的财务状况，以便为下季度的公司营运做出正确的决策。

请你根据下面相关的材料和数据，撰写一份财务分析报告。

（1）资产负债表分析。

（单位：万元）

项 目	时间		增减额	增减率
	2023 年 4 月	2023 年 6 月		
流动资产	86118.26	159232.85	73114.59	84.9%
非流动资产	17495.22	40693.03	23197.81	132.6%
资产总计	103613.48	199925.88	96312.4	92.95%

续表

项 目	时间		增减额	增减率
	2023年4月	2023年6月		
流动负债	76154.14	160437.79	84283.65	110.68%
非流动负债	37.50	168.44	130.94	349.17%
负债合计	76191.64	160606.23	84414.59	110.79%
所有者权益	27421.83	39319.65	11897.81	43.39%

（2）利润表分析。

（单位：万元）

项 目	本季度数	本年累计	同期累计	增减额	增减率
营业收入	72183.41	300529.25	126656.40	173872.85	137.28%
营业成本	56625.25	243560.08	103475.63	140084.45	135.38%
营业税金及附加	34.14	836.12	583	253.12	43.42%
销售费用	9206.35	36308.05	15263.08	21044.97	137.88%
管理费用	3909.97	10023.08	3359.67	6663.41	198.34%
财务费用	52.71	290.98	−670.88	961.86	143.37%
营业利润	2439.25	9776.73	4859.24	4917.49	101.2%
利润总额	2509.69	9906	4935.68	4970.32	100.7%
净利润	1634.39	7851.99	4215.94	3636.05	86.25%

（3）基本情况。

2023年4月，公司本季度实现营业收入72183.41万元，累计实现营业收入300529.25万元，2022年同期实现营业收入126656.4万元，同比增加137.28%；本季度实现利润总额2509.69万元，累计实现利润总额9906万元，较2022年同期增加100.7%；本季度实现净利润1634.39万元，累计实现净利润7851.99万元，较同期增加86.25%。

任务二　内部审计报告

任务导入

江南集团股份有限公司账务部出纳兼公司文员古月因为工作出色，被调至审计部担任内部审计人员。2023年年初，公司将组织对2022年财务收支情况进行内部审计，古月被委任为本次审计的审计组组长兼主审，全面负责本次审计事宜。作为该项目主审，在审计现场结束后，古月要根据审计情况，汇总整理资料，最终形成内部审计报告，那么内部审计报告的写作有什么样的要求呢？

任务要求

◎ 情感目标：培养会计专业学生财务审计的能力，增强学生在企业中的核心竞争力。

◎ 技能目标：掌握内部审计报告的内容要素和写作思

路，能够撰写审计报告。

◎ 知识目标：了解内部审计报告的特点、性质和作用。

知识准备

一、内部审计报告的性质及分类

内部审计报告是内部审计人员根据审计计划对本单位实施必要的审计程序后，就本单位经营活动和内部控制的适当性、合法性和有效性出具的书面文件。根据《内部审计具体准则第 7 号——审计报告》第四条规定："内部审计人员应该在审计实施结束后，以经过核实的审计证据为依据，形成审计结论与建议，出具审计报告。"

根据审计内容的不同，内部审计可以分为财务收支审计、专项审计、基建项目审计、经济责任审计等。因为审计事项的不同，内部审计报告也各有侧重，审计内容和审计目标紧密结合是撰写内部审计报告的基本要求。

二、内部审计报告的特点

（一）准确性

内部审计报告应该实事求是，所陈述的内容都应该经过取证，以充分的事实为依据。对审计过程中发现的被审计单位取得的成绩或者管理中存在的亮点，要如实地加以反映。对审计过程中发现的问题，要揭示真相，分析原因。

（二）及时性

内部审计机构是本单位的一个部门，可以通过日常了解，及时发现管理过程中存在的问题或者问题的苗头，简化审计程序，迅速与有关职能部门沟通或者向管理者反映，随时对本单位的问题进行审查，纠正已经出现和可能出现的问题。

（三）建设性

内部审计报告要针对本单位的问题提出可行的改进建议，以便发挥其对促进改善经营管理、提高经济效益的作用，进而促进组织目标的实现。

资料卡

审计小知识

审计是什么？审计经过不断地完善和发展，至今已经形成一套比较完备的科学体系。美国会计学会（AAA）审计基本概念委员会在《基本审计概念说明》中将其定义为"审计是一个系统化过程，即通过客观地获取和评价有关经济活动与经济事项认定的证据，以便证实这些认定与既定标准的符合程度。"

审计三要素：审计主体、审计客体、审计授权或者委托人。

审计按照主体不同分为政府审计、内部审计、注册会计师审计。

三、内部审计报告的写作

内部审计报告的结构主要包括标题、主送人、正文、审计报告出具人和出具日期等。

（一）标题

内部审计报告的标题类似于公文的准齐式标题，一般由事由和文种两要素组成。事由主要写明审计的具体项目，例如《关于××××年度财务收支情况的审计报告》《关于×××任期经济责任的审计报告》《关于拟并购××公司资产情况的审计报告》等。

（二）主送人

根据内部审计机构隶属关系的不同，内部审计报告的主送人一般是内部审计机构的上级部门或者领导，包括总会计师、副总经理（主管财务）、总经理、董事会等。

（三）正文

内部审计报告的正文一般由开头和主体两部分构成，因为审计事项的差异，内部审计报告在正文部分会有一定的差异，下面以财务收支审计事项为例进行介绍。

1．开头

内部审计报告的开头包括审计依据、审计工作的开展情况、会计责任和审计责任等。

（1）审计依据。

审计依据即内部审计人员开展审计工作的依据，一般可以表述为"根据××××年审计计划或者审计计划委员会安排"。

（2）审计工作的开展情况。

主要包括审计范围、审计方式、审计实施的起止时间等。一般可以表述为"审计组自××××年××月××日至××××年××月××日，以就地审计或者送达审计的方式，对××××年度财务收支情况进行了审计"。

（3）会计责任和审计责任的划分。

会计责任是指被审计单位或者部门应该建立、健全相关的内部控制制度，保护其资产的安全、完整，对其会计资料的真实性、完整性、合法性负责。审计责任是指审计人员对出具的审计报告的真实性、合法性负责。

一般可以表述为"×××对其提供的与审计相关的会计资料、其他证明材料的真实性和完整性负责。审计组的责任是根据提供的会计资料及其他资料发表审计意见"。

2．主体

内部审计报告的主体包括基本情况、审计查出的主要问题和审计建议。

（1）基本情况。

基本情况主要反映被审计单位的管理体制、人员情况、财务隶属关系、财务收支及资产负债情况等。

（2）审计查出的主要问题。

在审计报告中陈述时，根据问题的重要性，如金额的大小、性质、影响程度等，对问题进行排序。揭示每个问题时先定性质后量化，即先以定性的方式概括指出审计查出的问题是什么，随后对问题的内容、金额、结果等进行明确具体的描述。

（3）审计建议。

审计建议是根据审计查出的问题提出的合理化建议。审计建议要符合有关法律法规和制度的要求，同时也要结合实际情况突出针对性，注重可操作性，以便于被审计单位或者部门进行整改。

（四）审计报告出具人和出具日期

在正文右下方要署上审计组组长及审计组成员的姓名和出具审计报告的日期。

📇 范文赏析

关于 2022 年财务收支情况的审计报告

尊敬的公司董事会及分管领导：

根据公司 2023 年审计计划安排，审计组于 2023 年 3 月 1 日至 3 月 25 日对公司 2022 年年度财务收支情况进行了就地审计。审计组实施了包括抽查会计凭证在内的必要审计程序，公司财务部对会计资料的真实性、合法性和完整性负责，审计组的责任是对审计结果发表意见。现在将审计结果报告如下。

一、基本情况

（一）财务收支情况

2022 年，公司收入总额 6950 万元，其中营业收入 6600 万元，营业外收入 350 万元；成本费用总额 7806 万元，其中营业成本 5520 万元，管理费用 820 万元，财务费用 762 万元，营业费用 646 万元，营业外支出 58 万元；收支净额 -856 万元。

（二）资产、负债、净资产情况

截至 2022 年 12 月 31 日，公司资产总额 9850 万元，负债总额 4569 万元，净资产 5281 万元。

二、审计发现的问题

（一）财务核算方面

1. 库存现金和银行存款入账不及时

通过审核库存现金和银行存款日记账发现，截至审计日，库存现金和银行存款业务前三日的业务尚未登记入账，未做到"日清月结"。

2. 费用单据报销不规范

抽查反映部分招待费报销凭证要素不全。例如，2022 年 12 月的 8# 记账凭证所附报销单据未注明报销事由，同月的 15# 凭证所附报销单据证明人栏未见签字。

（二）资产管理方面

已经交付使用的厂房未及时纳入"固定资产"科目核算。公司委托建造的办公用房 5600 平方米，总价 3200 万元，于 2022 年 8 月 31 日交付使用，尚未纳入"固定资产"科目核算。

三、审计建议

（1）出纳人员应该及时登记库存现金和银行存款日记账，做到"日清月结"，确保会计资料真实完整。

（2）各部门在费用报销时应该切实做好报销单据的填列工作，财务部门应该加强对相关单据的审核，确保会计资料的完整和公司内控制度有效地运行。

（3）购建固定资产要及时办理入账手续，建立、健全资产管理制度，定期或者不定期进行清查盘点，保证账账相符、账实相符。

审计组组长：李阳

审计组成员：蒋昱辉、沈春

2023 年 4 月 15 日

简评：内部审计是为单位或者组织内部服务的，因此内部审计报告在格式上较政府审计和注册会计师审计而言，更加灵活。

此篇内部审计报告在内容上属于财务收支情况的审计报告。报告开头阐述了审计依据、审计范围、审计方式、起止时间及责任划分等内容。主体部分首先对 2022 年本公司年度财务收支及资产负债情况进行了简单介绍，后面重点对审计过程中发现的问题进行陈述，并针对问题提出具体的审计建议。最后，写明审计组人员姓名及审计报告出具的时间。

任务实施

练一练

1. 江南集团股份有限公司审计部派出以古月为组长，郭明明、刘丽云为组员的审计组，于 2023 年 4 月 1 日至 4 月 20 日对公司 2022 年年度财务收支情况进行审计。在审计过程中，审计人员注意到下列事项。

（1）2023 年 4 月 16 日下午 4 点，审计人员对公司库存现金进行突击盘点，盘点结果如下。

①人民币：100 元币 8 张，50 元币 20 张，5 元币 18 张，1 元币 12 张，5 角币 28 张，2 角币 10 张，1 角币 12 张。

②库存现金日记账的余额为 1653.2 元。

③2023 年 4 月 16 日，已经办理收款手续，尚未入账的现金收款凭证金额为 860 元。已经办理付款手续，尚未入账的现金付款凭证为 780 元。

④2023 年 4 月 5 日，出纳以白条借给某职工现金 800 元。

⑤银行核定的库存现金限额为 1000 元。

（2）3 月 22#凭证库存现金支付大华公司办公用品 65000 元；8 月 19#凭证库存现金支付利升公司房租款 42000 元。

（3）2023 年 4 月 18 日，对库存物资进行监盘，相关资料如下。

存货名称	财务明细账数量	仓库明细账数量	单价（元）	实际监盘数量
A 产品	35 套	30 套	3500	30 套
B 材料	1600 kg	1700 kg	2.5	1700 kg

经过核查，A 产品差异的原因为产品已经出库，但仓库未及时将单据传递至财务部；B 材料差异的原因是材料入库后财务部没有及时登记财务明细账。此外，在查阅仓库资料时发现，仓库上一任保管员于 2022 年 8 月 31 日离职并进行了移交，但未进行全面盘点。

（4）公司采用完工百分比法确认合同收入和合同费用，按照累计实际发生的合同成本占合同预计总成本的比例确定合同完工程度，2023 年 1 月与××公司签订一份总金额为 400000 元固定造价的建筑承包合同，合同预计总成本为 350000 元。2022 年实际发生成本 252000 元，预计为完成该合同，公司尚需在 2023 年发生成本 98000 元，该合同的结果能够可靠估计，但公司 2022 年未确认与该项合同相关的收入和成本。

要求：请你根据上述资料说明公司存在哪些问题，并提出相应的审计建议。

🖊 写一写

2. 根据上述事项，结合下列所附材料，请你代审计组撰写审计报告，要求格式正确，内容完备。

附件一

资产负债表

编制单位：江南集团股份有限公司　　　　　　××××年12月31日　　　　　　单位：万元

资产	年末余额	年初余额	负债和股东权益	年末余额	年初余额
流动资产			流动负债		
货币资金	45	25	应付账款	398	106
交易性金融资产	10	5	流动负债合计	398	106
应收账款	398	199	非流动负债		
存货	125	236	长期借款	450	435
流动资产合计	578	465	非流动负债合计	450	435
非流动资产			负债合计		
长期股权投资	30	0	股东权益		
固定资产	1230	945	股本	300	300
无形资产	8	8	未分配利润	698	577
非流动资产合计	1268	953	所有者权益合计	998	877
资产合计	1846	1418	负债和所有者权益合计	1846	1418

附件二

利润表

编制单位：江南集团股份有限公司　　　　　　××××年　　　　　　单位：万元

项目	本年金额	上年金额
一、营业收入	3000	2850
减：营业成本	2450	2396
营业税金及附加	26	25
销售费用	22	20
管理费用	42	38
财务费用	95	86
二、营业利润	365	285
加：营业外收入	45	70
减：营业外支出	43	75

续表

项目	本年金额	上年金额
三、利润总额	367	280
减：所得税费用	102	82
净利润	265	198

任务三 管理建议书

任务导入

林秀加入腾飞管理顾问有限公司工作已经 5 年了，她的工作能力和管理能力得到了上级领导一致认可，拟提拔她为公司人事经理。董事长找她谈话后，希望她能就公司的人事管理提出一些想法和意见，提交一份管理建议书，这也是对她升职的一个考核。

她是这样写这份管理建议书的：

管理建议书

腾飞管理顾问有限公司：

经过长期对公司人事管理的了解，我结合员工对公司考勤和休假方面的调查，就公司在员工考勤、年休假管理方面提出如下建议。

1. 每年初制订本年度员工年休假计划，年休假既可以统一集中安排，也可以参考附件一《带薪年休假计划表》。

2. 员工应休带薪年假具体标准如下。

(1) 带薪年休假假期。

1 年≤工作年限＜10 年，可以享受带薪年休假 5 天。

10 年≤工作年限＜20 年，可以享受带薪年休假 10 天。

工作年限≥20 年，可以享受带薪年休假 15 天。

注意：以上工作年限是指员工累计工作年限，而不限于在本企业的工作年限。

(2) 员工不享受当年年休假、年休假工资报酬的情形。

① 寒暑假天数≥年休假天数。

② 未扣工资的事假≥20 天。

③ 病假≥2 个月（1 年≤工作年限＜10 年）。

　　≥3 个月（10 年≤工作年限＜20 年）。

　　≥4 个月（工作年限≥20 年）。

④ 职工因为本人原因书面申请不休年休假，该书面申请可以参考附件二《不休带薪年休假申请书》。

3. 做好员工享受带薪年休假的记录，具体可以参考附件三《员工带薪年休假登记表》，该表应该在员工享受完带薪年休假后，连同该期间的员工考勤记录，经过本人签字确认后，由贵公司妥善保存。

4. 对职工应休未休的年休假天数，贵公司理应按照该职工日工资收入的 300% 支付年休假工资报酬，具体数额应该根据相关的法律规定计算。该报酬项目应该在工资表中单独列出，并经过员工签字确认后，由贵公司妥善保存。

5. 经过员工本人签字确认的《不休带薪年休假申请书》及《员工带薪年休假登记表》应该由人事部保存至员工离职后两年。

×××管理顾问有限公司

建议人：×××

20××年××月××日

林秀总觉得自己的这一份管理建议书写得不好，于是，她去请教了朋友李经理，李经理看过后，说幸亏没有直接给董事长，这份管理建议书存在比较明显的问题，有严重的内容缺失。

林秀顿时犯了难。什么样的管理建议书才能算内容完备呢？

任务要求

◎ 情感目标：培养学生统筹规划的能力和整合资源的意识，形成职场中全局思维的能力和新时代的管理能力。

◎ 技能目标：掌握管理建议书的内容要素和写作思路，能够独立撰写管理建议书。

◎ 知识目标：了解管理建议书的特点、性质和作用。

知识准备

一、管理建议书的性质及作用

所谓管理建议书，狭义上是指注册会计师在完成审计工作后，针对审计过程中已经注意到的，可能导致被审计单位财务报表产生重大错误报告的内部控制重大缺陷提出书面建议。现行审计准则要求，注册会计师对审计过程中注意到的内部控制重大缺陷，应该告知被审计单位管理者，必要时，可以出具管理建议书。而广义的管理建议书使用范围就很广，可以是公司企业管理建议书、部门生产建议书、班级管理建议书等。

管理建议书能够抓住内部管理存在的问题，并针对这些问题集思广益，去改进管理方法，提升管理水平。

二、管理建议书的特点

管理建议书是发现问题并提出解决方案的文书，它具有如下特点。

（一）客观性

管理建议书出具的依据就是目前管理现状出现的问题，目的是改善目前的管理现状，使管理更有效、更有序。所以，管理建议书详细而又客观地调查实际，一切从现实出发，才能更好地支撑提出的建议。

（二）针对性

不管是狭义上的管理建议书还是广义上的管理建议书，都是针对问题提出来的有效建议，不可泛泛而谈，毫无指向性。

（三）有效性

管理建议书中提出的建议是文书中的重点，这些建议要根据存在的问题提出，并能有效地实施，从而达到改善管理现状的目的。

三、管理建议书的结构与写作

管理建议书的结构一般包括标题、称谓、正文和落款四个部分。

（一）标题

管理建议书的标题一般直接写《管理建议书》，也可以加上企事业单位的名称或者管理建议的领域，如《公司管理建议书》《项目管理建议书》《城市灯光管理建议书》等。

（二）称谓

顶格写明接受管理建议书的单位、组织或者领导。在标题下另起一行，在负责的组织或者领导后面加冒号，如"××董事会：""××市××局："等。

（三）正文

正文部分必须包括四个部分，即存在的问题、现实证据、提出建议、解决效果。

1. 存在的问题

这部分可以开门见山地提出管理方面存在的问题。这些问题最好可以明确其类别，是管理制度问题还是人员能力问题，还是工作流程问题。这样问题就会更加明确，建议也更有针对性。

2. 现实证据

问题提出后，最好罗列一下调查管理现状时的情况和依据。这些内容既是问题存在的有力证据，又提高了建议的说服力。

3. 提出建议

这部分内容是管理建议书的重点，也是管理建议书的主体。建议的提出要有明确的指向，要符合企事业单位的总体发展目标，否则建议就没有存在的价值了。同时，建议要具有可操作性，提出建议时，可以加上解决方案，这样更易于接受和改进。

4. 解决效果

有些建议书在结尾部分还可以加上接受建议后会达到的可预期的效果，这样，就更能促进管理建议书的推进和实施。

（四）落款

在正文的右下方写上管理建议书提出者的姓名或者单位的名称（要盖章），并在下面注明日期。

范文赏析（一）

管理建议书

广东省××公司董事会：

我们接受委托，审计了贵公司 2010 年年度财务报表，并出具了××会审字（2010）第 01007-13 号《审计报告》。在审计过程中，我们发现贵公司及附属子公司内部会计控制制度在某些方面不尽完善，在此我们提请贵公司管理当局予以关注。我们提供的该份管理建议书，不在审计业务约定书约定项目之内，而是我们基于为贵公司服务的目的而提出的。由于我们从事的是对贵公司年度会计报表的审计，所实施的审计范围有限，不可能全面了解贵公司及附属子公司的所有内部会计控制，所以，管理建议书中所述的内部会计控制的某些缺陷，仅是我们注意到的，不应该被视为对内部会计控制制度发表的鉴证意见，所提建议仅供贵公司管理当局参考。

一、贵公司本部

（1）贵公司下属分公司存在部分会计凭证缺少附件或者附件不齐、签署不全的现象，造成原始单据不足以说明经济业务核算的正确性及完整性，这在对经济业务进行计提时尤为明显。例如，贵公司下属市政分公司 2010 年 5 月 49#凭证结转工程材料入"工程施工"，记账凭证后无附件。再如，路桥分公司 2010 年 9 月 142#凭证结转分包产值仅附列账通知单，而无任何相关的责任人签名等。

（2）贵公司下属分公司成本费用支出明细核算账务处理欠妥。例如，机施分公司 2010 年 4 月 111#凭证支付赔偿款，由于对方无法提供发票，所以该分公司在对此做账务处理时计入了"应付职工薪酬"科目，从而挤占了公司职工工资总额。

二、广东××混凝土有限公司

（一）成本费用核算

（1）存在购买计算机等固定资产直接计入成本费用的情况。例如，人和分公司 2010 年 8 月 11#凭证，贵公司本部 10 月 14#凭证、12 月 10#凭证等，造成当年损益不实。同时，未做纳税调整，存在税务风险。

（2）本年度该公司本部多提堤围防护费 7254.27 元，人和分公司多提堤围防护费 6411.35 元，合计多提 13665.62 元，多入成本，影响当年损益。同时，未做纳税调整，存在一定的税务风险。

（二）其他方面

我们发现该公司部分往来款项属于需要计提坏账准备项目，但是未计提坏账。

（三）管理建议

建议该公司严格按照权责发生制原则核算成本费用，计提各项减值准备，以便财务报表全面、真实地反映年度损益及资产状况。

三、广东××管理有限公司

该公司管理费用明细列支中，水电费、员工手机话费、公司话费等均记入二级明细科目办公费中。其中，水电费、员工手机话费、公司话费均为每个月都发生的费用，建议独立设立二级明细科目，以便使公司费用的列支更加清晰明确。

四、广东××工程有限公司

（1）长期负债未及时清理。在审计过程中，我们注意到该公司期末有 126 万元的长期负债，占公司期末负债总额的 47.81%，是该公司期末资产总额的 9.9%。经过了解，这些长期负债主要是应付公司原行政主管单位广东省水利厅的流动资金借款，以及应付股东广东源大水利水电集团有限公司的款项，而其中有部分负债业已多次收到债权单位催收函，但公司尚未对此予以处理。

建议公司及时清理相关债务，以免产生不必要的债务成本。

（2）在审计过程中，我们注意到该公司 2009 年多提的所得税 10691.7 元未通过"以前年度损益调整"科目调整期初数，而是直接冲减了 2010 年的管理费用——其他，造成管理费用账面数与实际数不符。

建议公司以后对此类事项通过"以前年度损益调整"科目予以调整，以便真实地反映公司的财务状况。

（3）在审计过程中，我们注意到公司对于代收代付的炸药款，通过借："银行存款"××元，贷："银行存款"××元，直接将收付的款项冲抵，未能反映业务事项的真实情况。

建议公司以后对此类事项通过"其他应付款"科目核算，以便反映业务事项的真实情况。

五、广州××有限公司

（一）会计基础工作存在缺陷

凭证未及时装订，不利于财务档案的保管。

（二）财务核算不规范，有待进一步完善

（1）将堤围防护费计入"主营业务税金及附加"，按照规定应该列入"管理费用"科目。

（2）固定资产为办公设备，所计提折旧在 5 月至 9 月计入"间接费用"（期末结转到成本），10 月至 12 月计入"管理费用"。办公设备的固定资产折旧应该计入"管理费用"科目。

（3）员工工资在 6 月份一部分计入"管理费用"，另一部分计入"间接费用"和"机械费用"，在 9 月和 12 月份计入"间接费用"和"机械费用"。建议管理人员的工资列入"管理费用"。公司每个月都发放工资，而只在 6 月、9 月、12 月才结转到成本费用，不符合会计核算规定。

（4）收入和成本不配比。主营业务成本在 6 月、9 月、12 月各结转一次，而主营业务收入在 5 月、7 月—12 月均有发生，没有及时配比结转主营业务成本。

（三）其他方面

公司本年度新成立，固定资产仅有价值 13000 元的办公设备，而本年度仅向广东××股份有限公司出租设备收取的费用就达到 1920664 元，收入与公司规模不配比。公司所用设备实为广东省××公司机械租赁分公司（母公司下属分公司）的设备，公司另行在成本中支付租赁费（全年此项租赁费为 80 多万元，仅占收入的 40%左右），建议××公司在核算过程中应该注意尽量或者少以附着于设备的服务收入为其收入内容，才能与公司规模、收入等相契合。经过了解，公司的成立原因之一是针对公司经营过程中与交通运输相关的业务（如装卸、搬运业务）为了取得较低的税率（营业税3%）而成立的。但是建议公司应该充分考虑由于成立新公司而增加的其他不可避免的费用（如为了维持公司正常运作而增加的费用）、相应成本的考量（如由于是关联交易，租赁成本是否会取得税务部门的认可）及为此增加的税费支出（母公司租赁费按照5%计交），等等，应该予以充分考虑。

以上仅根据我们在审计过程中所了解的贵公司及其子公司内部会计控制制度的不足提出建议，若该公司对本函尚有疑问，则我们诚愿做进一步的诠释。

专此，并颂

时祺！

广州××会计师事务所有限公司

20××年××月××日

简评：这是一份狭义的管理建议书的规范文稿。这份管理建议书条理清晰，先说问题，再提建议，客观公正地列出了存在的不足，恳切地提出建议，语言亲切，让人容易接受。

范文赏析（二）

××公司管理建议书

××公司董事长：

我已经在公司工作两年多了，针对公司目前内部管理的现状，个人认为，综合起来，在如下四个方面存在一定的问题。

一是制度，二是品质，三是执行力，四是凝聚力。部门沟通不畅、脱节及工作和布置的任务偏差、不能按时完成、工作效率不高，在于执行力不强，究其原因在于标准、监督及责任心的问题。工作中的积极性与责任心在于企业凝聚力的打造，即人心的凝聚问题。以上种种，需要规范公司的管理制度，明确工作标准，优化工作流程，再辅以贴心的企业文化凝聚人心，打造高效率的团队。执行并持续改善公司的内部管理，应该是制度化的硬性管理和人性化的柔性政策相结合，约束和激励双管齐下，解决人心的问题。

鉴于此，对于内部管理改善，初步构想及建议如下。

一、建立健全各项规章制度并加大执行力度

良好的规章制度是各项流程能否贯彻执行的有力保障，流程就好像水，制度就好像水管，只有水按照水管的方向流才能更好地得到利用。因此，建立健全各项规章制度就显得非常重要，让良好的制度为各项服务流程的贯彻执行保驾护航。

二、做出良好的品质仅仅依靠制造能力是绝对不可能的

品质是公司的综合能力。在未来的企业竞争中，更大程度地达到客户满意是每一个企业或者组织存在的意义，所以品质不仅仅是产品是否符合规格，更包括了客户是否满意这个大的方向，而客户满意又更广义地包括了交期、服务、价格等多方面。如果科技是第一生产力，那么品质就是一个公司最直接的实力体现。

三、加强执行力和凝聚力

执行力和部门沟通不畅首先是公司的管理团队与执行团队（即各部门主管）的问题，要想使员工有凝聚力就需要先从部门主管开始。如果各个部门主管及公司管理层都无法凝聚成一支有战斗力的队伍，那么整个公司的执行力只能是空谈。

四、整顿各部门的工作范围、工作制度及各部门之间的工作流程

对主管的责任和权力进行清晰的定义，对各岗位工作职责进行明确定位，对各部门之间的分工协作进行清晰界定。如果工作流程及规章制度不清晰流畅、不严谨，就会出现各自推诿责任的弊病，任务布置下去没有效果，还是不可能有执行力和凝聚力。当然工作制度及工作流程理顺了以后，需要老总大力推动，奖罚分明。

五、建设有效的绩效考核制度及薪酬制度

要由过去的"用人管人"向"用制度管人"进行转变。从"以人为本"向"以执行为本"转变，从"以岗位为本"向"以目标为本"转变，从"以职能导向"向"以流程导向"转变，两者兼容。实行统一的制度和纪律来约束全体成员的行为，才能形成客观公正的管理机制和良好的组织秩序。

六、企业领导要广开言路

俗话说，兼听则明，偏信则暗。让员工参与公司的建设、管理，让员工有主人翁的感觉。一旦实行这个举措，就不能流于形式，一定要落到实处。对于员工的意见，公司一定要予以处理，对于好的意见及开创性的建议，予以奖励；对于投诉和抱怨予以回复，以便安抚民心。

七、设立晋升制度、竞争机制

优胜劣汰，让员工看得到成长、上升的空间。

八、评选优秀员工，树立榜样

榜样的力量是无穷的。从业绩、效率、责任心、特殊贡献等多方面进行评选考核，这也是一种激励机制。

九、公司要培养、储备管理人才、骨干人才、技术人才

避免因为人才流动给公司带来影响，构建有层次的人才团队，使公司更有序、健康、高效地发展。

十、进一步加强企业文化建设

它的管理作用主要是通过精神引导弥补管理制度的不足，是一种柔性的因素。培养企业的共同价值观，逐渐通过价值观形成对员工的行为规范，形成企业较强的凝聚力，最终对企业绩效发挥作用，如设立图书屋、创办内刊等，在整个公司内部营造学习的氛围，运用这种文化参与、文化熏陶的形式，让每一个员工融入企业文化当中，让他们能够因为身为企业的一员而自豪，为企业的可持续发展提供原动力。总之，加强企业内部管理是搞好企业一切工作的基础，是深化改革、建立现代企业制度的必然要求。企业特别是领导一定要把这项工作放到重要位置上，并给予充分重视，努力把企业管理提高到一个新水平。

柴原

2023 年 5 月 18 日

简评：上述范文是一篇广义上的公司管理建议书。这份管理建议书很有说服力，提出的重点部分的建议非常详细，它将建议和解决问题后的效果列在每一条建议里面，条理清晰，说服力强。

管理建议书写作的参考模板

××管理建议书

××领导（××组织）：

存在的问题（开门见山、明确类别）

现实依据（列举调查结果）

提出建议（方向正确、具有可操作性）

解决效果（增强说服力）

×××

××××年×月×日

任务实施

练一练

1. 阅读下面的材料，试着提出一些管理建议。

（1）班级的集体活动很少，同学们之间缺乏感情，班级凝聚力不够。

（2）班级的学习氛围不浓厚，学生在宿舍里没有办法静下来看书学习。

（3）班级卫生现状堪忧，早餐后产生的垃圾都随意放在课桌里面，积少成多，教室卫生状况很糟糕。

（4）学生上课效率很低，很多学生上课不听讲，在下面玩手机，作业则能抄就抄，不能抄就不交。

改一改

2．根据所学的内容，思考"任务导入"中林秀的管理建议书少了点什么内容，试着把它补充完整吧。

写一写

3．校园文化管理对于学生的学习和生活至关重要，请你就现在的校园文化现状，写一份校园文化管理建议书。

任务四　资产评估报告

任务导入

李静在一家房地产公司实习了一段时间，工作表现积极，领导对她也非常满意。最近公司有一处房产抵押的业务，需要出具资产评估报告，领导把这件事情交给了李静。

李静的这份资产评估报告中的节选如下所示。

第四部分　估价结果报告

一、委托方
委托方：××
地址：××市××区××大道与××路交会处静澜别院×幢×××
二、估价方
机构名称：×××
单位住址：××市××大道×××
估价师：××
三、估价对象
（一）估价对象的基本状况
（二）估价对象的区位状况
1.××区的基本概况
2.估价对象的区位状况

四、估价目的

本次估价为委托方进行房屋出售提供估价对象客观、公正、科学、合理的市场价格参考。

五、估价时点

2019 年 2 月 16 日。

六、估价依据

（一）有关政策法规和文件

（二）委托方提供的有关资料

（三）评估人员掌握的有关市场资料及估价人员实地勘查、调查所获得的资料。

七、估价方法

（一）基准地价系数修正法

（二）成本法

（三）市场比较法

八、估价结果

本着公正、公平、公开的总原则，经过估价人员现场勘查和对委托评估对象所在区域的市场分析，按照房地产评估的基本原则和估价程序，选择适宜的估价方法，评估得到估价对象在价值定义和有关限制条件下，于估价时点 2019 年 3 月 16 日的市场价格（币种：人民币）如下。

房地产总价：519.5 万元

大写金额：伍佰壹拾玖万伍仟元整

房地产单价：17959 元/平方米

九、估价人员

估价师：××

十、估价作业日期

2019 年 2 月 16 日至 2019 年 3 月 16 日

十一、估价报告应用的有效期

在市场无明显价格波动的条件下，本估价报告应用有效期自提交报告日期起不超过一年，即 2019 年 2 月 16 日至 2020 年 2 月 15 日。

领导看过后，告诉李静这份资产评估报告内容不完整。那么，资产评估报告应该怎么写才符合要求呢？

任务要求

◎ 情感目标：培养学生在新时代规划资产的意识，养成资产评估的能力。

◎ 技能目标：掌握资产评估报告的内容要素和写作思路，能够编制资产评估报告。

◎ 知识目标：了解资产评估报告的特点、性质和作用。

知识准备

一、资产评估报告的性质及作用

资产评估报告是指注册资产评估师遵照相关的法律、法规和资产评估准则，在实施了必要的评估程序对特定评估对象价值进行估算后，编制并由其所在的评估机构向委托方提交的反映其专业意见的书面文件。它是按照一定的格式和内容来反映评估目的、假设、程序、标准、依据、方法、结果及适用条件等基本情况的报告书。广义的资产评估报告还是一种工作制度。它规定评估机构在完成评估工作之后必须按照一定的程序要求，用书面形式向委托方及相关的主管部门报告评估过程和结果。狭义的资产评估报告即资产评估结果报告书，既是资产评估机构与注册资产评估师完成对资产的作价，就被评估资产在特定条件下的价值所发表的专家意见，也是评估机构履行评估合同情况的总结，还是评估机构与注册资产评估师为资产评估项目承担相应法律责任的证明文件。

资产评估报告书有以下几方面的作用。

（1）对委托评估的资产提供价值意见。

（2）资产评估报告书是反映和体现资产评估工作情况，明确委托方、受托方及有关方面责任的依据。

（3）对资产评估报告书进行审核，是管理部门完善资产评估管理的重要手段。

（4）资产评估报告书是建立评估档案、归集评估档案资料的重要信息来源。资产评估报告不仅是资产评估机构完成评估工作的总结，也是国有资产管理部门验证、确认资产评估过程和评估结果的重要依据，是公众投资者得以了解公司情况的重要途径。

因此，资产评估机构必须依照客观、公正、实事求是的原则撰写资产评估报告，如实反映评估工作的情况，调查取证的资料要真实可靠，不得提供伪证。资产评估报告书必须由资产评估机构独立撰写，不受资产评估委托方或者其主管单位、政府部门或者其他经济行为当事人的干预。

二、资产评估报告的类别

资产评估报告在企事业单位中应用十分广泛，按照不同的标准，大致可以分为以下几类。

（一）按评估范围分

按评估范围可分为整体资产评估报告书和单项资产评估报告书。

（二）按评估对象分

按评估对象可分为资产评估报告书、房地产评估报告书、土地估价报告书。

（三）按资料详细程度分

按资料详细程度可分为完整评估报告和简明评估报告。

（四）按业务分类分

按业务分类可分为一般评估业务报告、评估咨询业务报告和评估复核业务报告。

三、资产评估报告的基本要素

资产评估报告一般应包括以下基本要素。

（1）评估报告的类型。

（2）委托方、资产占有方及其他评估报告使用者。

（3）评估范围和评估对象的基本情况。

（4）评估目的。

（5）价值类型。

资料卡

资产评估报告的制作流程

整理工作底稿和归集有关资料

评估明细表的数字汇总

评估初步数据的分析和讨论

编写评估报告书

资产评估报告书的签发与送交

四、资产评估报告的内容格式

（1）凡是按照现行资产评估管理有关规定必须进行资产评估的各类资产评估项目，应该按照本基本内容与格式的要求撰写评估说明，其目的在于通过注册资产评估师和评估机构描述其评估程序、方法、依据、参数选取与计算过程，通过委托方、资产占有方充分揭示对资产评估行为和结果构成重大影响的事项等，说明评估操作符合相关的法律、行政法规和行业规范的要求，在一定程度上证实评估结果的公允性，保护评估行为相关各方的合法利益。

（2）评估机构、注册资产评估师及委托方、资产占有方应该保证其撰写或者提供的构成评估说明各组成部分的内容真实完整，未做虚假陈述，也未遗漏重大事项。

（3）评估说明是资产评估报告申请审查确认材料的必备部分，评估说明中所揭示的内容应该与评估报告所阐述的内容一致。

（4）评估说明是财产评估主管机关审查确认评估报告的重要文件，原则上评估说明不提交给其他有关当事人。

（5）评估说明包括以下基本内容和格式。

①评估说明的封面及目录。

②关于评估说明使用范围的声明。

③关于进行资产评估有关事项的说明。

④资产清查核实情况说明。

⑤评估依据的说明。

⑥各项资产及负债的评估技术说明。

⑦整体资产评估收益现值法评估验证说明。

⑧评估结论及其分析。

（6）本基本内容与格式，对某具体评估项目确实不适用的，可以根据实际情况进行适当修改，增减相关的内容。

资料卡

资产评估报告的基本内容

1. 评估报告

概述、封面及目录、摘要、正文、备查文件、装订。

2. 评估说明

撰写评估说明的基本要求、评估说明封面及目录、关于评估说明使用范围的声明、关于进行资产评估有关事项的说明、资产清查核实情况说明、评估依据的说明、各项资产及负债的评估技术说明、整体资产评估收益现值法评估验证说明、评估结论及其分析。

3. 评估明细

概述、资产评估明细表样表。

范文赏析（一）

资产评估报告目录

注册房地产估价师声明

估价假设和限制条件

一、房地产抵押估价结果报告

（一）估价委托人

（二）房地产估价机构

（三）估价目的

（四）估价对象

（五）价值时点

（六）价值类型

（七）估价依据

（八）估价原则

（九）估价方法

（十）估价结果

（十一）变现能力分析

（十二）风险提示

（十三）注册房地产估价师

（十四）实地查勘期

（十五）估价作业期

二、房地产抵押估价技术报告

（一）实物状况描述与分析

（二）权益状况描述与分析

（三）区位状况描述与分析

（四）市场背景描述与分析

（五）最高最佳利用分析

（六）估价方法适用性分析

（七）估价测算过程

（八）估价结果确定

附件

1. 房地产估价协议复印件

2.《不动产权证书》复印件

3. 法定优先受偿款调查记录

4. 估价对象现状的照片

5. 估价对象位置示意图

6. 估价机构营业执照复印件

7. 估价机构资质证书复印件

8. 注册估价师注册证书复印件

简评：上述范文节选的是一份房产抵押资产评估报告的目录。它严格按照资产评估报告的写作要求，内容完备，结构严谨。

范文赏析（二）

致估价委托人函

××市××××制造有限公司：

我公司接受贵方的委托，对××市××××制造有限公司所属的位于××市××镇×××路西侧的工业房地产（房屋建筑面积为 12312.18 平方米，宗地面积为29709 平方米）进行了抵押价值评估，价值时点为 2018 年 3 月 7 日，估价目的是为确定房地产抵押贷款额度提供参考依据。

根据贵方所提供的有关资料，经过注册估价师实地查勘和市场调查，遵照估价规范及国家相关的法律、法规和政策规定，在了解和分析估价对象实际情况的基础上，根据特定的估价目的，遵循公认的估价原则，按照严谨的估价程序，采用房地分估、合一计价，对建筑物采用成本法，对土地采用成本逼近法进行了分析、测算和判断，最后确定估价对象在价值时点 2018 年 3 月 7 日的估价结果如下。

1. 估价对象房地产在假定未设立法定优先受偿权利下的市场价值

人民币 3381.99 万元。

大写：人民币叁仟叁佰捌拾壹万玖仟玖佰元整。

2. 估价对象房地产的抵押价值

房地产抵押价值等于假定未设立法定优先受偿权利下的市场价值减去估价师知悉的法定优先受偿款。经过调查，在价值时点 2018 年 3 月 7 日，估价师知悉的法定优先受偿款为 0 元，故本次估价对象房地产的抵押价值为 3381.99 万元（详见表1）。

表1　房地产抵押价值评估结果汇总表

币种：人民币

1. 假定未设立法定优先受偿权利下的市场价值				
不动产权证书号	评估标的	面积（平方米）	评估单价（元/平方米）	评估总价（万元）
金（2018）**市 不动产权第 0009172 号	房屋所有权	2578.41	1893	488.09
		4410.55	1893	834.92
		5323.22	2082	1108.29
	土地使用权	29709	320	950.69
合计		—		3381.99
2. 房地产估价师知悉的法定优先受偿款（万元）		0		
3. 抵押价值（万元）		3381.99		

以上内容摘自房地产抵押估价报告，欲了解本估价项目的全面情况，请认真阅读房地产抵押估价报告全文。

××市诚信土地房地产评估咨询有限公司

法定代表人：程信

2018 年 3 月 22 日

简评：上述范文节选的是一份资产评估报告的致委托方函部分。它严格按照资产评估报告的写作要求，内容完备，结构严谨。

任务实施

练一练

1. 请阅读下面资产评估报告中的估价师声明部分，看看有没有不妥之处并指出。

我们郑重声明：

（1）我们在本估价报告中陈述的事实是真实和准确的。

（2）本估价报告中的分析、意见和结论是我们自己公正的专业分析、意见及结论，都是非常精准的。

（3）我们与本估价报告中的估价对象没有利害关系，与有关当事人也没有个人利害关系或者偏见。

（4）我们依照中华人民共和国国家标准《房地产估价规范》进行分析，形成意见和结论，撰写本估价报告。

（5）我们已经对本估价报告中的估价对象进行了实地查勘。

（6）相应的估价公司对本估价报告提供重要专业帮助。

（7）需要声明的事项如下。

①本报告估价时点为2023年2月16日，提交报告之日为2023年3月16日。在市场无明显价格波动的条件下，报告有效期自提交报告之日起不超过一年，即2023年3月16日至2024年3月15日。在此期间，房地产的价格不做重估。

②本报告估价结果仅作为委托方在本次估价目的下使用，不能做其他用途。未经本估价机构书面同意，本报告的全部或者任何一部分均不得向委托方、报告使用者、报告审查部门之外的单位和个人提供，也不得以任何形式公开发表。

改一改

2．运用所学的内容，分析李静的估价结果报告中到底缺了哪些部分。应该怎样写这部分内容才完备呢？

写一写

3．请你查阅相关资料，给自己家里的住房写一份资产评估报告。

任务五　名胜解说词

任务导入

在国庆期间，张玲携家人一起去黄山旅游。张玲对黄山的景点及历史了解不多，所以，希望导游能带领他们深入地游玩黄山，既能欣赏到自然之美，又能来一次文化的畅游。

导游对黄山玉屏景区的介绍如下。

黄山玉屏景区解说词

玉屏景区的地理位置，处在黄山岩体南部主体期侵入的粗粒似斑状花岗岩内。岩性坚硬，构造节理发育。由于不同方向岩石节理的裂解和冰冻、流水的侵蚀，以及重力崩塌等作用的影响，形成了黄山地质公园内最为奇险的高山地貌景观。

"黄山之奇，奇在诸峰；诸峰之奇，奇在松石"（清人赵吉士），"峰峰石骨峰峰松"。"黄山无处不石，无石不松，无松不奇"；松以石为母，以云为乳。松埋云上，云掩松中。

玉屏景区奇松甚多。被游人称为国宝的迎客松，在玉屏峰东侧、文殊洞上方。破石而生，寿逾千年。迎客松之名，始见于民国《黄山指南》。玉屏西侧道旁鳌边的送客松，虬干苍翠，侧伸一枝，揖送游人已经1000多年。玉屏峰文殊台上，四株古松形如仕女，亭亭玉立，姿态秀丽，常年陪伴游人观景、看"海"，故名陪客松。蒲团松在右侧道旁，松冠盘曲于四周，然后平伸，松针簇集顶部，铺展平整，状如蒲团，古人赞："苍松三尺曲如盘，铁干横披半亩宽。疑是浮丘跌坐处，至今留得一蒲团。"世人也有"苍松之上好安眠"之句。景区内还有望客松、望泉松、舞松、盼客松、盘羚松等诸多名松。

景区内巧石星罗棋布。大者石林笋峰，石笋罗列；小者玲珑剔透，造化精巧。巧中见怪，怪中见巧，巧得怪，怪得奇，奇得美。文殊台左有"雄狮"盘踞，右有"白象"蹲伏，狮象相距50米，故称"青狮白象守文殊"。立文殊台环眺四方，天都高耸，主要有"天梯"旁的"童子拜观音"，峰巅上的"松鼠跳天都""鲫鱼背""二僧朝天都""仙桃石""仙人把洞门""天上玉屏""五老上天都""美女照镜""姜太公钓鱼""蓬莱三岛"等巧石。回首眺望右侧的莲花沟，有"犀牛望月""采莲船""孔雀戏莲花""望夫石"等。站在立雪台北望有"仙人飘海""羊子过江"等奇石。这些巧石，随着观赏者的立地变化，不断地变形，故古人赞叹，"他山以'形'变，观可穷；黄山以'变'胜，云霞有无，一瞬万变，观不可穷"。乾坤为匠，造化施工，给了我们一座奇伟幻特、美丽无比的黄山。它是大自然的杰作，是"天造地设之雄诗"，是天地大手笔写的"大块文章"。

张玲和父母在人流如织的景区，费力地听着讲解，但还是一头雾水，很多话语都没听明白。

那么，导游的解说词到底有什么问题呢？

任务要求

◎ 情感目标：培养旅游专业学生的职场核心竞争能力，提高学生的解说技巧。

◎ 技能目标：掌握解说词的内容要素和写作思路，能够撰写解说词。

◎ 知识目标：了解名胜解说词的特点、性质和作用。

知识准备

一、名胜解说词的性质及作用

名胜解说词是解说词的一种。解说词是配合具体的人、事、物的实体或者图片、画面等进行解释说明的传播类专用文书。名胜解说词是对名山大川、江河湖泊、文物古迹、历史文化等作介绍的说明文字。名胜解说词具有补充视觉和听觉的作用，让游客了解所

观景色的意义，并使其获得有关知识，受到美的享受和情感的熏陶。

二、名胜解说词的特点

（一）文艺性

名胜解说词并不是"干巴巴"地介绍和说明，而是要通过富有文艺性、感染力和形象化的语言对所在的名胜进行说明和描绘，并恰当地运用一些抒情，让名胜不仅仅是自然景观或者人文景观，还要具有一定的震撼人心、感人肺腑的人文气息，让赏景者享受全方位的美。

（二）大众性

名胜解说词是供人看或者供人听的，它通过语言的表达来发挥作用。所以，名胜解说词必须雅俗共赏，让人们喜闻乐见。

（三）实用性

名胜解说词的目的是加深人们对所看到名胜的认识，增进了解，获得更多的信息。所以，名胜解说词还要对名胜本身无法传递和难以表达的信息与内涵加以补充及诠释，帮助人们更好地赏景。

（四）附着性

名胜解说词必须附着于具体的名胜古迹，强调扣物说话，突显内在联系，最好采用移步换景的顺序来紧扣景点进行解说，否则，也就失去了解说的必要。

资料卡

解说词的类别

影、视、剧解说词	物品陈列解说词
名胜解说词	展销解说词
专题展览解说词	体育活动解说词

三、名胜解说词的结构与写法

名胜解说词与一般文章的结构形式大致一样，可以分为标题、开头、主体和结尾四个部分。主要应该把握好以下几个方面。

（一）把握基本的内容要素

名胜解说词的内容要素主要由与解说对象有关的时间、空间、特征、人物、事件、联系等方面组成，并根据实际需要调整侧重点。例如，有些名胜以自然景观取胜，那么就要抓住景物的特征去解说；而有些名胜以人文景观闻名，那么就要抓住景观中的重要人物及事件去解说。

（二）选择相应的结构形式

名胜解说词一般采用"流动性"结构，移步换景，时移景迁。这种结构多适用于对景点的综合解说，比较讲究整体性和完整性。名胜解说词也可以采用时间顺序的结构介绍其中的一个景点，这对纵深了解一个景点的历史变迁、文化背景有很好的作用。有些名胜解说词会根据介绍时间的不同采用不同的结构，如在参观前展示的解说词，可以采用"总分式"或者"板块式"的结构进行预先性的介绍。

（三）运用不同的解说方法

名胜解说词的解说方法也需要视解说对象的不同而变化，因此具体的表达方式就呈现出多样化的特征。虽然解说词的说明性很强，但是灵活运用叙述、描写、抒情、议论来增强表达效果又非常重要，并且因为解说对象的自身特点也需要有所侧重。在解说词中适当地运用文学作品的表现手法能够使解说词更加生动活泼。另外，解说词还要考虑口语与书面语的合理使用。

资料卡

名胜解说词的结构

1. 总分式
适用于游览前总体了解名胜古迹。

2. 板块式
适用于每个景点的开篇解说。

3. 流动式
适用于边赏景边解说。

4. 时间式
适用于固定的展板式解说。

四、写作名胜解说词的要求

（一）主题明确，抓住特征

名胜解说词要根据解说对象来确定主题指向和说明重点。同一个名胜不能只用一种解说词，必须根据解说对象的不同来明确应该重点解说什么。同时，名胜解说词也必须根据名胜古迹的特征进行解说。自然景观的解说要侧重其生态价值和观赏意义，人文景观的解说要抓住感人至深的特点，而实物的解说则更侧重于其存在价值和意义。

（二）条理清晰，语言生动

名胜解说词必须讲究条理，层次清晰，不能随意东拉西扯，语无伦次。在内容上要处理好时间、空间、逻辑等顺序，在形式上要节段分明，注意起承转合。解说的用语力求抽象的事理形象化，高深的知识通俗化，复杂的程序简单化，静止的事物动态化，枯燥的东西趣味化，可以适当采用一些修辞方法来增添解说词的文学色彩。

（三）富有感情和审美意义

表达真诚的内心世界是写好解说词的关键。说者娓娓道来，听者如痴如醉，都需要解说词富有情感。或褒或贬，爱憎分明，动人心弦，身与物化，有情有力，感染受众。

📖 范文赏析（一）

黄山四绝

奇松、怪石、云海、温泉被称为"黄山四绝"。

排在第一位的当然是奇松。黄山松奇在什么地方呢？

首先，是奇在它无比顽强的生命力，你见了不能不称奇。一般来说，凡是有土的地方就能长出草木和庄稼，而黄山松则是从坚硬的花岗岩石里长出来的。黄山到处都生长着松树，它们长在峰顶，长在悬崖峭壁，长在深壑幽谷，郁郁葱葱，生机勃勃。千百年来，它们就是这样从岩石迸裂出来的。根深深扎进岩石缝里，不怕贫瘠干旱，不怕风雷雪电，潇潇洒洒，铁骨铮铮。你能说不奇吗？

其次，黄山松还奇在它那特有的天然造型。从总体来说，黄山松的针叶短粗稠密，叶色浓绿，枝干曲生，树冠扁平，显出一种朴实、稳健、雄浑的气势，而每一处松树，每一株松树，在长相、姿容、气韵上又各不相同，都有一种奇特的美。人们根据它们不同的形态和神韵，分别起了贴切自然而又典雅有趣的名字，如迎客松、黑虎松、卧龙松、龙爪松、探海松、团结松等。它们是黄山奇松的代表。

怪石是构成黄山胜景的又一"绝"。在黄山到处都可以看到奇形怪异的岩石，这些怪石的模样儿千差万别，有的像人，有的像物，有的反映了某些神话传说和历史故事，都活灵活现，生动有趣。在 121 处名石中，知名度更高一些的有"飞来石""仙人下棋""喜鹊登梅""猴子观海""仙人晒靴""蓬莱三岛""金鸡叫天门"等。这些怪石有的是庞然大物，有的奇巧玲珑；有的独立成景，有的是几个组合或者与奇松巧妙结合成景。还有些怪石因为观赏位置和角度变了，模样儿也就有了变化，成了一石二景，如"金鸡叫天门"又叫"五老上天都"，"喜鹊登梅"又叫"仙人指路"，就是移步换景的缘故。也还有些怪石，在不同的条件下看，会产生不同的联想，因此也就有了不同的名字，如"猴子观海"又叫"猴子望太平"便是。

再说云海。虽然在中国其他的名山也能看到云海，但是没有一个能比得上黄山的云海那样壮观和变幻无穷。大概就是这个缘故，黄山还有另外一个名字，叫"黄海"。这可不是妄称，是有历史为证的。明朝有一位著名的史志学家叫潘之恒，在黄山住了几十年，写了一部 60 卷的大部头书——黄山山志，书名就叫《黄海》。黄山的一些景区、宾馆和众多景观的命名，都与这个特殊的"海"有关联，有些景观若在云海中观赏，则会显得更加真切，韵味也更足了。这些也都证明，"黄海"这个名字是名副其实的。

最后，介绍一下温泉。我们常讲的和游览的温泉是前山黄山宾馆温泉，古时候又叫汤泉，从紫石峰涌出。用它命名的温泉景区，是进入黄山南大门以后最先到达的景区。温泉水量充足，水温常年保持在 42 ℃左右，水质良好，并含有对人体有益的矿物质，有一定的医疗价值，对皮肤病、风湿病和消化系统的疾病，都有一定的疗效。

但是只能浴，不能饮，过去说它可以饮用，是不科学的。

简评：上述范文是一篇景点解说词。该文结构完整，分别介绍了黄山的奇松、怪石、云海、温泉。通篇语言通俗易懂，注意到解说的口语化和用语的趣味性。文中对相关的人文知识的介绍，也做到真实、准确。解说具有针对性，体现了融知识性、人文性、趣味性于一体，让人充分领略到黄山景物的特点。

范文赏析（二）

苏州拙政园

拙政园始建于 18 世纪初，现在占地 78 亩，是现存苏州古典园林中面积最大的一座。

东部呈现的是一幅田园风光。个别的建筑点缀在河岸树丛之中，溪流在假山的脚下穿行，构建出一个充满山林野趣的空间。

中部是拙政园的精华所在。占地 18 亩，池水面积过半，各式建筑傍水安置，造型古朴典雅。假山四周池水环绕，山头高低错落如湖中的岛屿，整个空间充满了自然的风韵，气氛宁静而又深远，显示出 16 世纪中国明代的造园格局。

石舫在水面之上构筑而成的船形建筑是中国古代一种独特的建筑样式，这个石舫叫作"香洲"。园林的主人当年曾经乘风破浪、万里行游，而今退隐于园林之中，这座静止的香洲也便成为一种豪情的象征。在香洲的平台之上，安置好一把古琴，烟雾袅袅，抚一曲《高山流水》，是回忆，更是寄托和慰藉，这种旋律曾经长久地在一片片精致的人造山水间回响，最终成了苏州古典园林的绝唱。

小飞虹——拙政园唯一的廊桥，将一片水面隔开，营造出幽深的感觉。

见山楼，三面临水，有两个曲桥连接南北，是当年主人与朋友们吟诗作赋的场所。

大空间中还有一些被分割隐藏起来的小院落，园中有园，这是苏州造园艺术的典型手法之一。

穿过这道形如满月的圆形石门，便是拙政园的西花园，一个赏心悦目的精巧空间。这条波形水廊曲折建构、一波三折，不但起到将中西部分割开来的作用，而且无论从任何角度看去都呈现出曲折所带来的各种美感，是中国长廊建筑的杰出之作。

拙政园的建造典型地代表了苏州古典园林的普遍历史。

1509 年，明王朝的一位高官因为官场失意回归故里，以一座寺庙的旧址为基础开始兴建拙政园并邀请了当时江南最著名的画家文徵明参与设计。文徵明以一个画家的审美情趣，用传统的笔墨勾勒出了整个园林的总体布局，在他的主持下历时十年拙政园终于建造完成，形成了以水为主、疏朗平淡、近乎自然的园林风格，强烈地表现出中国文人山水画中所追求的审美意境。自此，"以真实的自然山水为蓝本，融入中国画的艺术再现手法"成了苏州古典园林整体布局的一大宗旨。

拙政园的三十六鸳鸯馆、西花园的主体建筑雅致、豪华。四面菱形玻璃蓝白相间，由内外望一窗一景。那时的园林主人便在此处欣赏中国最优美的古老戏剧——昆曲。

从明代开始，许多画家参与了园林的建造，他们依据绘画的理论和技法，将中国山水画的原理直接运用于造园艺术，在方寸之地创造出一个个精致的空间，让人流连忘返，感受到意犹未尽的审美体验。

简评：上述范文撰写的是著名苏州园林的经典园林——拙政园。它按照时间和空间的顺序，既介绍了拙政园的建筑样式美，又贯穿了拙政园美的来源与发展，让大家从纵横两个维度了解这座经典园林。

任务实施

练一练

1. 请两位同学分别朗读下面两篇关于"鸟的天堂"的解说词，并完成相关的练习。

鸟的天堂解说词（文一）

现在大家看到的榕树，是我们南方特有的一个树种。现在大家猜猜看，这里一共有多少株榕树？猜不透吧，哈哈，其实这里只有一株榕树。大家一定很惊奇，有这么大的一株榕树吗？太不可思议了！现在我向大家介绍介绍吧！这棵树现在已经有几百年的历史了，非常古老。当然你们可能有异议，几百年算长吗？比起那动辄上千年的树中之王银杏树，如山东省日照市莒县浮来山定林寺的大银杏树，据说已经有上千年的历史了，那这棵榕树当然显得很年轻了，不过若比起覆盖面积来，银杏树就要甘拜下风了，这就叫作互有优长。为什么这株榕树长这么大呢？是由于榕树枝上又生根，这些根扎入泥土，又长成林木，所以随着时间的推移，这棵大榕树就独木成林了。

现在大家继续参观这株大榕树。看，大树的树冠大得出奇，它覆盖的面积据说有一公顷多，树叶翠绿翠绿的，其中还有开得正鲜艳的小花儿呢。从远处看这株大树，就像一株大树蹲坐在水面上一样。不仅这样，树上还有成千上万只鸟呢。请大家往上看，大树上栖息着很多鸟，种类各不相同。其中最引人注目的是白鹤和灰鹤，它们的生活规律正相反。白鹤白天觅食，晚上睡觉。灰鹤白天睡觉，晚上觅食。每天早上这两种鸟飞进飞出，场面甚是壮观。

好了，我们参观完了鸟的天堂，但是祖国的大好河山，我们并没有参观完，希望下次有机会继续给大家介绍我们祖国其他美丽的风景。

鸟的天堂解说词（文二）

大家好，欢迎来到鸟的天堂。今天我们一起来游览鸟的天堂。这里是全国最大的天然赏鸟乐园。这里是人们心驰神往的旅游胜地。鸟的天堂是侨乡广东省江门市新会区著名的国际级生态旅游景点，在距离城区 10 千米的天马村。它具有 500 多年的悠久历史，占地18亩，堪称南国奇观。

你们看，这棵树的树枝垂到了地上，扎入土中，成为新的树干。就这样，随着时间的推移，这棵大树竟独木成林。其实，这棵大榕树有独木成林之感，是因为根扎入土中，起了支撑的作用，使榕树冠得以发展。

这个"榕树岛"上栖息了数以万计的鸟儿，尤以白鹤、灰鹤最多。白鹤朝出晚归，灰鹤暮出晨归，一早一晚，相互交替，翩翩起舞，嘎嘎而鸣，蔚为壮观。

　　如果您划艇靠近榕树墩，环墩一周，就会见到榕树林里树枝交错，鸟巢散布其中，鸟群飞上飞下的奇景了。20世纪30年代，著名作家巴金游览此地后写了《鸟的天堂》。1982年，他亲笔题了"小鸟天堂"四个字，更为这风景区增色不少。如今，巴金所写的《鸟的天堂》已经被收录在小学语文课本中，在学生中广为传诵。一级又一级，一代复一代，在全国数亿学生中这个闻名遐迩的"鸟的天堂"已经深入人心。

　　这个奇特的自然生态景观，这个珍贵的自然遗迹，已经成为人与自然和谐统一的活"教科书"，并以此作为窥视大自然的窗口，让人们从中了解人与自然和谐相处，建立新型人鸟关系的过程，从而唤起人们热爱大自然、热爱我们共同家园的美好情感。时下，独具生态文化色彩的"休闲型"旅游，已经渐成热点，正引领着旅游新时尚。2002年是又一个国际生态旅游年，请到全国最大的天然赏鸟乐园来，请到人们心驰神往的绿色家园来！人间毕竟有天堂，暂别浮华，拥抱自然，聆听百鸟和鸣，感受天籁之音。到鸟的乐园，远离尘嚣，觅一方净土，让疲倦的心灵得到片刻栖息。听了介绍，大家一定迫不及待了吧！那么，请大家自行参观吧！

（1）文一有何问题？

（2）文二的写作特点是什么？

改一改

2．运用所学内容，并查找相关资料，分析"任务导入"中导游的解说词到底有哪些问题，并试着改一改。

写一写

3．回忆一下自己游览过的名胜古迹，并查阅相关资料，写一篇生动形象的名胜解说词。

任务六　产品说明书

任务导入

小于和同学们一起参加了《走进博物馆　走近珍藏品》的社会实践活动。在江苏省无锡市博物馆内珍藏了一份文徵明书黄庭坚《竹枝》的帖，老师要求同学们仔细观察并查阅资料，给这幅珍贵的帖文写一篇说明书。

小于很爱书法，他查阅资料后，写了如下说明书。

弥足珍贵的帖文

文徵明书黄庭坚《竹枝》诗两篇，乃无锡市博物馆藏，周培源先生旧藏，国家一级文物藏品。纸本。李如海图片附释文。纵 29.5 厘米，横 133.4 厘米。钤白文"文徵明印"及白文"悟言室印"，另有收藏章两枚。《中国书法全集·明代文徵明卷》文徵明年表中有著录。从题款来看，此卷书于正德十四年，即 1519 年，比上海博物馆所藏《八月六日书事秋怀诗》草书卷早一年，当时文徵明 49 岁。两件作品创作时间十分相近，整体风貌也十分类同，有些字几乎如出一辙。

文徵明的狂草虽然用笔、结字、章法都控制得相当稳定和熟练，但是由于其个性的关系，毕竟缺少风格，其艺术成就是远远不及其小楷其行书的。文徵明在 50 岁写过《八月六日书事秋怀诗》草书卷后，再也不写类似的狂草大字作品，实属有自知之明。尽管如此，因为文徵明大草并不多见，本草书诗卷又体现了其大草作品的典型风格，故依然弥足珍贵。

但当小于把这份说明书交给老师之后，老师却让他回去重新修改后再交。

那么，小于的说明书到底有什么问题呢？

任务要求

◎ 情感目标：培养学生抓住事物神韵的能力，养成思路清晰表达观点的技巧。

◎ 技能目标：掌握说明书的内容要素和写作思路，能够撰写产品说明书。

◎ 知识目标：了解产品说明书的特点、性质和作用。

知识准备

一、产品说明书的性质及作用

产品说明书是对产品的性能、构造、功能、使用、保养进行说明或者介绍的文书。产品说明书又称为商品说明书。

产品说明书具有指导作用，只有按照产品说明书的要求操作，才能确保安全有效地使用产品。

产品说明书还具有促销功能，虽然它不能像商品广告一样去诱导消费者，但是它可以用朴实无华的语言，实事求是地介绍产品的综合情况，这种介绍的全面性和具体性是广告不能企及的。

产品说明书还具有资料价值。有些产品因为不是连续使用或者经常使用，时间长了对产品的综合情况可能会遗忘，这时就需要重读产品说明书。有些产品使用一段时间后可能出现故障，也需要产品说明书来断定问题并提供维修依据。从宏观上讲，产品说明书记载了国家和社会包括企业科学技术与生产力发展的轨迹，是科学技术发展的年轮。

二、产品说明书的特点

（一）知识性

产品说明书的写作目的，是指导用户正确认识和使用产品，因此，一般都用较大篇幅将商品的有关知识介绍给消费者，以便达到指导用户正确使用产品的目的。

（二）实用性

产品说明书是为了方便人们了解产品、使用产品，同时也是为了宣传产品而制作的。所以，说明书要围绕产品的性能、特点、功能、使用方法、注意事项和维护保养等具有实用价值的内容来写。

（三）科学性

产品说明书肩负着向读者传递知识的任务，这就要求说明书必须写得准确、有科学性。内容应该实事求是，不可随意夸大或者缩小。概念务必使用精当，程序介绍条理清晰，用语不可模棱两可。同时，产品说明书不仅要介绍优点，而且要交代应该注意的事项或者可能产生的问题，否则会误导消费者。

（四）简明性

产品说明书常常是作为产品的附件出现的，经常与产品一起包装。这就要求产品说明书必须篇幅短小，强调特征，突出重点。说明要尽量简明扼要，做到句句顶用，字无虚设，切忌冗长拖沓。

（五）条理性

产品说明书实用性很强，因此表达时必须条理清晰、层次分明，依据事物本身的规律或者人们接受事物的习惯去撰写，方便阅读，一目了然。一般可以按照产品操作的先后顺序或者结构空间顺序来撰写。

三、产品说明书的类别

产品说明书在工作和生活中广泛使用，因此种类繁多，按照不同的标准，大致可以分为以下几类。

按照说明对象可以分为产品使用说明书和技术说明书。

按照包装方式可以分为产品包装式说明书和产品内装式说明书。

按照写作方法可以分为产品条款式说明书、产品短文式说明书和产品综合式说明书。

产品条款式说明书：对产品的主要情况分条逐项进行介绍说明，内容集中、醒目，条理清晰，层次分明。

产品短文式说明书：对产品进行概括介绍和说明，内容比较完整连贯、文字简明，带有一定的文采和趣味性。

产品综合式说明书：既有短文式的总体说明，又有条款式的分项说明。

四、产品说明书的写作

产品说明书一般由标题、正文和落款三个部分组成。

（一）标题

产品说明书最常见的标题是由产品的名称和文种构成的，如《三九感冒冲剂说明书》《海尔洗衣机使用说明书》等。

（二）正文

产品说明书的主体部分内容都大体相同，但根据说明对象的不同，具体侧重点有所区别。

1．固定性产品类说明书

生活中一些使用期限较长的产品或者具有资料价值的产品，如电器、仪表、大型机械设备、文物等，其产品说明书的正文一般包括产品的概况、特点、规格和原理。

（1）概况。

产品的概况包括产品的历史和现实地位，如产品的业内评价、产品的发展情况、产品的技术革新等。

（2）特点。

产品的特点包括产品的特色及功能，如产品的优势、存在的价值等。

（3）规格。

产品的规格包括产品的型号、容量、外形尺寸、组合形式等，以及与之相关的技术参数，如原料、电源、功率等。

（4）原理。

产品的原理包括产品的结构组合、工作方式和运行程序等。

2．日常消费性产品类说明书

生活中一些日常消费的、易耗的产品，如洗涤用品、化妆用品、器具器物等，其产品说明书的正文一般包括特征和功能、主要原料或者主要成分、使用方法、适用范围、注意事项等。

（1）特征和功能。

产品说明书的正文包括产品的制作工艺或者使用配方、用途和效果等。

（2）主要原料或者主要成分。

产品的原料或成分这是构成产品的基础。

（3）使用方法。

产品的使用方法包括产品的开启、安装和操作方法，有些还需要说明使用数量、使用时间等。

（4）适用范围。

产品的适用范围即对产品使用对象的限定，以及当产品与其他物质发生联系时，对其他物质的要求及限定等。

（5）注意事项。

产品的禁忌及使用不当造成的后果等，有些还需要注明保质期限。

3. 食用保健性产品类说明书

生活中的一些食用保健产品，如主副食、酒水饮料、调料及具有保健功能的食品等。其产品说明书的正文一般包括制作原理及特点、功能与作用、重要成分、用法用量、注意事项、保质期等。

（1）制作原理及特点。

产品的制作原理及产生的特点。

（2）功能与作用。

产品的功效。

（3）重要成分。

产品的组成要素。

（4）用法用量。

产品的使用方法。

（5）注意事项。

产品的使用禁忌、保管收藏方法等。

（6）保质期。

生产日期和产品的批准文号等。

（三）落款

产品说明书的落款主要包括三个内容。

（1）产品生产企业和经销商企业的全称，包括注册商标。其位置既可以放在最后，也可以放在说明文字前面与产品名称一起醒目地标示。

（2）企业地址。

（3）企业的主要联系电话、传真、邮编等通信方式。

五、写作产品说明书的注意事项

（一）内容真实准确

真实是撰写说明书必须遵循的基本准则，也是《中华人民共和国消费者权益保护法》对说明书最起码的要求。唯有真实才能提供准确可靠的信息，才能使这种指导性、说明性文字名副其实地教人以用，才不至于对消费者产生误导。产品说明书在介绍产品性能、作用、操作程序、使用禁忌时，不虚夸、不遗漏、不隐瞒。还要禁止将广告宣传用语写进说明书中。准确是撰写说明书的又一个重点，它的实用性要求其语言必须准确精当，毫不含糊。

（二）语言通俗易懂

通俗易懂也是撰写说明书不容忽视的。说明书面对的是文化差异极大的消费者，这些形形色色的产品会进入普通家庭。这就必须在说明书中针对其产品的综合情况用大众都能看明白的语言做出说明。

（三）格式正确规范

说明书要符合一定的说明标准及次序，包含必不可少的说明项目。《中华人民共和国消费者权益保护法》第八条规定："消费者有权根据商品或服务的不同情况，要求经营者提供商品的价格、产地、生产者、用途、性能、规格、等级、主要成份、生产日期、有效期限、使用方法说明书、售后服务"等情况。这些应该视为撰写产品说明书的必备项目。

资料卡

产品说明书与商品广告的区别

两者都是经济应用文，都可以传递商品信息、促进销售，都需要对商品的性能或者功效加以说明，但两者还是有区别的。

1. 目的不同

产品说明书的主要目的是了解、使用和保养产品；而商品广告的主要目的是促销，说明的重点是商品的性能和功效。

2. 性质不同

产品说明书具有科学性和客观性，不允许存在夸张和渲染成分；而商品广告则具有较强的主观性，追求广告的感染力。

范文赏析（一）

特仑苏

保鲜包装、无须冷藏、可直接饮用。

请勿带包装在微波炉中加热。

开启后请贮藏于 0～4℃。

请在 48 小时内饮用完为佳。

配料：鲜牛奶、牛奶蛋白、乳化剂、维生素 D_3。

产品类型：全脂灭菌调味乳。

产品标准号：Q/NMRY/96

保质期：常温密闭保存 6 个月。

生产日期：见盒底部。

制造商：内蒙古蒙牛乳业（集团）股份有限公司。

厂址：内蒙古自治区呼和浩特市和林格尔县盛乐经济工业园区。

销售热线：（0471）7390164
消费者热线：800-8053333
传真：（0471）7390166
邮编：011500
网址：www.mengniu.com.cn

简评：这是一篇关于特仑苏饮品的说明书。从产品说明书的类别上看属于产品外包装式说明书。这份说明书依次说明了特仑苏饮品的贮藏、配料、类型、标号、保质期、生产日期、制造商、厂址、销售热线及其他联系方式等。产品介绍全面详细而又语言精练（如第一句），是一份符合规范的产品说明书。

范文赏析（二）

景德镇镇馆之宝——元青花牡丹纹梅瓶

元青花瓷气度恢宏，一改宋瓷的精巧秀雅，但元青花出现在陶瓷史上短短100年左右以后，一度在中国绝迹。明清600年间，无人知晓世间有元青花的存在。

元青花瓷在中国历史上的消失应该跟明太祖朱元璋的政治主张有关系。"驱除胡虏，恢复中华"，明太祖在立国之初应该曾经掀起过一场肃清蒙元文化的运动，作为蒙元文化载体的元青花就在劫难逃。现代存世的元青花，除了元代以贸易方式流传海外的，国内馆藏的元青花多是1969年后陆续出土所得，其中窖藏所出最重要的有元大都遗址窖藏、江西高安窖藏、河北保定窖藏及内蒙古地区。

元青花瓷的青花纹饰有多层次、满画面、主次分明的装饰特点，以这件景德镇陶瓷馆藏元青花牡丹纹梅瓶的纹饰为例，由上而下分为五层，颈肩部覆莲托八宝纹，缠枝莲纹；腹部主体缠枝牡丹纹；腹下至足部卷草纹和仰莲垂珠纹装饰，层次非常分明。最突出的腹部主题纹饰为四朵盛开的缠枝牡丹，采用写实绘法，绘制了牡丹仰面、覆面、侧面等不同角度的姿态，栩栩如生，牡丹纹有富贵吉祥的美好寓意。此件梅瓶是存世馆藏元青花瓷中的精美之作，用进口苏麻尼青料绘制青花，呈色稳定，纹饰永不褪脱，青花发色青翠浓艳，有进口青料特有的晕散现象及铁锈斑特征，且青料深入胎骨，幽静典雅。青花光润透亮，白釉明净素雅，青白釉色互相衬托，深浅层次，颇有中国水墨画的韵味儿，晕染非常漂亮。

元青花的瓷胎原料以景德镇附近的麻苍山所产的高岭土为原料，胎重而厚，呈灰白色，提炼不纯，含有杂质较多，多见砂胎底。因为瓷胎含铁量高，所以露胎处多呈现燧石红色。大型器物多有接胎痕迹，表面可见，釉面不平，手摸有凹凸感。

元青花独具特色的青白色调和装饰纹样，是东西方文化的融合。元青花是在元朝政府倡导下在景德镇生产，以出口贸易为主的商品瓷，在符合蒙古族和中亚细亚伊斯兰地区的审美习俗的同时，不可避免地融入了汉族传统文化的优秀内容。从遗存器物的纹饰上看，它继承了唐宋时期流行的纹饰，如牡丹、莲纹、龙凤纹等，其中松竹梅纹和戏剧人物纹饰是元青花瓷的独创，画法颇受元代绘画的影响。从辅助纹饰上看，大多数也是继承中原传统器物的纹饰。

> 　　元青花瓷开辟了由素瓷向彩瓷过渡的新时代，其造型大气而不失精致，其绘画风格豪放而富丽雄浑，与唐宋以来素瓷的审美情趣大相径庭，是中国陶瓷史上的一朵奇葩，从创始之初就站在中国青花瓷史上的顶峰，令人为之感叹。

　　简评：上述范文撰写的是一份短文式的产品说明书。这份说明书介绍了元青花瓷的文物地位、最突出的纹饰特点、独特的瓷胎原料等，语言通俗易懂，内容完整连贯。

任务实施

练一练

　　1. 请阅读下面的材料，将其组合成一份产品说明书。

　　临江生物制药厂生产的感冒清热颗粒属于非处方药品，主要用于伤风感冒、头痛发热、恶寒身痛、鼻流清涕、咳嗽咽干等症状。具有祛风散寒、解表清热的功能。该药品主要采用荆芥穗、薄荷、防风、柴胡、紫苏叶、葛根、桔梗、苦杏仁、白芷、苦地丁、芦根等中草药精制而成，同时辅以糖粉和糊精。

　　服用时，不能吸烟、喝酒，不可以吃辛辣、生冷、油腻的食物，高血压、心脏病、糖尿病患者不宜服用，儿童应在成人的监护下服用，年老体弱的患者及小儿应在医生的指导下服用，其他严格按照用法用量服用，服药三天后症状无改善，或者出现发热、咳嗽加重，并有其他严重症状如胸闷、心悸等时应去医院就诊。

　　因为本药为棕黄色，较为美观，而且味甜，所以极易被儿童误服，因此应放在儿童不易接触到的地方。同时，为了避免药品发生变化，本药应该密封贮藏。本药一旦性状发生改变时应禁止服用。本药包装为盒装，每盒 10 袋，每袋 12 克。为了方便患者，本药品生产日期均写在包装袋上。

改一改

　　2. 运用所学内容，分析"任务导入"中的说明书有哪些小问题并试着修改一下。

写一写

　　3. 手机已经成为我们日常生活中必不可少的通信工具，随着手机智能化的进一步发展，很多手机 App 丰富和便利了我们的生活，请给自己经常使用的一款手机 App 写一份说明书。

任务七　文化创意稿

任务导入

古月在工作之余，很喜欢研究古代工艺品。最近，她受西安地铁推出的仿皇后玉玺地铁卡的启发，设计了一种仿东汉广陵王印的公交卡，并打算推向市场。但她的设计完成之后，却发现自己没有能力完成生产和销售。于是，她联系了公交卡发行公司，想要借助他们的资源联合生产。公交卡发行公司对此很感兴趣，但让她先拿一份文化创意稿来。于是，古月便开始琢磨起这个文化创意稿该如何写。

任务要求

◎ 情感目标：培养学生对创意构思和写作的兴趣，激发学生进行文化创意开发的热情。

◎ 技能目标：掌握文化创意稿的内容要素和写作思路，能够撰写文化创意稿。

◎ 知识目标：了解文化创意稿的特点、性质和作用。

知识准备

一、文化创意稿的性质及作用

文化创意是以文化为元素，融合多元文化、整理相关学科、利用不同载体而构建的再造与创新的文化现象和创新的文化成果。文化创意产业是指依靠创意人的智慧、技能和天赋，借助于高科技对文化资源进行创造与提升，通过知识产权的开发和运用，生产出高附加值产品，具有创造财富和就业潜力的产业。文化创意稿是个人或者团队向他人说明或者推介某一个文化创意产品的文书。

文化创意产业是未来我国最重要的发展产业之一，国家"十三五"时期文化发展改革规划纲要明确提出国家发展文化创意产业的主要任务，要在"十三五"末实现文化产业成为支柱产业的目标。目前，全国各大城市和地区都推出了相关的政策支持和推动文化创意产业的发展。写好文化创意稿，有助于单位或者个人在新一轮的产业发展浪潮中占据一席之地，有助于单位或者个人在进行文化创意产品设计与制作时把握正确方向，避免走入歧途。

二、文化创意稿的分类

（一）按照用途划分

1. 文化创意设计说明书

此类文化创意稿是对文化创意产品的设计理念、具体规格、制作要求等方面进行说明的文书。其作用是在产品正式制作前，明确其具体要求，使制作方能够充分领会该产品的特色及制作要点，使最终产品完全符合设计者的要求。

2．文化创意产品推介书

此类文化创意稿既可以写作于产品完成最终设计或者制造之前，也可以写作于产品完成最终设计或者制造之后。其内容是对文化创意产品的设计理念、创意亮点、市场预期进行介绍，使上级或者客户理解并采纳该项产品。

（二）按照产品类型划分

1．实物类文化创意稿

此类文化创意稿所涉及的产品都是实物，如博物馆、商店内常见的文化创意书签、雨伞、茶杯等。要注意的是，一些通常意义上的虚拟电子产品，如具有文化创意性质的电子图片、视频等，因为其具备具体可视且能够工业化复制的特性，所以有关这些产品的文化创意稿也可以视为实物类文化创意稿。

2．虚拟类文化创意稿

此类文化创意稿所涉及的产品都不是实物，如常见的文化创意集市、文化创意比赛的策划方案，都属于此类文化创意稿。

三、文化创意稿的特点

（一）创新性

文化创意稿所涉及的产品都是以文化为元素、融合多元文化、整理相关的学科、利用不同的载体而构建的再造与创新的文化现象、创新的文化成果。因此，创新性是文化创意稿最重要的特性。

（二）市场性

写作文化创意稿的最终目的，是将文化创意产品推向市场，并且获取利润。因此，在写作文化创意稿时也应该充分考虑产品是否会受到市场欢迎，而不能闭门造车。

（三）应用性

文化创意稿的读者是产品的制造方或者设计者的上级、客户，写作时应该做到结构规范、语言准确易懂，便于读者阅读与理解。

四、文化创意稿的写作

文化创意稿的结构大致包括标题、正文和落款。

（一）标题

文化创意稿的标题通常采用"产品名称+文种"的形式，如《仿良渚文化茶杯设计说明书》《文化创意集市策划书》。

如果该文化创意稿的目标读者为单位外部人员，如第三方制作单位、客户等，那么可以在标题中加入单位名称，如《江南集团股份有限公司仿良渚文化茶杯设计说明书》《梁溪区南长街文化发展有限公司文化创意集市策划书》。

（二）正文

不同的文化创意稿，其写作思路各不相同。

1．文化创意设计说明书

此类文化创意稿的写作目的是让产品制作方能够充分理解设计者的意图，制作出符合设计要求的产品。因此，此类文化创意稿的正文在写作时一般需要分条列项，内容应该包括以下几方面。

（1）产品名称。

如果在标题中已经写清了产品名称，那么此部分可以省略。如果产品推向市场时的商品名称与标题不完全一致，那么此部分应该写清具体准确的商品名称。

（2）产品用途。

介绍产品的具体用途，便于制作方把握制作工艺。

（3）创意来源。

因为文化创意产品通常是对已有的艺术作品或者文化产品的再创新，因此撰写者有必要将产品的创意来源、原艺术作品或者文化产品的产生背景与特色及其文化内涵交代清楚，便于制作者把握制造工艺。一般情况下，除了文字介绍，还需要附有创意来源的具体图片乃至视频资料。

（4）产品规则。

写清本产品的尺寸、质量、材质、包装、所需的工艺等要求。除了文字介绍，还需要附上设计图纸等。

（5）其他要求。

如果设计方对产品有其他特殊要求，那么都需要在此部分注明。

2．文化创意产品推介书

此类文化创意稿的写作目的是让上级或者第三方客户具体感知产品的特点与魅力，对市场反应形成预期，从而采纳设计或者采购产品。因此，在写作时除了"文化创意设计说明书"所涉及的相关内容，还需要写清以下内容。

（1）产品的创意亮点。

在该部分，撰写者应该以较为翔实而又可信的语言，介绍产品的设计意图及其创意亮点，务必让读者生出眼前一亮之感。

（2）产品的市场预期。

在该部分，撰写者应该以可靠的数据或者其他论据为支撑，说明该产品为何能被市场接受，投入市场销量将会如何。帮助上级或者第三方客户对产品投入市场后的市场反应形成比较准确的判断。如果有必要，那么还可以在此部分提出一些产品推广和销售的策略。

此类文化创意稿的正文既可以用分条列项式的结构，也可以使用文章式的结构，还可以采用分条列项式与文章式结合的结构。

（三）落款

落款一般由撰写者、写作日期两部分组成。如果撰写者在标题中已经有体现，那么落款中可以不写。

范文赏析

江南集团股份有限公司仿良渚文化茶杯产品推介书

产品名称： 仿良渚玉器青瓷茶杯。

产品用途： 泡茶、饮水、馈赠。

创意来源： 良渚文化玉器（玉琮、玉璧、玉管、玉璜）。

附图（略）

产品规格：

1. 尺寸：直径××mm、高度××mm。

2. 质量：约××克。

3. 材质：骨瓷。

4. 颜色：雨过天青色。

5. 包装：软垫木盒装。

附设计图纸（略）

创意亮点： 该产品融合玉琮、玉璧、玉管、玉璜等良渚文化主要玉器形制，造型古朴典雅，富有人文气息。杯身底部为玉琮形状，上部为玉管形状，把手为玉璜形状，杯盖为玉璧形状，寓意天圆地方，且包含丰富的中华传统美好意象。产品材质为骨瓷，透明度接近上品玉器，与形制贴近。产品颜色为雨过天青色，此颜色为北宋时宫廷秘色，高贵典雅。

市场预期： 该产品主要在良渚博物馆及浙江省博物馆商店销售。因为其形制独特，具有独特的纪念价值与文化价值，所以适合日常使用与馈赠友人。按照良渚博物馆及浙江省博物馆商店 2023 年其他产品的销售记录（附表），预计每年销售数量在 1 万套左右。按照每套产品 388 元计算，可以带来近 400 万元的销售额。

2023 年 2 月 25 日

简评：这是一篇简单的产品推介书，内容包含设计说明书的要素，结构清晰、内容齐备。

任务实施

想一想

1. 搜集各类文化创意产品的资料与实物，想一想，自己能够从这些产品中获得什么样的启发？

写一写

2. 假如你设计了一款文化创意产品，但是没有资金将设计变成产品，只能将它推介给某个单位，由他们出资组织生产和销售，你该如何写作产品推介书呢？

附 录

附录 A

党政机关公文处理工作条例

中办发〔2012〕14号

第一章 总 则

第一条 为了适应中国共产党机关和国家行政机关（以下简称党政机关）工作需要，推进党政机关公文处理工作科学化、制度化、规范化，制定本条例。

第二条 本条例适用于各级党政机关公文处理工作。

第三条 党政机关公文是党政机关实施领导、履行职能、处理公务的具有特定效力和规范体式的文书，是传达贯彻党和国家的方针政策，公布法规和规章，指导、布置和商洽工作，请示和答复问题，报告、通报和交流情况等的重要工具。

第四条 公文处理工作是指公文拟制、办理、管理等一系列相互关联、衔接有序的工作。

第五条 公文处理工作应当坚持实事求是、准确规范、精简高效、安全保密的原则。

第六条 各级党政机关应当高度重视公文处理工作，加强组织领导，强化队伍建设，设立文秘部门或者由专人负责公文处理工作。

第七条 各级党政机关办公厅（室）主管本机关的公文处理工作，并对下级机关的公文处理工作进行业务指导和督促检查。

第二章 公 文 种 类

第八条 公文种类主要有：

（一）决议。适用于会议讨论通过的重大决策事项。

（二）决定。适用于对重要事项做出决策和部署、奖惩有关单位和人员、变更或者撤销下级机关不适当的决定事项。

（三）命令（令）。适用于公布行政法规和规章、宣布施行重大强制性措施、批准授予和晋升衔级、嘉奖有关单位和人员。

（四）公报。适用于公布重要决定或者重大事项。

（五）公告。适用于向国内外宣布重要事项或者法定事项。

（六）通告。适用于在一定范围内公布应当遵守或者周知的事项。

（七）意见。适用于对重要问题提出见解和处理办法。

（八）通知。适用于发布、传达要求下级机关执行和有关单位周知或者执行的事项，批转、转发公文。

（九）通报。适用于表彰先进、批评错误、传达重要精神和告知重要情况。

（十）报告。适用于向上级机关汇报工作、反映情况，回复上级机关的询问。

（十一）请示。适用于向上级机关请求指示、批准。

（十二）批复。适用于答复下级机关请示事项。

（十三）议案。适用于各级人民政府按照法律程序向同级人民代表大会或者人民代表大会常务委员会提请审议事项。

（十四）函。适用于不相隶属机关之间商洽工作、询问和答复问题、请求批准和答复审批事项。

（十五）纪要。适用于记载会议主要情况和议定事项。

第三章　公文格式

第九条　公文一般由份号、密级和保密期限、紧急程度、发文机关标志、发文字号、签发人、标题、主送机关、正文、附件说明、发文机关署名、成文日期、印章、附注、附件、抄送机关、印发机关和印发日期、页码等组成。

（一）份号。公文印制份数的顺序号。涉密公文应当标注份号。

（二）密级和保密期限。公文的秘密等级和保密的期限。涉密公文应当根据涉密程度分别标注"绝密""机密""秘密"和保密期限。

（三）紧急程度。公文送达和办理的时限要求。根据紧急程度，紧急公文应当分别标注"特急""加急"，电报应当分别标注"特提""特急""加急""平急"。

（四）发文机关标志。由发文机关全称或者规范化简称加"文件"二字组成，也可以使用发文机关全称或者规范化简称。联合行文时，发文机关标志可以并用联合发文机关名称，也可以单独用主办机关名称。

（五）发文字号。由发文机关代字、年份、发文顺序号组成。联合行文时，使用主办机关的发文字号。

（六）签发人。上行文应当标注签发人姓名。

（七）标题。由发文机关名称、事由和文种组成。

（八）主送机关。公文的主要受理机关，应当使用机关全称、规范化简称或者同类型机关统称。

（九）正文。公文的主体，用来表述公文的内容。

（十）附件说明。公文附件的顺序号和名称。

（十一）发文机关署名。署发文机关全称或者规范化简称。

（十二）成文日期。署会议通过或者发文机关负责人签发的日期。联合行文时，署最后签发机关负责人签发的日期。

（十三）印章。公文中有发文机关署名的，应当加盖发文机关印章，并与署名机关相符。有特定发文机关标志的普发性公文和电报可以不加盖印章。

（十四）附注。公文印发传达范围等需要说明的事项。

（十五）附件。公文正文的说明、补充或者参考资料。

（十六）抄送机关。除主送机关外需要执行或者知晓公文内容的其他机关，应当使用机关全称、规范化简称或者同类型机关统称。

（十七）印发机关和印发日期。公文的送印机关和送印日期。

（十八）页码。公文页数顺序号。

第十条　公文的版式按照《党政机关公文格式》国家标准执行。

第十一条　公文使用的汉字、数字、外文字符、计量单位和标点符号等，按照有关国家标准和规定执行。民族自治地方的公文，可以并用汉字和当地通用的少数民族文字。

第十二条　公文用纸幅面采用国际标准 A4 型。特殊形式的公文用纸幅面，根据实际需要确定。

第四章　行 文 规 则

第十三条　行文应当确有必要，讲求实效，注重针对性和可操作性。

第十四条　行文关系根据隶属关系和职权范围确定。一般不得越级行文，特殊情况需要越级行文的，应当同时抄送被越过的机关。

第十五条　向上级机关行文，应当遵循以下规则：

（一）原则上主送一个上级机关，根据需要同时抄送相关上级机关和同级机关，不抄送下级机关。

（二）党委、政府的部门向上级主管部门请示、报告重大事项，应当经本级党委、政府同意或者授权；属于部门职权范围内的事项应当直接报送上级主管部门。

（三）下级机关的请示事项，如需以本机关名义向上级机关请示，应当提出倾向性意见后上报，不得原文转报上级机关。

（四）请示应当一文一事。不得在报告等非请示性公文中夹带请示事项。

（五）除上级机关负责人直接交办事项外，不得以本机关名义向上级机关负责人报送公文，不得以本机关负责人名义向上级机关报送公文。

（六）受双重领导的机关向一个上级机关行文，必要时抄送另一个上级机关。

第十六条　向下级机关行文，应当遵循以下规则：

（一）主送受理机关，根据需要抄送相关机关。重要行文应当同时抄送发文机关的直接上级机关。

（二）党委、政府的办公厅（室）根据本级党委、政府授权，可以向下级党委、政府行文，其他部门和单位不得向下级党委、政府发布指令性公文或者在公文中向下级党委、政府提出指令性要求。需经政府审批的具体事项，经政府同意后可以由政府职能部门行文，文中须注明已经政府同意。

（三）党委、政府的部门在各自职权范围内可以向下级党委、政府的相关部门行文。

（四）涉及多个部门职权范围内的事务，部门之间未协商一致的，不得向下行文；擅自行文的，上级机关应当责令其纠正或者撤销。

（五）上级机关向受双重领导的下级机关行文，必要时抄送该下级机关的另一个上级机关。

第十七条　同级党政机关、党政机关与其他同级机关必要时可以联合行文。属于党委、政府各自职权范围内的工作，不得联合行文。

党委、政府的部门依据职权可以相互行文。

部门内设机构除办公厅（室）外不得对外正式行文。

第五章　公文拟制

第十八条　公文拟制包括公文的起草、审核、签发等程序。

第十九条　公文起草应当做到：

（一）符合党的理论路线方针政策和国家法律法规，完整准确体现发文机关意图，并同现行有关公文相衔接。

（二）一切从实际出发，分析问题实事求是，所提政策措施和办法切实可行。

（三）内容简洁，主题突出，观点鲜明，结构严谨，表述准确，文字精练。

（四）文种正确，格式规范。

（五）深入调查研究，充分进行论证，广泛听取意见。

（六）公文涉及其他地区或者部门职权范围内的事项，起草单位必须征求相关地区或者部门意见，力求达成一致。

（七）机关负责人应当主持、指导重要公文起草工作。

第二十条　公文文稿签发前，应当由发文机关办公厅（室）进行审核。审核的重点是：

（一）行文理由是否充分，行文依据是否准确。

（二）内容是否符合党的理论路线方针政策和国家法律法规；是否完整准确体现发文机关意图；是否同现行有关公文相衔接；所提政策措施和办法是否切实可行。

（三）涉及有关地区或者部门职权范围内的事项是否经过充分协商并达成一致意见。

（四）文种是否正确，格式是否规范；人名、地名、时间、数字、段落顺序、引文等是否准确；文字、数字、计量单位和标点符号等用法是否规范。

（五）其他内容是否符合公文起草的有关要求。

需要发文机关审议的重要公文文稿，审议前由发文机关办公厅（室）进行初核。

第二十一条　经审核不宜发文的公文文稿，应当退回起草单位并说明理由；符合发文条件但内容需作进一步研究和修改的，由起草单位修改后重新报送。

第二十二条　公文应当经本机关负责人审批签发。重要公文和上行文由机关主要负责人签发。党委、政府的办公厅（室）根据党委、政府授权制发的公文，由受权机关主要负责人签发或者按照有关规定签发。签发人签发公文，应当签署意见、姓名和完整日期；圈阅或者签名的，视为同意。联合发文由所有联署机关的负责人会签。

第六章　公文办理

第二十三条　公文办理包括收文办理、发文办理和整理归档。

第二十四条　收文办理主要程序是：

（一）签收。对收到的公文应当逐件清点，核对无误后签字或者盖章，并注明签收时间。

（二）登记。对公文的主要信息和办理情况应当详细记载。

（三）初审。对收到的公文应当进行初审。初审的重点是：是否应当由本机关办理，是否符合行文规则，文种、格式是否符合要求，涉及其他地区或者部门职权范围内的事项是否已经协商、会签，是否符合公文起草的其他要求。经初审不符合规定的公文，应当及时退回来文单位并说明理由。

（四）承办。阅知性公文应当根据公文内容、要求和工作需要确定范围后分送。批办性公文应当提出拟办意见报本机关负责人批示或者转有关部门办理；需要两个以上部门办理的，应当明确主办部门。紧急公文应当明确办理时限。承办部门对交办的公文应当及时办理，有明确办理时限要求的应当在规定时限内办理完毕。

（五）传阅。根据领导批示和工作需要将公文及时送传阅对象阅知或者批示。办理公文传阅应当随时掌握公文去向，不得漏传、误传、延误。

（六）催办。及时了解掌握公文的办理进展情况，督促承办部门按期办结。紧急公文或者重要公文应当由专人负责催办。

（七）答复。公文的办理结果应当及时答复来文单位，并根据需要告知相关单位。

第二十五条　发文办理主要程序是：

（一）复核。已经发文机关负责人签批的公文，印发前应当对公文的审批手续、内容、文种、格式等进行复核；需作实质性修改的，应当报原签批人复审。

（二）登记。对复核后的公文，应当确定发文字号、分送范围和印制份数并详细记载。

（三）印制。公文印制必须确保质量和时效。涉密公文应当在符合保密要求的场所印制。

（四）核发。公文印制完毕，应当对公文的文字、格式和印刷质量进行检查后分发。

第二十六条　涉密公文应当通过机要交通、邮政机要通信、城市机要文件交换站或者收发件机关机要收发人员进行传递，通过密码电报或者符合国家保密规定的计算机信息系统进行传输。

第二十七条　需要归档的公文及有关材料，应当根据有关档案法律法规以及机关档案管理规定，及时收集齐全、整理归档。两个以上机关联合办理的公文，原件由主办机关归档，相关机关保存复制件。机关负责人兼任其他机关职务的，在履行所兼职务过程中形成的公文，由其兼职机关归档。

第七章　公文管理

第二十八条　各级党政机关应当建立健全本机关公文管理制度，确保管理严格规范，充分发挥公文效用。

第二十九条　党政机关公文由文秘部门或者专人统一管理。设立党委（党组）的县级以上单位应当建立机要保密室和机要阅文室，并按照有关保密规定配备工作人员和必要的安全保密设施设备。

第三十条　公文确定密级前，应当按照拟定的密级先行采取保密措施。确定密级后，应当按照所定密级严格管理。绝密级公文应当由专人管理。

公文的密级需要变更或者解除的，由原确定密级的机关或者其上级机关决定。

第三十一条　公文的印发传达范围应当按照发文机关的要求执行；需要变更的，应当经发文机关批准。

涉密公文公开发布前应当履行解密程序。公开发布的时间、形式和渠道，由发文机关确定。

经批准公开发布的公文，同发文机关正式印发的公文具有同等效力。

第三十二条　复制、汇编机密级、秘密级公文，应当符合有关规定并经本机关负责人批准。绝密级公文一般不得复制、汇编，确有工作需要的，应当经发文机关或者其上级机关批准。复制、汇编的公文视同原件管理。

复制件应当加盖复制机关戳记。翻印件应当注明翻印的机关名称、日期。汇编本的密级按照编入公文的最高密级标注。

第三十三条　公文的撤销和废止，由发文机关、上级机关或者权力机关根据职权范围和有关法律法规决定。公文被撤销的，视为自始无效；公文被废止的，视为自废止之日起失效。

第三十四条　涉密公文应当按照发文机关的要求和有关规定进行清退或者销毁。

第三十五条　不具备归档和保存价值的公文，经批准后可以销毁。销毁涉密公文必须严格按照有关规定履行审批登记手续，确保不丢失、不漏销。个人不得私自销毁、留存涉密公文。

第三十六条　机关合并时，全部公文应当随之合并管理；机关撤销时，需要归档的公文经整理后按照有关规定移交档案管理部门。

工作人员离岗离职时，所在机关应当督促其将暂存、借用的公文按照有关规定移交、清退。

第三十七条　新设立的机关应当向本级党委、政府的办公厅（室）提出发文立户申请。经审查符合条件的，列为发文单位，机关合并或者撤销时，相应进行调整。

第八章　附　则

第三十八条　党政机关公文含电子公文。电子公文处理工作的具体办法另行制定。

第三十九条　法规、规章方面的公文，依照有关规定处理。外事方面的公文，依照外事主管部门的有关规定处理。

第四十条　其他机关和单位的公文处理工作，可以参照本条例执行。

第四十一条　本条例由中共中央办公厅、国务院办公厅负责解释。

第四十二条　本条例自 2012 年 7 月 1 日起施行。1996 年 5 月 3 日中共中央办公厅发布的《中国共产党机关公文处理条例》和 2000 年 8 月 24 日国务院发布的《国家行政机关公文处理办法》停止执行。

中共中央办公厅　国务院办公厅

2012 年 4 月 16 日

附录 B

党政机关公文格式

（中华人民共和国国家标准 GB/T 9704—2012，2012 年 7 月 1 日起实施）

1　范围

本标准规定了党政机关公文通用的纸张要求、排版和印制装订要求、公文格式各要素的编排规则，并给出了公文的式样。

本标准适用于各级党政机关制发的公文。其他机关和单位的公文可以参照执行。

使用少数民族文字印制的公文，其用纸、幅面尺寸及版面、印制等要求按照本标准执行，其余可以参照本标准并按照有关规定执行。

2　规范性引用文件

下列文件对于本标准的应用是必不可少的。凡是注日期的引用文件，仅所注日期的版本适用于本标准。凡是不注日期的引用文件，其最新版本（包括所有的修改单）适用于本标准。

GB/T 148　印刷、书写和绘图纸幅面尺寸

GB 3100　国际单位制及其应用

GB 3101　有关量、单位和符号的一般原则

GB 3102（所有部分）　量和单位

GB/T 15834　标点符号用法

GB/T 15835　出版物上数字用法

3　术语和定义

下列术语和定义适用于本标准。

3.1

字　word

标示公文中横向距离的长度单位。在本标准中，一字指一个汉字宽度的距离。

3.2

行　line

标示公文中纵向距离的长度单位。在本标准中，一行指一个汉字的高度加 3 号汉字高度的 7/8 的距离。

4　公文用纸主要技术指标

公文用纸一般使用纸张定量为 60 g/m² ~80 g/m² 的胶版印刷纸或复印纸。纸张白度 80%~90%，横向耐折度≥15 次，不透明度≥85%，pH 值为 7.5~9.5。

5　公文用纸幅面尺寸及版面要求

5.1　幅面尺寸

公文用纸采用 GB/T 148 中规定的 A4 型纸，其成品幅面尺寸为 210 mm×297 mm。

5.2　版面

5.2.1　页边与版心尺寸

公文用纸天头（上白边）为 37 mm±1 mm，公文用纸订口（左白边）为 28 mm±1 mm，版心尺寸为 156 mm×225 mm。

5.2.2　字体和字号

如无特殊说明，公文格式各要素一般用 3 号仿宋体字。特定情况可以做适当调整。

5.2.3　行数和字数

一般每面排 22 行，每行排 28 个字，并撑满版心。特定情况可以做适当调整。

5.2.4　文字的颜色

如无特殊说明，公文中文字的颜色均为黑色。

6　印制装订要求

6.1　制版要求

版面干净无底灰，字迹清楚无断划，尺寸标准，版心不斜，误差不超过 1 mm。

6.2　印刷要求

双面印刷；页码套正，两面误差不超过 2 mm。黑色油墨应当达到色谱所标 BL 100%，红色油墨应当达到色谱所标 Y 80%、M 80%。印品着墨实、均匀；字面不花、不白、无断划。

6.3　装订要求

公文应当左侧装订，不掉页，两页页码之间误差不超过 4 mm，裁切后的成品尺寸允许误差±2 mm，四角成 90°，无毛茬或者缺损。

骑马订或者平订的公文应当：

a）订位为两钉外订眼距版面上下边缘各 70 mm 处，允许误差±4 mm；

b）无坏钉、漏钉、重钉，钉脚平伏牢固；

c）骑马订钉锯均订在折缝线上，平订钉锯与书脊间的距离为 3 mm~5 mm。

包本装订公文的封皮（封面、书脊、封底）与书芯应吻合、包紧、包平、不脱落。

7 公文格式各要素编排规则

7.1 公文格式各要素的划分

本标准将版心内的公文格式各要素划分为版头、主体、版记三部分。公文首页红色分隔线以上的部分称为版头；公文首页红色分隔线（不含）以下、公文末页首条分隔线（不含）以上的部分称为主体；公文末页首条分隔线以下、末条分隔线以上的部分称为版记。

页码位于版心外。

7.2 版头

7.2.1 份号

如需标注份号，一般用6位3号阿拉伯数字，顶格编排在版心左上角第一行。

7.2.2 密级和保密期限

如需标注密级和保密期限，一般用3号黑体字，顶格编排在版心左上角第二行；保密期限中的数字用阿拉伯数字标注。

7.2.3 紧急程度

如需标注紧急程度，一般用3号黑体字，顶格编排在版心左上角；如需同时标注份号、密级和保密期限、紧急程度，按照份号、密级和保密期限、紧急程度的顺序自上而下分行排列。

7.2.4 发文机关标志

由发文机关全称或者规范化简称加"文件"二字组成，也可以使用发文机关全称或者规范化简称。

发文机关标志居中排布，上边缘至版心上边缘为35 mm，推荐使用小标宋体字，颜色为红色，以醒目、美观、庄重为原则。

联合行文时，如需同时标注联署发文机关名称，一般应当将主办机关名称排列在前；如有"文件"二字，应当置于发文机关名称右侧，以联署发文机关名称为准上下居中排布。

7.2.5 发文字号

编排在发文机关标志下空二行位置，居中排布。年份、发文顺序号用阿拉伯数字标注；年份应标全称，用六角括号"〔〕"括入；发文顺序号不加"第"字，不编虚位（即1不编为01），在阿拉伯数字后加"号"字。

上行文的发文字号居左空一字编排，与最后一个签发人姓名处在同一行。

7.2.6 签发人

由"签发人"三字加全角冒号和签发人姓名组成，居右空一字，编排在发文机关标志下空二行位置。"签发人"三字用3号仿宋体字，签发人姓名用3号楷体字。

如有多个签发人，签发人姓名按照发文机关的排列顺序从左到右、自上而下依次均匀编排，一般每行排两个姓名，回行时与上一行第一个签发人姓名对齐。

7.2.7 版头中的分隔线

发文字号之下4 mm处居中印一条与版心等宽的红色分隔线。

7.3 主体

7.3.1 标题

一般用2号小标宋体字，编排于红色分隔线下空二行位置，分一行或多行居中排布；回行时，要做到词意完整，排列对称，长短适宜，间距恰当，标题排列应当使用梯形或菱形。

7.3.2　主送机关

编排于标题下空一行位置，居左顶格，回行时仍顶格，最后一个机关名称后标全角冒号。如主送机关名称过多导致公文首页不能显示正文时，应当将主送机关名称移至版记，标注方法见7.4.2。

7.3.3　正文

公文首页必须显示正文。一般用3号仿宋体字，编排于主送机关名称下一行，每个自然段左空二字，回行顶格。文中结构层次序数依次可以用"一、""（一）""1.""（1）"标注；一般第一层用黑体字、第二层用楷体字、第三层和第四层用仿宋体字标注。

7.3.4　附件说明

如果有附件，就在正文下空一行左空两个字编排"附件"二字，后标全角冒号和附件名称。如果有多个附件，就使用阿拉伯数字标注附件顺序号（例如"附件：1.××××
×"）；附件名称后不加标点符号。附件名称较长需要回行时，应当与上一行附件名称的首字对齐。

7.3.5　发文机关署名、成文日期和印章

7.3.5.1　加盖印章的公文

成文日期一般右空四字编排，印章用红色，不得出现空白印章。

单一机关行文时，一般在成文日期之上、以成文日期为准居中编排发文机关署名，印章端正、居中下压发文机关署名和成文日期，使发文机关署名和成文日期居印章中心偏下位置，印章顶端应当上距正文（或附件说明）一行之内。

联合行文时，一般将各发文机关署名按照发文机关顺序整齐排列在相应位置，并将印章一一对应、端正、居中下压发文机关署名，最后一个印章端正、居中下压发文机关署名和成文日期，印章之间排列整齐、互不相交或相切，每排印章两端不得超出版心，首排印章顶端应当上距正文（或附件说明）一行之内。

7.3.5.2　不加盖印章的公文

单一机关行文时，在正文（或附件说明）下空一行右空二字编排发文机关署名，在发文机关署名下一行编排成文日期，首字比发文机关署名首字右移二字，如成文日期长于发文机关署名，应当使成文日期右空二字编排，并相应增加发文机关署名右空字数。

联合行文时，应当先编排主办机关署名，其余发文机关署名依次向下编排。

7.3.5.3　加盖签发人签名章的公文

单一机关制发的公文加盖签发人签名章时，在正文（或附件说明）下空二行右空四字加盖签发人签名章，签名章左空二字标注签发人职务，以签名章为准上下居中排布。在签发人签名章下空一行右空四字编排成文日期。

联合行文时，应当先编排主办机关签发人职务、签名章，其余机关签发人职务、签名章依次向下编排，与主办机关签发人职务、签名章上下对齐；每行只编排一个机关的签发人职务、签名章；签发人职务应当标注全称。

签名章一般用红色。

7.3.5.4　成文日期中的数字

用阿拉伯数字将年、月、日标全，年份应标全称，月、日不编虚位（即1不编为

01）。

7.3.5.5 特殊情况说明

当公文排版后所剩空白处不能容下印章或签发人签名章、成文日期时，可以采取调整行距、字距的措施解决。

7.3.6 附注

如有附注，居左空两字加圆括号编排在成文日期下一行。

7.3.7 附件

附件应当另面编排，并在版记之前，与公文正文一起装订。"附件"二字及附件顺序号用 3 号黑体字顶格编排在版心左上角第一行。附件标题居中编排在版心第三行。附件顺序号和附件标题应当与附件说明的表述一致。附件格式要求同正文。

如附件与正文不能一起装订，应当在附件左上角第一行顶格编排公文的发文字号并在其后标注"附件"二字及附件顺序号。

7.4 版记

7.4.1 版记中的分隔线

版记中的分隔线与版心等宽，首条分隔线和末条分隔线用粗线（推荐高度为 0.35 mm），中间的分隔线用细线（推荐高度为 0.25 mm）。首条分隔线位于版记中第一个要素之上，末条分隔线与公文最后一面的版心下边缘重合。

7.4.2 抄送机关

如有抄送机关，一般用 4 号仿宋体字，在印发机关和印发日期之上一行、左右各空一字编排。"抄送"二字后加全角冒号和抄送机关名称，回行时与冒号后的首字对齐，最后一个抄送机关名称后标句号。

如需把主送机关移至版记，除将"抄送"二字改为"主送"外，编排方法同抄送机关。既有主送机关又有抄送机关时，应当将主送机关置于抄送机关之上一行，之间不加分隔线。

7.4.3 印发机关和印发日期

印发机关和印发日期一般用 4 号仿宋体字，编排在末条分隔线之上，印发机关左空一字，印发日期右空一字，用阿拉伯数字将年、月、日标全，年份应标全称，月、日不编虚位（即 1 不编为 01），后加"印发"二字。

版记中如有其他要素，应当将其与印发机关和印发日期用一条细分隔线隔开。

7.5 页码

一般用 4 号半角宋体阿拉伯数字，编排在公文版心下边缘之下，数字左右各放一条一字线；一字线上距版心下边缘 7 mm。单页码居右空一字，双页码居左空一字。公文的版记页前有空白页的，空白页和版记页均不编排页码。公文的附件与正文一起装订时，页码应当连续编排。

8 公文中的横排表格

A4 纸型的表格横排时，页码位置与公文其他页码保持一致，单页码表头在订口一边，双页码表头在切口一边。

9　公文中计量单位、标点符号和数字的用法

公文中计量单位的用法应当符合 GB 3100、GB 3101 和 GB 3102（所有部分），标点符号的用法应当符合 GB/T 15834，数字用法应当符合 GB/T 15835。

10　公文的特定格式

10.1　信函格式

发文机关标志使用发文机关全称或者规范化简称，居中排布，上边缘至上页边为 30 mm，推荐使用红色小标宋体字。联合行文时，使用主办机关标志。

发文机关标志下 4 mm 处印一条红色双线（上粗下细），距下页边 20 mm 处印一条红色双线（上细下粗），线长均为 170 mm，居中排布。

如需标注份号、密级和保密期限、紧急程度，应当顶格居版心左边缘编排在第一条红色双线下，按照份号、密级和保密期限、紧急程度的顺序自上而下分行排列，第一个要素与该线的距离为 3 号汉字高度的 7/8。

发文字号顶格居版心右边缘编排在第一条红色双线下，与该线的距离为 3 号汉字高度的 7/8。

标题居中编排，与其上最后一个要素相距二行。

第二条红色双线上一行如有文字，与该线的距离为 3 号汉字高度的 7/8。

首页不显示页码。

版记不加印发机关和印发日期、分隔线，位于公文最后一面版心内最下方。

10.2　命令（令）格式

发文机关标志由发文机关全称加"命令"或者"令"字组成，居中排布，上边缘至版心上边缘为 20 mm，推荐使用红色小标宋体字。

发文机关标志下空二行居中编排令号，令号下空二行编排正文。

签发人职务、签名章和成文日期的编排见 7.3.5.3。

10.3　纪要格式

纪要标志由"×××××纪要"组成，居中排布，上边缘至版心上边缘为 35 mm，推荐使用红色小标宋体字。

标注出席人员名单，一般用 3 号黑体字，在正文或者附件说明下空一行左空两个字编排"出席"二字，后标全角冒号，冒号后用 3 号仿宋体字标注出席人单位、姓名，回行时与冒号后的首字对齐。

标注请假和列席人员名单，除了依次另起一行并将"出席"二字改为"请假"或者"列席"以外，编排方法同出席人员名单。

纪要格式可以根据实际制定。

11　式样

A4 型公文用纸页边及版心尺寸见图 1；公文首页版式见图 2；联合行文公文首页版式 1 见图 3；联合行文公文首页版式 2 见图 4；公文末页版式 1 见图 5；公文末页版式 2 见图 6；联合行文公文末页版式 1 见图 7；联合行文公文末页版式 2 见图 8；附件说明页版式见图 9；带附件公文末页版式见图 10；信函格式首页版式见图 11。

37 mm±1 mm 天头

28 mm±1 mm 订口

225 mm

297 mm

7 mm

—2—

—1—

156 mm

210 mm

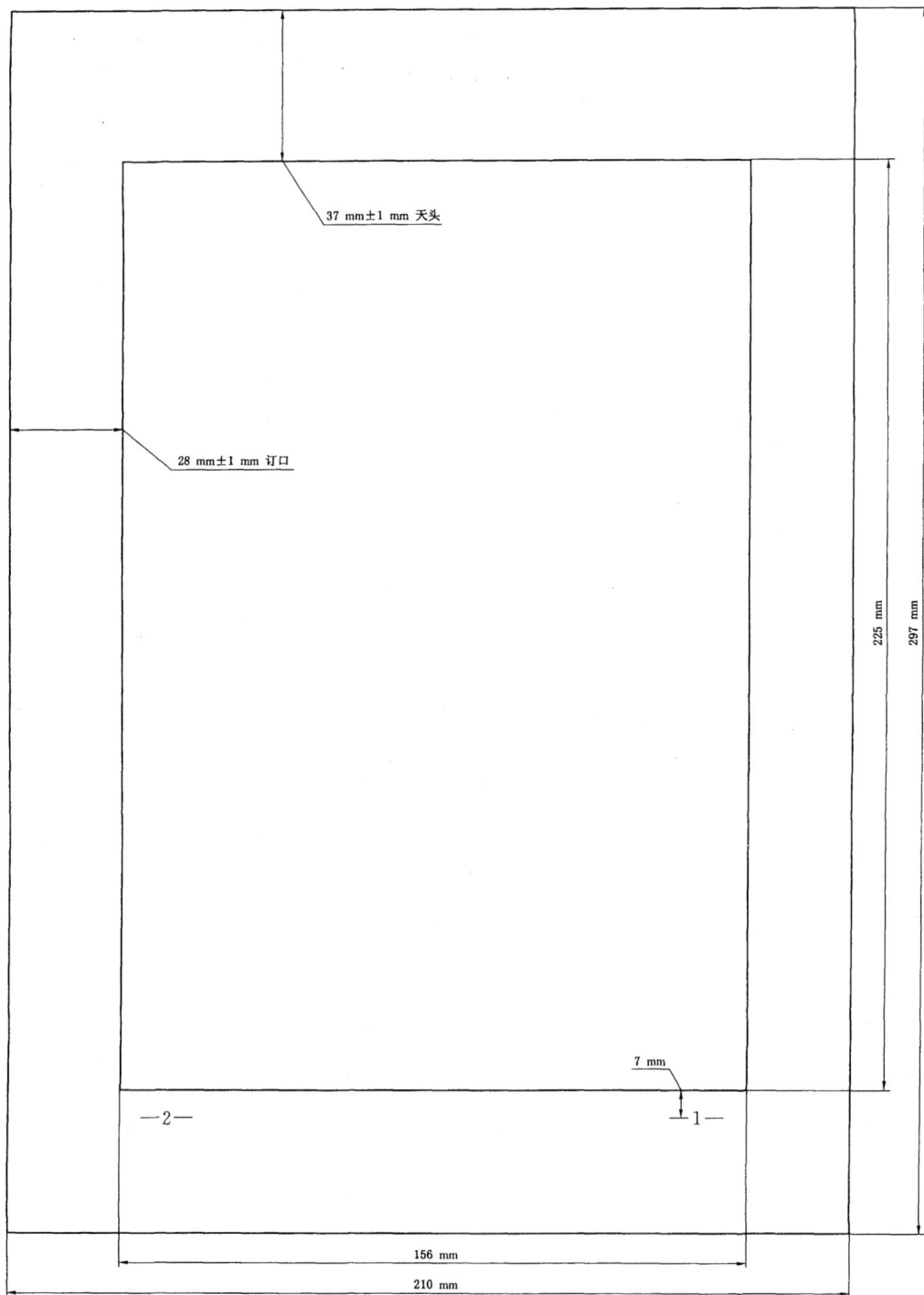

图 1 A4 型公文用纸页边及版心尺寸

000001

机密★1年

特急

×××××文件

×××〔2012〕10 号

×××××关于××××××的通知

×××××××:

　　××。

　　×××。

　　××××××××××××。

　　×××××××。××

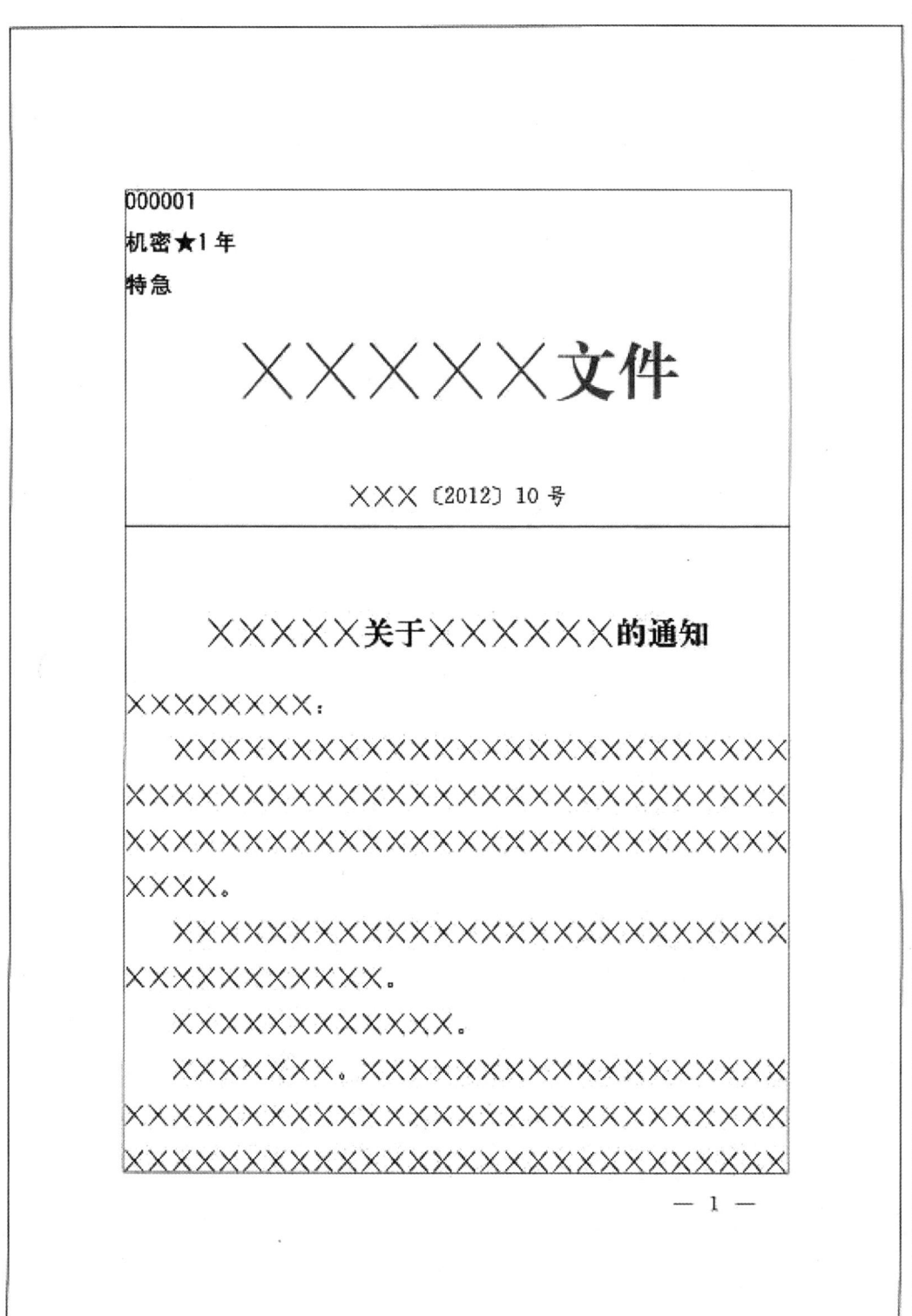

图 2　公文首页版式

注:版心实线框仅为示意,在印制公文时并不印出。

000001

机密★1年

特急

×××××
× × × 文件

×××〔2012〕10 号

×××××××关于×××××××的通知

×××××××××：

　　×××××××××××××××××××××××××。

　　×××××××××××××××××××××××××

×××××××××××××××××××××××××

×××××××××××××××××××××××××

××××。

　　×××××××××××××××××××××××××

— 1 —

图 3　联合行文公文首页版式 1

注：版心实线框仅为示意，在印制公文时并不印出。

000001

机　密

特　急

×××××××

×　　×　　×

×××××

签发人：×××　×××

××× 〔2012〕 10 号　　　　　　　×××

×××××关于×××××××的请示

××××××××：

　　×××××××××××××××××××××××××

×××××××××××××××××××××××××××××

×××××××××××××××××××××××××××××

××××。

　　××××××××××××××××××××××××××××

— 1 —

图 4　联合行文公文首页版式 2

注：版心实线框仅为示意，在印制公文时并不印出。

XXXXXXXXXXXXXXXXX。

　　XXXXXXXXXXXXXXXXXXXXXXX

XXXXXXXXXXXXXXXXXXXXXXXX

XXXXXXXXXX。

中华人民共和国XXX
专用章

2012 年 7 月 1 日

　（XXXXX）

抄送：XXXXXXXXX，XXXXXXX，XXXXX，XXXXX，

　　　XXXXX。

XXXXXXXX　　　　　　　　　　　　2012 年 7 月 1 日印发

— 2 —

图 5　公文末页版式 1

注：版心实线框仅为示意，在印制公文时并不印出。

XXXXXXXXXXXXXXXXX。
　　XXXXXXXXXXXXXXXXXXXXX
XXXXXXXXXXXXXXXXXXXXXX
XXXXXXXX。

　　　　　　　　　　XXXXXXXXXX

　　　　　　　　　　2012 年 7 月 1 日

　　（XXXXX）

抄送：XXXXXXXXX，XXXXXX，XXXXX，XXXXX，
　　　XXXXX。

XXXXXXXXX　　　　　　　　2012 年 7 月 1 日印发

— 2 —

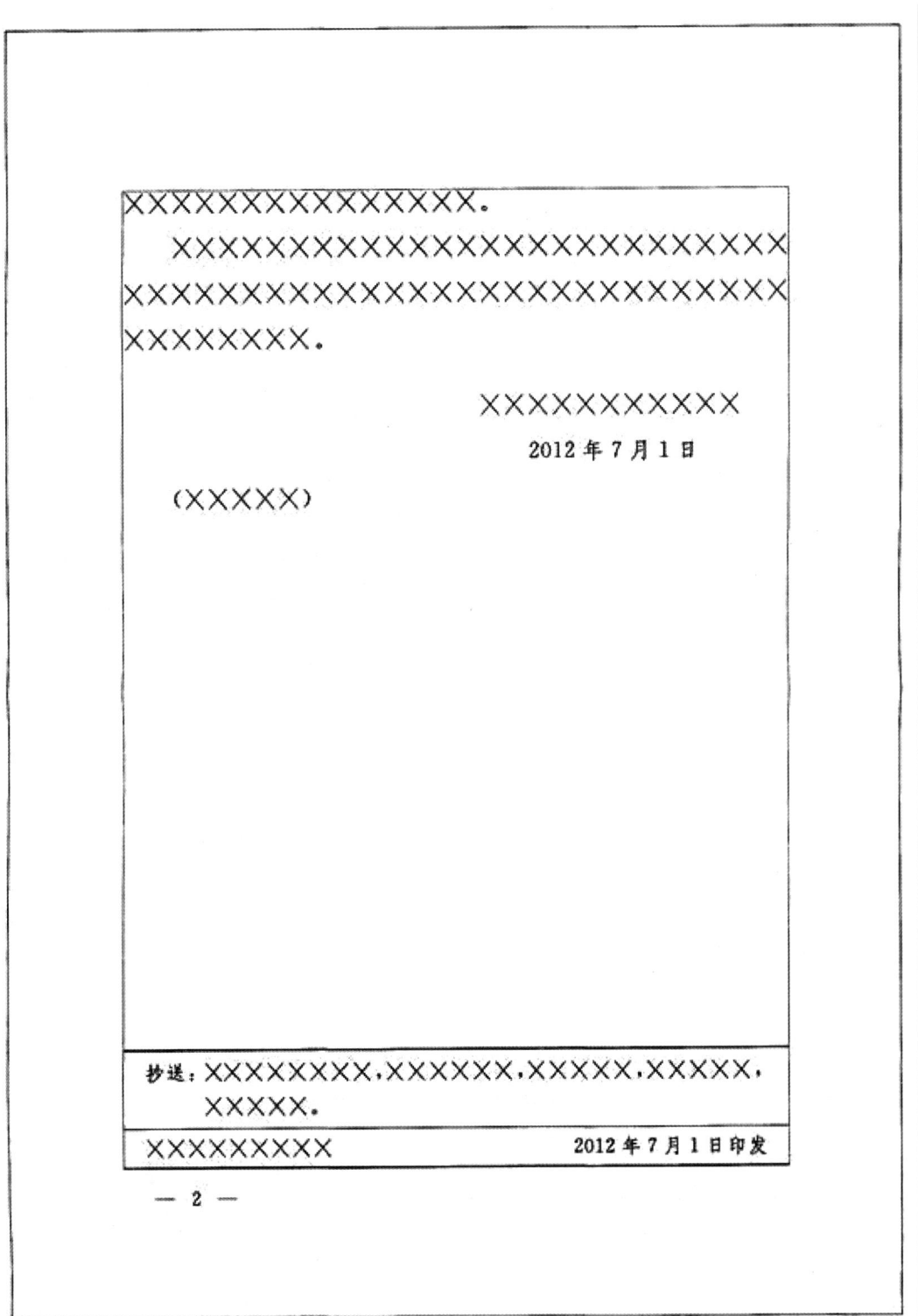

图 6　公文末页版式 2

注：版心实线框仅为示意，在印制公文时并不印出。

XXXXXXXXXXXXXXX。
　XXXXXXXXXXXXXXXXXXXX
XXXXXXXXXXXXXXXXXXXX
XXXXXXXXXX。

（XXXXX）

抄送：XXXXXXXX，XXXXXX，XXXXX，XXXXX，
　　XXXX。

XXXXXXXX　　　　　　　　　　2012 年 7 月 1 日印发

— 2 —

图 7　联合行文公文末页版式 1

注：版心实线框仅为示意，在印制公文时并不印出。

XXXXXXXXXXXXXX。
　　XXXXXXXXXXXXXXXXXXXX
XXXXXXXXXXXXXXXXXXXX
XXXXXXXX。

2012 年 7 月 1 日

（XXXXX）

抄送：XXXXXXX，XXXXXX，XXXXX，XXXXX，
　　　XXXXX。

XXXXXXXX　　　　　　　　2012 年 7 月 1 日印发

— 2 —

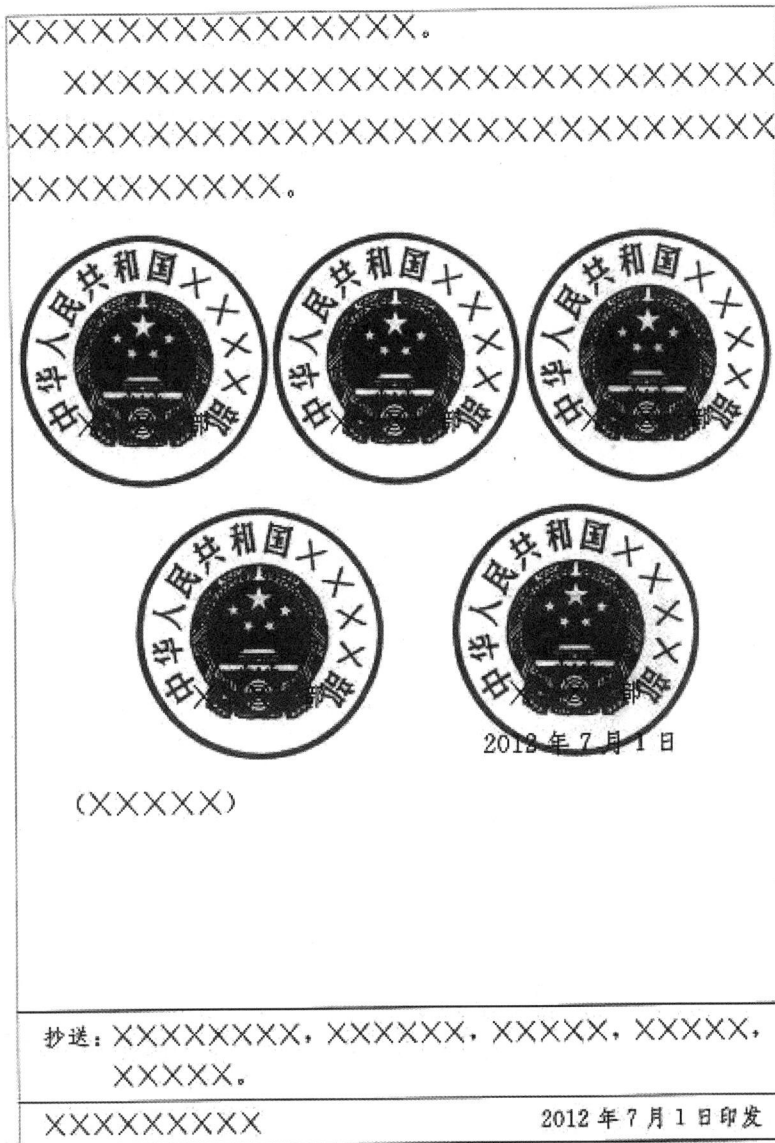

图 8　联合行文公文末页版式 2

注：版心实线框仅为示意，在印制公文时并不印出。

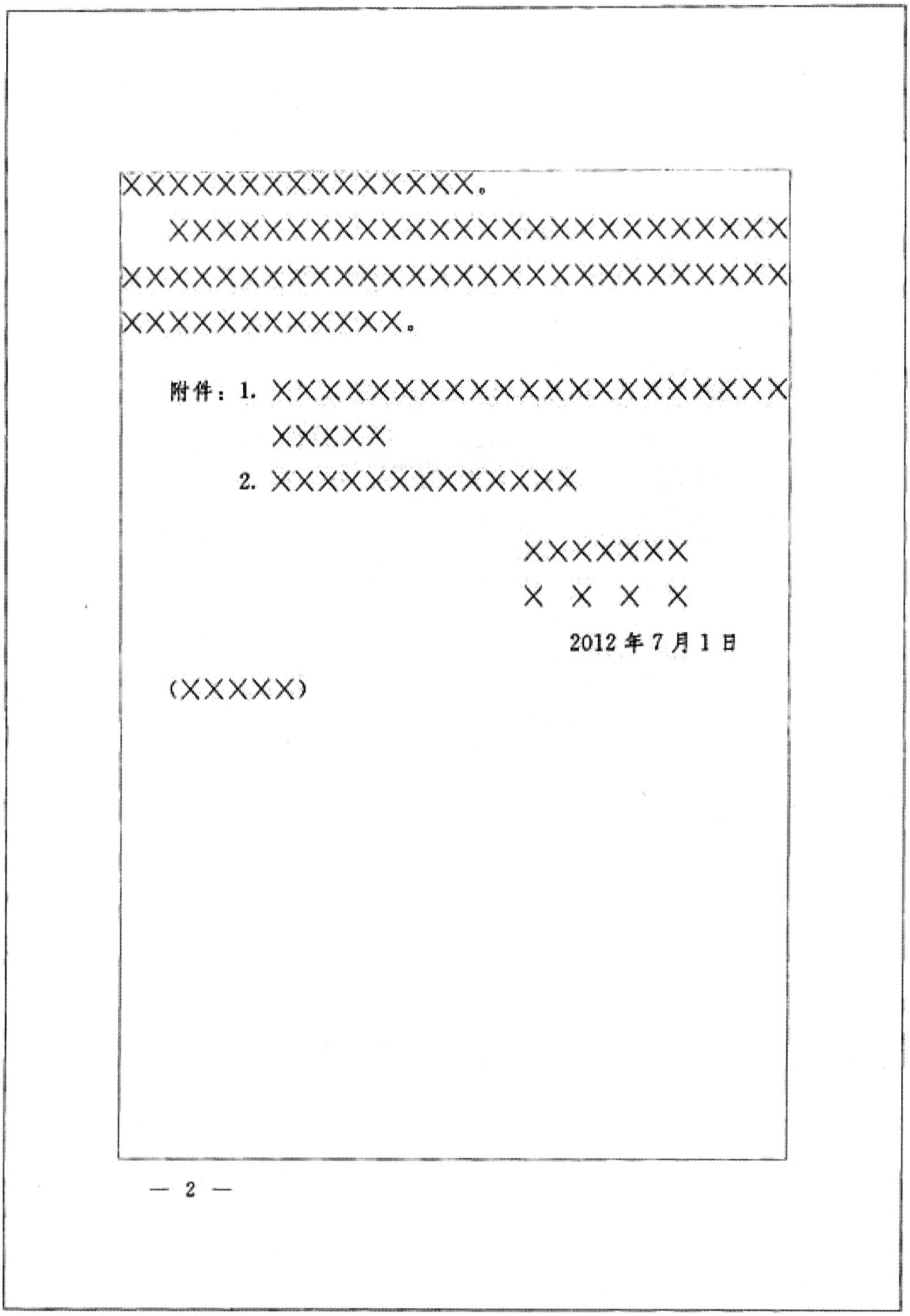

×××××××××××××××。
　　×××××××××××××××××××
×××××××××××××××××××
××××××××××。

　　附件：1. ××××××××××××××××
　　　　　　××××
　　　　　2. ×××××××××××

　　　　　　　　　　　　×××××××
　　　　　　　　　　　　× × × ×
　　　　　　　　　　　2012 年 7 月 1 日

（×××××）

— 2 —

图 9　附件说明页版式

注：版心实线框仅为示意，在印制公文时并不印出。

附件2

×××××××××××

×××××××××××××××××××
×××××××××××××××××××
×××。
××××××××××××××××××
×××××××××××××××××××
×××××××××××××××××××
××××××××××××××××××
×××××××××××××××××××
××××××××××××。

抄送：×××××××，×××××××，×××××，×××××，
　　　×××××。

××××××××　　　　　　　　2012 年 7 月 1 日印发

— 4 —

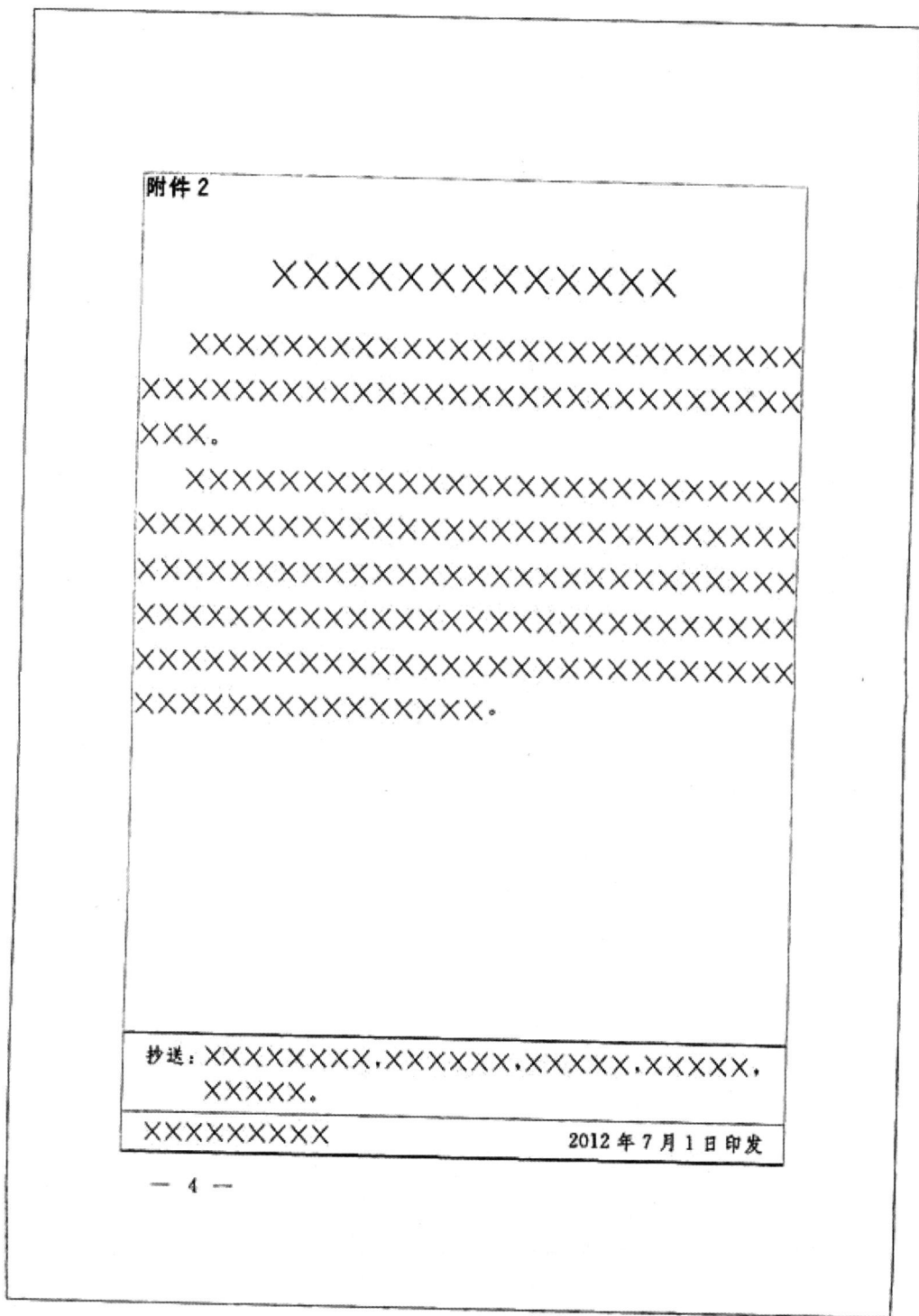

图 10　带附件公文末页版式

注：版心实线框仅为示意，在印制公文时并不印出。

中华人民共和国×××××部

000001   ×××〔2012〕10 号

机　密

特　急

×××××关于×××××××的通知

×××××××：

　　×××××××××××××××××××××××
×××××××××××××××××××××××
×××××××××××××××××××××××
×××××××××××××××××××××××。
　　×××××××××××××××××××××××
×××××××××××××××××××××××
×××××××××××××××××××××××
×××××××××××××××××××××××。
　　×××××××××××××××××××××××
×××××××××××××××××××××××
×××××××××××××××××××××××
×××××××××××××××××××××××
×××××××××××××××××××××××
×××××××××××××××××××××××。

图 11　信函格式首页版式

注：版心实线框仅为示意，在印制公文时并不印出。